Eine Arbeitsgemeinschaft der Verlage

Böhlau Verlag · Wien · Köln · Weimar
Verlag Barbara Budrich · Opladen · Farmington Hills
facultas.wuv · Wien
Wilhelm Fink · München
A. Francke Verlag · Tübingen und Basel
Haupt Verlag · Bern · Stuttgart · Wien
Julius Klinkhardt Verlagsbuchhandlung · Bad Heilbrunn
Mohr Siebeck · Tübingen
Nomos Verlagsgesellschaft · Baden-Baden
Ernst Reinhardt Verlag · München · Basel
Ferdinand Schöningh · Paderborn · München · Wien · Zürich
Eugen Ulmer Verlag · Stuttgart
UVK Verlagsgesellschaft · Konstanz, mit UVK / Lucius · München
Vandenhoeck & Ruprecht · Göttingen · Oakville
vdf Hochschulverlag AG an der ETH Zürich

Prof. Dr. Ewald Kiel, geboren 1959, lehrt Schulpädagogik und leitet seit April 2004 die Abteilung für Schul- und Unterrichtsforschung und den Lehrstuhl für Schulpädagogik an der Ludwig-Maximilians-Universität München.

UNTERRICHT SEHEN, ANALYSIEREN, GESTALTEN

herausgegeben
von Ewald Kiel

2., überarbeitete Auflage

VERLAG
JULIUS KLINKHARDT
BAD HEILBRUNN • 2012

Online-Angebote oder elektronische Ausgaben zu diesem Buch
sind erhältlich unter www.utb-shop.de

Die Deutsche Bibliothek – CIP-Einheitsaufnahme
Die Deutsche Nationalbibliothek verzeichnet diese Publikation in der Deutschen Nationalbibliografie;
detaillierte bibliografische Daten sind im Internet über http://dnb.d-nb.de abrufbar.

Einbandgestaltung: Atelier Reichert, Stuttgart
DVD: Unterrichtsmitschau und didaktische Forschung, LMU München, Dennis Spitzhorn.
Gestaltung der Kapitelvignetten: Barbara Yelin.

Druck und Bindung: AZ Druck und Datentechnik GmbH, Kempten
Printed in Germany 2012
Gedruckt auf chlorfrei gebleichtem alterungsbeständigem Papier.

UTB-Band-Nr.: 3090
ISBN 978-3-8252-3702-8

4 DIFFERENZIERUNG *(Wolf-Thorsten Saalfrank)*

5 VERANSCHAULICHUNG *(Sabine Weiß)*

Vorwort

Die erfreulicherweise notwendig gewordene 2. Auflage von „Unterricht sehen, analysieren, gestalten" wurde, unterstützt durch vielseitige Anregungen, in vielen Teilen überarbeitet. Eine besonders radikale Veränderung erfuhr das Kapitel 7 „Übung", welches vollständig neu verfasst wurde. Mit Ausnahme des Kapitels zur Kreativitätsförderung" enthalten alle anderen Kapitel neue ergänzende Bezüge zu aktuellen Forschungsentwicklungen, z.B. im Kapitel „Strukturierung" eine Ergänzung zur Skripttheorie und eine Anpassung des ARIVA-Schemas zu einem AVIVA-Schema. Kleine Unstimmigkeiten und Schreibfehler sind stillschweigend beseitigt worden. Der Herausgeber dankt allen Lehrenden und Lernenden, die mit dem Buch gearbeitet haben, sowie den Autorinnen und Autoren für die konstruktive Weiterentwicklung des Lehrbuchs.

München, 01. Dezember 2011

Prof. Dr. Ewald Kiel

1 Einleitung:
Unterricht sehen, analysieren und gestalten
Ewald Kiel

1.1 Zur Anlage des Studienbuchs

„[Das Auge] *sieht*, was es *sucht*, und was es nicht *versteht*, *sieht* es nicht." (Slevogt 1928, S. 5. Hervorhebung E.K.)

Dieses Zitat des Malers Max Slevogt ist nicht nur eine konstruktivistische Sichtweise auf den Umgang mit Kunstwerken, sondern der hier skizzierte aphoristische Zusammenhang von Sehen, Suchen und Verstehen charakterisiert auch das wesentliche Anliegen des vorliegenden Studienbuchs. Es geht darum, Begriffe zu liefern,
– mit denen man Unterrichtsphänomene verstehen kann, weil man weiß, wie diese Phänomene sich zusammensetzen,
– mit denen man aufgrund dieses Verstehens Unterrichtsphänomene sehen und (wieder-) finden kann,
– mit denen man aufgrund der Fähigkeit des Verstehens und Findens Unterrichtsphänomene analysieren kann.

Dabei sollen Verstehen, Sehen und Finden und Analysieren die Voraussetzung für die Gestaltung von Unterricht schaffen. Wir nehmen damit eine methodische Perspektive ein. In diesem Studienbuch finden sich
– *für das Verstehen*: Einführungen in theoretische Begriffe, dabei konzentrieren wir uns auf Unterrichtsprinzipien;
– *für das Sehen und Finden*: Videoausschnitte, in denen die Umsetzung der Prinzipien in realen nicht geschauspielerten Unterrichtssituationen analysiert werden können,
– *für das Analysieren*: Lernaufgaben, welche den gesamten Prozess der Analyse sowohl in Hinblick auf die Texte als auch in Hinblick auf die Videoausschnitte unterstützen.

Im Sinne Johann Friedrich Herbarts, der großen Leitfigur der deutschen Pädagogik, könnte man unser Vorgehen wie folgt charakterisieren: Es geht darum, das Einzelne zu erkennen, um es zu einem System zusammenfügen, welches dann die Voraussetzung für späteres Handeln bietet. Studierende und andere Novizen in Lehrberufen sollen somit nach der Lektüre des Studienbuches und der videogestützten Bearbeitung der Lernaufgaben grundlegende Aspekte der Gestaltung von Unterricht auf der Basis von Unterrichtsprinzipien identifizieren, diese Unterrichtsprinzipien anwenden und ihre Anwendung in Hinblick auf ihren Erfolg angeleitet reflexiv überprüfen. Wie soll das im Einzelnen geschehen?

Es gehört zu den Allgemeinplätzen in der Lehrerausbildung und vielen anderen professionellen Kontexten, dass es unterschiedliche Perspektiven auf die Phänomene gibt. Wenn wir z.B. zwischen Experten und Novizen unterscheiden (Gruber & Stöger 2011), *beschreiben* Novizen ohne Unterrichtserfahrung bei der Beobachtung von Unterricht andere Aspekte als Personen mit Unterrichtserfahrung – ihre Aufmerksamkeit ist auf Anderes gerichtet. Studierende, die zum ersten Mal Unterricht nicht aus der Schülerperspektive beobachten, achten häufig ganz besonders auf die Wirkung der Lehrperson auf die Lerner. Fachdidaktische Fragen sind weniger im Fokus ihrer Aufmerksamkeit, weil sie hiervon keine oder nur wenig ausdifferenzierte Begriffe haben. Selbst wenn Experten und Novizen sich auf ein identisches Phänomen beziehen, etwa eine Veranschaulichung des Lehrers, *interpretieren* Novizen dieses Phänomen bisweilen anders als ein Experte – etwa wenn ein Studienanfänger im Praktikum konstatiert, die Veranschaulichung diene der Konkretisierung eines komplexen Phänomens; während ein Experte sagt, die Veranschaulichung diene dem Zweck positive Emotionen hervor zu rufen und Vorwissen bzw. Vorerfahrungen zu (re-)aktivieren. Schließlich können sie dasselbe Phänomen auch unterschiedlich *bewerten* – etwa, die Veranschaulichung sei misslungen, sie habe die Lerner verwirrt; oder sie sei gelungen und habe zum Verstehen beigetragen.

Dieses andere Beschreiben, Interpretieren und Bewerten kann sich auf alle grundsätzlichen Aspekte von Unterricht beziehen. Hierzu gehören Unterrichtsziele, Inhalte, Methoden, der Medieneinsatz, die Relation der beteiligten Personen zueinander, die Gestaltung des zeitlichen Ablaufs, die Erfolgs- oder Leistungskontrolle und verschiedene Elemente des Klassenmanagements. Der Grund hierfür ist, dass Expertise durch unterschiedliche Erfahrungen und daraus resultierenden unterschiedlichen Begriffen geprägt ist. Dies betrifft nicht nur die Expertise von Experten und Novizen, auch wenn hier besonders auffällige Unterschiede auftreten, sondern z.B. auch die Expertise von Fachwissenschaftlern, Fachdidaktikern und Schulpädagogen. Selbst Experten gleichen Typs können in Hinblick auf das Beschreiben, Interpretieren und Bewerten zu jeweils anderen Ergebnissen kommen. Im vorliegenden Studienbuch wollen wir dazu anhalten, die hier angesprochenen Ebenen „Beschreibung", „Interpretation" und „Bewertung" streng auseinander zu halten, um hierdurch eine reflexive, analytische Haltung zu ermöglichen. Wir verstehen dabei unter diesen drei Ebenen Folgendes (Kiel 2001, S. 58-60):

1. Beschreiben: Wer macht was, wie, wo, auf welche Weise? Es geht also um das beobachtbare Verhalten. Dabei wird die Aufmerksamkeit für das, was wir beobachten, durch die Begriffe gelenkt, nach denen wir Ausschau halten.

2. **Interpretieren:** Warum sind die Dinge so wie sie sind oder gemacht werden? Wozu, zu welchem Zweck sind die Dinge so oder werden so gemacht? Es geht also um kausale und finale Zuschreibungen.

3. **Bewerten:** Gemäß welchen Maßstäben entwickeln sich positive oder negative Urteile über das, was Sie vorfinden oder beobachten? Maßstäbe im Bereich der Beurteilung von Unterricht können sehr unterschiedlicher Art sein: Subjektive Zielvorstellungen, normative Vorgaben der Kultusministerien oder Ausbildungsinstitutionen, wissenschaftliche Erkenntnisse in Form von Theorien, Modellen oder empirischen Ergebnissen; oder das Gelingen der Anpassung von inhaltlichen Anforderungen der Vermittlung und den Voraussetzungen der Lerner.

Die *eigene Gestaltung* von Unterricht setzt unserer Meinung nach eine Auseinandersetzung mit Unterricht voraus, welche zwischen diesen Ebenen zu unterscheiden gelernt hat. Dabei spielen auf allen Ebenen die im Subjekt vorhandenen Begriffe als lenkende Elemente der Erkenntnis eine wichtige Rolle. Konstruktivistisch gesprochen lenken die im Subjekt vorhandenen Begriffe die Aufmerksamkeit einerseits für Konstruktionen, ohne dass sie die Konstruktionen determinieren. Andererseits schaffen Begriffe die kognitiven Schemata für die Assimilation und Akkomodation von Phänomen, die beobachtet oder aktiv durch Handeln erfahren werden.

1.2 Der Begriff „Unterrichtsprinzip"

Unter Unterrichtsprinzipien werden in der Literatur sehr unterschiedliche Dinge verstanden. Dies hat einerseits mit der langen wechselhaften Geschichte des Begriffs „Prinzip" in der Philosophie zu tun. Andererseits gibt es eine lange Geschichte des Begriffs auch in der Pädagogik. Von Comenius über Schleiermacher bis Derbolav oder Flechsig wird von Prinzipien gesprochen. Es gibt in der Pädagogik – nur um eine kleine Auswahl zu nennen – allgemeine Prinzipien wie das der „Naturgemäßheit" bei Comenius; oder das „Elementare", das „Fundamentale", das „Exemplarische" das „Prinzip der existenziellen Konzentration und der Begegnung als existenzieller Selbstwerdung" und die Kategorie „Bildung" als Prinzip bei Derbolav (Flechsig 2006).

So verwundert es nicht, dass der Begriff „Unterrichtsprinzip", eine Subkategorie der pädagogischen Prinzipien, sehr unterschiedlich definiert wird. Wiater versucht viele gängige Definitionen in einer zusammen zu fassen. Seine Definition spiegelt das gesamte disparate Spektrum von Aussagen über Unterrichtsprinzipien recht gut wieder. Bei ihm sind Unterrichtsprinzipien „relativ allgemeine Aussagen, knappe Handlungsanweisungen, handlungsleitende Grundsätze der Unterrichtsgestaltung, Regulative, Forderungen an die methodische Gestaltung des

Lehr-Lern-Prozesses, weder Regeln noch Unterrichtsrezepte, Bestimmungsfaktoren des Unterrichts, generalisierte Verfahrensweisen mit regulativer Funktion, Richtlinien – nicht Muss-Vorschriften für pädagogisch-didaktische Entscheidungen, Maßgaben zur Regulierung des Unterrichts im Hinblick auf die Bildung, Bestimmungsfaktoren des Unterrichts, didaktische Entscheidungsorientierungen für den Lehrer/die Lehrerin, praxeologische Aussagen zur Gestaltung von Lehr-Lern-Prozessen, Legimitationsmöglichkeit für Unterrichtsmaßnahmen." (Wiater 2001, S. 4).

Damit listet Wiater viele in der Literatur vorfindliche Definitionen in einer Formulierung auf, obwohl sie sich teilweise auch widersprechen. So ist eine „Mussvorschrift", die keine Alternative zulässt, etwas anders als ein „handlungsleitender Grundsatz". Wir wollen den Begriff enger fassen. In Anlehnung an Flechsigs (1991) Definition didaktischer Prinzipien" und Helmkes (2004) populärem Angebots-Nutzen-Modell des Unterrichts sind Unterrichtsprinzipien unseres Erachtens

– *übergreifende Handlungsempfehlungen oder Inszenierungshinweise für die Gestaltung von Unterricht als Lernangebot,*
– *die sich auf ausgewiesene normative, empirische und theoretische Prämissen gründen;*
– *ein Beleg für Kontinuität und Diskontinuität überlieferter Ziel- und Gestaltungsvorstellung von Unterricht und seiner Begründungen;*
– *wesentlicher Teil der Expertise von Lehrerinnen und Lehrern;*
– *abhängig von einer Anpassung an die individuellen Eingangsvoraussetzungen und an die individuellen Verarbeitungsmöglichkeiten der Lerner;*
– *abhängig von den Kooperationen und Kollaboration der Lerner untereinander oder der Lerner mit dem Lehrer,*
– *aber auch bei ihrer Umsetzung lege arte keine Garantie für die Annahme des Lernangebots durch die Lerner.*

Bei der in diesem Studienbuch gewählten Darstellung von Unterrichtsprinzipien spielen empirische und theoretische Begründungen von Prinzipien eine herausragende Rolle. Gleichwohl wird auch auf den Kontext ihrer Entstehung, auf den Zusammenhang von Kontinuität und Diskontinuität zumindest kurz hingewiesen. Auf die häufig vorgenommene Unterscheidung von „fundierenden" und nicht fundierenden Prinzipien (Seitz 1992) oder in anderer Terminologie von „konstitutiven" und „methodischen Prinzipien" (Wiater 2001) wird verzichtet. Wir setzen voraus, dass sogenannte fundierende Prinzipien (vgl. Seitz 1992) wie: „Sachgemäßheit" (sachgerechte Behandlung von Unterrichtsthemen), „Zielgemäßheit" (die Orientierung an operationalisierbaren Lernzielen, das sind Lernziele deren Erreichen man an sichtbaren Aktionen beobachten kann) und „Schülergemäßheit" (die Passung von Lerngegenstand, Vermittlungsvariablen und Schülervoraussetzungen) immer in die methodische Gestaltung einfließen müssen. Gerade Aspekte der Schülergemäßheit werden mehrfach im Zusammenhang der von uns ausgewählten Prinzipien behandelt.

Aus der Fülle der Vorschläge von Unterrichtsprinzipien haben wir uns für die Darstellung folgender Prinzipien entschieden: *Strukturierung, Differenzierung, Motivation, Veranschaulichung, Kreativitätsförderung, Übung*. Die Gründe für die Auswahl sind vor allem pragmatischer und erst in zweiter Linie theoretischer Natur.

Das an den Anfang gestellte Prinzip der „Strukturierung", problematisiert Unterricht als Phasenablauf und gibt damit einen kurzen Einblick in Grundprobleme der Unterrichtsplanung. Unterricht erscheint als eine Abfolge von Situationen, die in einem Zusammenhang gestaltet werden müssen (vgl. Kiel i.d. Bd., S. 27ff.). Die „Differenzierung" als Unterrichtsprinzip ist einerseits in Anbetracht der wachsenden Heterogenität von Lerngruppen eine unverzichtbare Perspektive auf den Unterricht. Andererseits erscheint sie vor der mindestens auf Herbart zurückgehenden ‚Betriebsprämisse' der deutschsprachigen Pädagogik, welche die Bildsamkeit, die individuelle Entfaltung und Entwicklung der Fähigkeiten von Individuen in den Mittelpunkt stellt, ebenfalls als unverzichtbar: Individuelle Entwicklung erfordert eine Differenzierung, welche Voraussetzungen des Individuums adressiert.

„Strukturierung" und „Differenzierung" zusammen betrachten den Unterricht als Ganzheit, während die folgenden Prinzipien eher einzelne flankierende Maßnahmen der Unterrichtsgestaltung im Fokus haben. Die „Motivation" und die „Kreativitätsförderung" haben im Sinne der oben genannten Kontinuität und Diskontinuität überlieferter Ziel- und Gestaltungsvorstellungen sicherlich die kürzeste Geschichte und sind besonders durch moderne kognitionspsychologische Überlegungen in ihren Begründungs- und Gestaltungszusammenhängen geprägt. Das Nachdenken und Theoretisieren über „Veranschaulichung" und „Übung" im Unterricht hingegen hat demgegenüber eine deutlich längere Tradition und geht in moderner Zeit auf jeden Fall bis auf Kant und Herbart zurück. Es ließen sich aber auch Bezüge bis in die Antike konstruieren. Durch dieses Gegenüberstellen entsteht ein wichtiger Kontrast, welcher Lernern unterschiedliche Entstehungszusammenhänge pädagogischer Handlungsempfehlungen deutlich macht und einen Einblick in die (notwendige?) Eklektik solcher Handlungsempfehlungen gibt.

Neben diesen Überlegungen ist die Auswahl der Unterrichtsprinzipien letztlich auch durch ein externes Kriterium bestimmt, die Auswahl von Filmen. Hierfür wurde das Archiv der Unterrichtsmitschau der LMU München herangezogen und es konnten nur Unterrichtsprinzipien ausgewählt werden, für die wir Filmmaterial lizenzrechtlich unbedenklich verwenden konnten.

1.3 Unterrichtsprinzipien und die Frage der Qualität von Unterricht

Eine Gruppe von Studierenden erhält als Aufgabe einen Unterrichtseinstieg zum Thema „Klangkompositionen des 20. Jahrhunderts" zu beobachten: In der Stunde, die in der 5. Klasse einer Realschule stattfindet, erklärt der Lehrer nach der Begrüßung: „Wir wollen gleich die Stunde beginnen mit zwei Musikstücken, eines von Haydn, ein anderes von dem ungarischen Komponisten Ligeti. Ihr sollt achten auf die Tonhöhe, den Rhythmus, die Melodie und den Klang!" Die Schüler erhalten ein tabellarisches Arbeitsblatt, wo sie sich Notizen zu diesen Begriffen machen können, das Arbeitsblatt existiert auch als Tafelanschrieb. Der Lehrer spielt die Stücke auf einer CD vor, die „Sinfonie mit dem Paukenschlag" von Haydn und eine sogenannte Klangflächenkomposition von Ligeti. Die Schüler und Schülerinnen werden aufgefordert, ihre Beobachtungen mitzuteilen. Bei Haydn, so die Zielvorstellung des Lehrers, lassen sich Aussagen zu allen genannten Begriffen treffen, bei Ligeti ist dies nicht möglich. Er arbeitet also mit einem großen Kontrast.

Auf die Frage, ob es sich hier um guten oder weniger guten Unterricht handelt, antworten die Kommilitonen im Seminar sehr unterschiedlich. Eine Musikstudentin erkennt sofort, dass hier Klangflächenkompositionen eingeführt werden, und ist begeistert, dass ein ihrer Meinung nach vernachlässigtes Thema behandelt wird. Ein anderer findet die Musik schrecklich und sagt, mit so etwas könne man Lernende nicht begeistern. Eine Dritte fragt, ob die Kinder denn die grundlegenden Begriffe Tonhöhe, Rhythmus, Melodie und Klang kennen, denn sonst könnten sie die Frage nicht beantworten. Ein Vierter findet den Kontrast der Stücke gut. Ein Weiterer findet, wenn die Lerner nichts zur Aufgabe sagen können (es melden sich nur zwei Lerner im Filmausschnitt), dann sei der Unterricht schlecht.

Diese Reihe von Äußerungen ließe sich noch weiter fortsetzen. Deutlich wird das eingangs genannte Prinzip, der unterschiedlichen Perspektiven auf den Unterricht. Diejenigen, die nicht wissen, was eine Klangflächenkomposition ist, keinen Begriff davon haben, können sich hierzu nicht äußern. Auf der beschreibenden Ebene äußert sich jeder zu einem anderen Phänomen, kaum jemand fragt auf der interpretierenden Ebene, warum der Lehrer so vorgeht, wie er vorgeht, die Bewertungen schwanken zwischen positiv und negativ.

Wie lassen sich Aussagen zur Qualität systematisieren, ohne in Beliebigkeit zu verfallen? Vor dem Hintergrund des Unterrichtsprinzips der Motivation ist der vom Lehrer gewählte Kontrast zwischen zwei sehr unterschiedlichen Kompositionsformen sicherlich ein theoretisch begründbares motivierendes Prinzip (vgl. Braune i.d. Bd., S. 55), aber die Anwendung eines Prinzips allein lässt keine Qualitätsaussage zu. Gegenüber Kriterienlisten von Unterrichtsqualität, die unterschiedliche mehr oder weniger beobachtbare Parameter qualitätvoller Unterrichtsgestaltung anbieten (z.B. Brophy 2002; Meyer 2004), erscheint uns hier das epistemologische Konzept von Ken Wilber besonders hilfreich. Er bietet gemäß eigenem Anspruch ein allgemeines integratives Modell von Erkenntnis (Wilber 1995). Dieses Modell bietet aus pädagogischer Sicht den Vorteil eine spezifische Fragehaltung gegenüber pädagogischen Handlungen zu entwickeln. Es geht nicht um das ‚Abhaken' von Kriterien, sondern um die Berücksichtigung von vier Perspektiven bei der Analyse und Planung von Handlungen.

1. Subjektive Perspektive:

Hier geht es um die unterschiedlichen Voraussetzungen im Subjekt. Alle Subjekte treten mit unterschiedlichen Wissensbeständen, Zielen, Werten, Einstellungen und Erwartungen in Interaktionen ein, die nicht unbedingt miteinander kompatibel sind oder gar miteinander konkurrieren. Dabei ist pädagogisches Handeln immer gekennzeichnet durch die Interaktion von *mindestens* zwei Subjekten – z.B. Lehrer und Schüler, aber auch Erzieher und zu Erziehender, Berater und Klient… In dem hier skizzierten Unterrichtseinstieg ist von entscheidender Bedeutung, was für ein Ziel die Lehrperson verfolgt. Sollen die Lernenden die Unterschiede zwischen Tonhöhe, Rhythmus, Melodie und Klang systematisch identifizieren können, oder geht es mehr um ein Staunen über das Andersartige, was evoziert werden solle, um die Sensibilisierung für einen Problembereich. Die Frage der Qualität motivierender Handlungen lässt sich nicht unabhängig vom Ziel beantworten. Hinzu kommt, dass die Lernenden ganz andere Ziele haben können. Sie haben etwa gerade eine schwere Mathematikarbeit geschrieben und ihr Ziel ist maximale Entspannung, sie wollen lieber selbst musizieren als jetzt kognitiv zu arbeiten. Jede motivierende Handlung des Lehrers läuft in so einer Situation möglicherweise ins Leere.
Ebenso erheblich für das Gelingen der Stunde, um nur einen einzigen weiteren Bereich zu nennen, ist das Wissen der Schülerinnen und Schüler in Hinblick auf Tonhöhe, Rhythmus, Melodie und Klang. Wenn sie hiervon keine Begriffe haben, können sie nicht verstehen, was sie tun sollen. Wenn die Schülerinnen und Schüler diese Art von Arbeitsauftrag nicht erwarten oder kennen, werden sie ihn nur unzureichend ausführen. Mit anderen Worten: Der Kontrast kann keine motivierende Funktion in Hinblick auf einen Erkenntnisgewinn haben, wenn den Lernenden die kognitiven Voraussetzungen fehlen, den Kontrast zu erkennen oder in Worte zu fassen.

2. Intersubjektive Perspektive:

In jeder pädagogischen Interaktion spielen kollektive Wertvorstellungen angemessenen Interaktionsverhaltens eine wichtige Rolle. Es gibt Normen akzeptabler Kontaktaufnahme, Normen akzeptabler Sanktionen, Normen angemessenen Ausdrucks von Ärger etc. In der Schule gibt es darüber hinaus Normen akzeptierter Unterrichtsinhalte und deren Aufbereitung, die etwa in Curricula oder Rahmenrichtlinien vorgegeben sind. Der vorgegebene Einstieg ist vor diesem Hintergrund nur dann positiv zu bewerten, wenn das Thema der Stunde curricular vorgegeben ist, wenn die Art des Arbeitsauftrags eine normativ vorgegebene akzeptable Interaktionsform ist. Im vorgegebenen Beispiel ist dies vollkommen unproblematisch. Es handelt sich um Standards unterrichtlichen Handelns, aber: Inwieweit dürfen Lehrpersonen provozieren, um zu motivieren, inwieweit dürfen Lehrpersonen z.B. mit Noten drohen, um zu motivieren, inwieweit darf die Würde der Lernenden, vielleicht nur kurzfristig, verletzt werden? Ist es legitim zu lügen, um zu motivieren? Hier beginnt der problematische Bereich der intersubjektiven Perspektive.

3. Objektive Perspektive:

Interaktionsverhalten ist messbar und beobachtbar. Es gibt in der Pädagogik und pädagogischen Psychologie unzählige Beispiele von Verhaltensbeobachtungen und Verhaltensmessungen. In dem hier angeführten Unterrichtsbeispiel gibt es schon auf der Ebene einfacher nicht-standardisierter Verhaltensbeobachtung einen deutlichen Hinweis darauf, dass Motivation möglicherweise weniger gelungen sei. Es melden sich nur wenige Schüler. Dies kann einerseits darauf hindeuten, dass die Schülerinnen und Schüler Kontrast und Arbeitsauftrag nicht als movens betrachten, sich zu melden. Im Sinne der eben genannten subjektiven Voraussetzungen kann es auch auf eine mangelnde Adressierung der kognitiven Voraussetzungen der Lernenden hinweisen. Insgesamt setzt die Umsetzung des Prinzips „Motivation" in der modernen Didaktik voraus, dass der Unterricht so gestaltet wird, dass die aus der Motivation entstehenden Handlungen beobachtbar sind.

4. Interobjektive Perspektive:

Interaktionen, ob in der Pädagogik oder in anderen Kontexten, haben immer auch systemische Aspekte, bei denen es um Passung und Anpassung geht. Betrachtet man pädagogisch Handelnde als Personen, die präventiv oder interventiv agieren, dann ist es von zentraler Bedeutung, Aktionen anzupassen an die subjektiven Voraussetzungen aller Beteiligten, an die normativen Vorgaben und eine eventuelle Vorgeschichte, an objektiv beobachtbare Rahmenbedingungen und an beobachtbare Reaktionen auf präventive und interventive Handlungen. Im allgemeinen epistemologischen Konzept von Wilber ist hier der Ort der sogenannten fundierenden Prinzipien der Zielgemäßheit und Schülergemäßheit. Motivation kann etwa im vorliegenden Beispiel niemals allein von der Handlung des Kontrastherstellens betrachtet werden. Die entscheidenden Fragen sind: Ist der Kontrast zielführend in Hinblick auf das Ziel, welches im Unterricht erreicht werden soll? Können die Lerner den Kontrast erkennen? Genügt das Motivationsprinzip normativen Anforderungen? Führt es zu einer Auseinandersetzung mit dem Stoff gemäß normativen Anforderungen?

Für den Zusammenhang von Unterrichtsprinzipien und Unterrichtsqualität ergeben sich hieraus folgende Konsequenzen. Die *Anwendung eines Unterrichtsprinzips*, auch wenn es theoretisch gut begründet und in seiner Wirksamkeit empirisch erwiesen ist, *stellt noch kein Qualitätskriterium* dar. Vielmehr ist das Unterrichtsprinzip in einem Zusammenhang mit den subjektiven, intersubjektiven und objektiven Perspektiven zu sehen. Diese sind im Sinne von Passung und Anpassung aufeinander zu beziehen. Dies führt bei der Betrachtung der diesem Buch beiliegenden Unterrichtsszenen bisweilen zu der Erkenntnis, dass ein theoretisch gut begründetes Prinzip formal korrekt angewendet wird, aber eine Anpassung an die Unterrichtssituation nicht oder nur unzureichend stattgefunden hat.

Die Frage nach der Qualität fordert vor dem Hintergrund des Wilberschen epistemologischen Konzepts immer wieder zum Diskurs heraus. Zu einem solchen qualifizierten Diskurs auf der Basis klarer Begriffe und beobachtbarer Phänomene will das vorliegende Studienbuch einen Beitrag leisten.

1.4 Literatur

Apel, H. J. (1992). Prinzipien didaktischen Handelns. In N. Seibert & H.J. Serve (Hrsg.), *Prinzipien guten Unterrichts. Kriterien einer zeitgemäßen Unterrichtsgestaltung* (S. 11-42). München.

Brophy, J.E. & Good, T.L. (1986). School effects. In M.C. Wittrock (ed.), *Handbook of research on teaching* (3rd ed.) (pp. 570-602). New York.

Flechsig, K.H. (2006). *Didaktische Prinzipien*. Verfügbar unter: http://ikud.de/iikdiaps7-96.htm (26.11.2007)

Gruber, H. & Stöger, H. (2011). Experten-Novizen-Paradigma. In E. Kiel & K. Zierer (Hrsg.), *Unterrichtsgestaltung als Gegenstand der Wissenschaft. Basiswissen Unterrichtsgestaltung*, Bd. 1 (S.247-264). Bad Heilbrunn.

Helmke, A. (³2004). *Unterrichtsqualität. Erfassen. Bewerten. Verbessern.* Seelze.

Kiel, E. (2001). Grundstrukturen wissenschaftlicher Diskurstätigkeit. Beschreiben, Interpretieren, Bewerten, Erklären, Begründen, Beweisen, Rechtfertigen, Bestreiten. In T. Hug (Hrsg.), *Einführung in das wissenschaftliche Arbeiten*, Bd. 1 (S. 56-68). Hohengehren.

Meyer, H. (2004). *Was ist guter Unterricht?* Berlin.

Seitz, O. (1992). Kriterien guten Unterrichts. Versuch einer Ableitung aus dem Begriff der „Vermittlung". In N. Seibert & H.J. Serve (Hrsg.), *Prinzipien guten Unterrichts. Kriterien einer zeitgemäßen Unterrichtsgestaltung* (S. 43-93). München.

Slevogt, M. (1928). *Gemälde, Aquarelle, Pastelle, Zeichnungen zu seinem 60. Geburtstage.* Berlin.

Wiater, W. (2001). *Unterrichtsprinzipien*. Donauwörth.

Wilber, K. (1995). *Eros, Logos, Kosmos*. Frankfurt.

2 Strukturierung
Ewald Kiel

2.1 Definition

Unterricht ist der Zusammenhang von Unterrichtsgegenstand, geplanten rational gesteuerten Tätigkeiten des Lernens und Lehrens sowie außerplanmäßiger und intuitiver Prozesse des Lehrens und Lernens (Klingberg 1995). Diese Abfolge von Tätigkeiten und Prozessen kann als Abfolge von Situationen verstanden werden, die von Lehrpersonen vorausplanend gegliedert wird (Glöckel 1990). *Unterrichtsstrukturierung* ist demnach die *organisierte Ermöglichung von Situationen des Lehrens und Lernens, in Raum und Zeit.* Diese Organisation erfordert Entscheidungen, bestimmte Dinge zu tun oder zu unterlassen. In diesem Sinne ist Unterrichtsstrukturierung auch ein *entscheidungsorientierter Selektionsprozess,* der danach fragt, wie die Bearbeitung eines Unterrichtsgegenstandes
– durch geplante rational gesteuerte Tätigkeiten des Lernens und Lehrens,
– durch nicht geplante Tätigkeiten des Lehrens und Lernens,
– unter Einnahme oder Übernahme von Rollen (z.B. Einzelarbeit, Gruppenarbeit, Zuhörer, …),
– der Ausübung spezifischer Kommunikationsformen (z.B. Schüler-Schülergespräch, Schüler-Lehrergespräch, TZI, …),
– in unterschiedlichen Lehr-Lernräumen (z.B. Klassenzimmer, Museum, Sporthalle, …),
strukturiert wird.

Die konkreten Selektionsentscheidungen für Gegenstände, Tätigkeiten, Rollen usw. sind von einer Reihe von Umständen abhängig, von denen hier nur die „Ziele", die „Werte und Menschenbilder", die „Voraussetzungen von Schülern und Lehrern" und „Ressourcen" kurz genannt werden sollen:

Ziele: Handeln, und damit auch jedes pädagogische Handeln, ist im Gegensatz zum Verhalten zielorientiert. Unterrichtsstrukturierung ist immer im Zusammenhang mit den von den Lehrpersonen gesetzten oder gemeinsam mit den Schülern gefundenen Zielen zu planen. Unterricht wird auf Ziele hin strukturiert. Das Erreichen dieser Ziele ist letztlich ein Kriterium, ohne das die Qualität von Unterricht kaum festgestellt werden kann (Helmke 2004). Die geisteswissenschaftliche Pädagogik, vertreten durch Wolfgang Klafki und seine vielfältigen Nachfolger, bietet als generalisierende Leitlinie für Selektionsentscheidungen folgende Leitfrage an: Inwieweit ist der *Unterrichtsgegenstand* dazu geeignet,

Erfahrungen, Erkenntnisse, Einsichten, Fähigkeiten, Fertigkeiten, Einstellungen zu gewinnen, die für die Gegenwart oder Zukunft der Schüler *bedeutsam, nützlich* oder gar *unverzichtbar* sind. Damit trifft sich die geisteswissenschaftliche Pädagogik durchaus mit Strömungen des amerikanischen empirisch geprägten Instruktionsdesigns, wo etwa in Kellers Motivationsmodell von Unterricht die Dimensionen „Relevanz" und „Zufriedenheit" auf ähnliche Aspekte deuten wie „Bedeutsamkeit" und „Nützlichkeit" (Keller 1983). Aber auch David Merrills weiter unten diskutiertes Modell der „First Principles of Instruction" weist mit der herausgehobenen Stellung der von ihm so bezeichneten „real world problems" auf diesen Zusammenhang hin.

Man kann die Klafkische Frage auch auf die Lern- und Lehrtätigkeiten ausweiten und fragen: Inwieweit sind die im Unterricht stattfindenden *Lern- und Lehrtätigkeiten* dazu geeignet, Erfahrungen, Erkenntnisse, Einsichten, Fähigkeiten, Fertigkeiten, Einstellungen zu gewinnen, die für die Gegenwart oder Zukunft der Schüler *bedeutsam, nützlich* oder gar *unverzichtbar* sind. Etwa können die Schüler aus der Art und Weise, wie ein Lehrer oder ein Mitschüler Informationen präsentiert, etwas lernen, unabhängig vom Unterrichtsgegenstand (dem Inhalt), der gerade vermittelt werden soll.

Werte und Menschenbilder: Neben Zielen spielen Werte und Menschenbilder eine herausragende Bedeutung bei Selektionsentscheidungen für pädagogisches Handeln. Ein zentraler Wert pädagogischen Handelns in Deutschland artikuliert sich etwa in dem Begriff „Bildung", den es im angelsächsischen Raum gar nicht gibt – dort wird generell von „education" gesprochen. Der Bildungsbegriff, auch wenn er, in klassischer Manier Humboldt folgend, den Wissenschaften und der Orientierung am wissenschaftlichen Denken einen zentralen Platz einräumt, orientiert sich zuerst an der individuellen Entfaltung der Möglichkeiten eines Individuums. Die *sich* Bildenden und nicht die durch andere *zu* Bildenden haben unterschiedliche Bedürfnisse, Interessen und Voraussetzungen. Wer gebildet wird, so heißt es bei von Hentig, wird zum „Gebilde und nicht zum Gebildeten" (Interview mit v. Hentig am 12.11.2004).

Die hier nur kurz mit einem Schlaglicht beleuchteten Werte und das Menschenbild eines sich ursprünglich an Humboldt und an humanistischen Vorstellungen orientierenden Bildungsbegriffs forcieren Selektionsentscheidungen einerseits in Richtung fachwissenschaftlicher Richtigkeit und Terminologie, bisweilen auch fachwissenschaftlicher Logik. Diese drei Aspekte sind Indikatoren für die oben angesprochene Orientierung an den Wissenschaften. Andererseits sind vor dem genannten Hintergrund Unterrichtssituationen zu bevorzugen, in denen Individuen sich selbst Wissen aneignen (*sich* bilden können) oder in denen den individuellen Interessen der Schüler bei der Gestaltung von Unterricht eine besondere herausragende Rolle eingeräumt wird. Dies widerspricht etwa aktuellen Diskus-

sionen zur Standardisierung von Bildung, die von Werten und Menschenbildern ökonomischer Rationalität geprägt sind. Selektionsentscheidungen, die auf Werte und Menschenbilder begründet werden, konfligieren häufig miteinander.

Voraussetzungen der Schüler: Die notwendigen Selektionsentscheidungen sind auch abhängig von den Voraussetzungen von Schülern *und* Lehrpersonen. Im Hinblick auf die Lernvoraussetzungen von Schülern gibt es eine lange Tradition des Nachdenkens und recht unterschiedliche theoretische Kontexte, aber keinen Konsens, was denn alles zu diesen Voraussetzungen gehöre und welche Bedeutung die Berücksichtigung dieser Voraussetzungen habe (Fuhs 2006). Die Kognitionspsychologin Elsbeth Stern nennt folgende Aspekte als wichtige Voraussetzungen:
– Kognitive Lernvoraussetzungen
– Sprache / Herkunft(ssprache)
– Soziale Kompetenz / psychische Entwicklung
– Interesse, Neigungen, Motivation, Erwartungen
– Physis, Gesundheit
– Alter
– Traditionen, Wertmuster, Normen
– Geschlechtsspezifische Sozialisation (Stern 2004).

Solche Voraussetzungen gelten jedoch nicht nur für die Schüler, sondern auch für die Lehrpersonen, und auch bei diesen haben solche Voraussetzungen Konsequenzen für den Unterricht. Unterricht ist, so Liebau (2002), ein „bi-subjektives Verhältnis", Lerner *und* Lehrpersonen kommen mit unterschiedlichen Voraussetzungen in die Klasse. Unterschiedliche Lehrer, auch desselben Faches, können z.B. unterschiedliche soziale Kompetenzen und Erwartungen haben und unterschiedliche Normen für ein gedeihliches Zusammenleben für wichtig halten. Lerner müssen mit den unterschiedlichen Voraussetzungen ihrer Lehrer ebenso zurechtkommen wie die Lehrer mit der Heterogenität ihrer unterschiedlichen Lerner.

Ressourcen: Ganz gleich welche Ziele verfolgt werden, welchen Menschenbildern und Werten gehuldigt wird, die Entscheidungen für die Strukturierung von Unterricht müssen immer die gegebenen Ressourcen berücksichtigen. Wenn etwa eine Veranschaulichung mittels eines Bildes geplant ist, bedarf es eines Mediums, z.B. einer Tafel, auf die dieses Bild gezeichnet werden kann. Wenn ich nur drei Computer zur Verfügung habe, kann ich in einer Klasse mit 25 Schülern nicht sinnvoll gleichzeitig an diesen drei Computern arbeiten.

2.2 Unterrichtsstrukturierung – das Milchdosenbeispiel von Heinrich Copei

Eines der berühmtesten Unterrichtsbeispiele in der pädagogischen Literatur findet sich in Heinrich Copeis Dissertation „Der fruchtbare Moment im Unterricht" aus dem Jahre 1930. Dieses häufig zitierte Beispiel soll auch hier als exemplarischer Ausgangspunkt für die theoretischen Überlegungen zur Unterrichtsstrukturierung dienen. Copei schildert den Ausflug einer Hauptschulklasse mit folgenden Worten:

> „Auf einer Schulwanderung hat einer der Jungen eine Büchse kondensierte Milch mitgebracht, die, den meisten Landkindern etwas Neues, schon mit Interesse betrachtet wird. Feierlich öffnet der Besitzer die Büchse, indem er an einer Stelle ein Loch in den Büchsendeckel bohrt. Er will Milch ausgießen – aber keine Milch fließt heraus! Nur beim Schütteln spritzen einige Tropfen. Alles staunt: Wie kommt das nur? Die anderen raten ihm ‚Du mußt das Loch größer machen'. Er tuts – ohne merklichen Erfolg. Einer vermutet: ‚Die Milch ist wohl dick geworden, vielleicht ist das Loch verstopft' – aber eine Verstopfung ist nicht zu entdecken. Die anderen wenden auch ein ‚Wir haben ja ganz flüssige Milchtropfen herausspritzen sehen!' Der Junge beharrt: Da muß doch etwas davor sein, sonst flösse die Milch doch heraus!' Andere sagen ihm: ‚Aber es sitzt doch nicht davor'. Der Lehrer wirft ein ‚Nichts?' ein. Antwort: ‚Nur Luft, sonst nichts, wir habens ja probiert.' Da meldet sich einer der Jungen zur Hilfe. Er schlägt ein zweites Loch in die Büchse, so wie er das schon irgendwo gesehen hat. Allgemeines Staunen, denn plötzlich fließt die Milch in schönem Strahl glatt durch die Öffnung. Aber sie fließt nur solange die Büchse schräg gehalten wird. Als man die Büchse senkrecht hinstellt, damit die Milch zugleich aus beiden Löchern kommen solle, hört das Fließen wieder auf, und nur wenige Tropfen kommen. Die Kinder sind verblüfft.
>
> Am anderen Tage werden die Versuche noch einmal gemacht und dann in Besinnung nebeneinander gestellt. Zuerst werden beide Fälle überlegt, in denen keine Milch herauskam. Schematische Zeichnungen verdeutlichen sie. Wieder wird die Verwunderung ausgesprochen, dass die Milch nicht herauskommt und dass ihr doch etwas im Wege stehen müsse. Das kann aber nur Luft sein, denn nichts steht sonst im Wege. Also muß wohl im ersten Falle die Luft die Milch nicht ausfließen lassen. ‚Und im zweiten Falle?' – ‚Da steht auch vor der Öffnung nur die Luft; auch hier kann nur die Luft die Milch zurückhalten.' – ‚Wer ist nun stärker, die Milch oder die Luft?' – ‚Die beiden sind gleich stark, denn die Milch kann ja nicht heraus.' – Und nun der dritte Fall: ‚Wann fließt es?' – ‚Wenn die Büchse schräg gehalten wird.' – ‚Wer ist nun der Stärkere?' – ‚An dem einen Loch die Milch, und zwar unten, denn da kommt sie heraus.' – ‚Und am oberen Loche?' – ‚Da kann die Milch nicht der Stärkere sein, da kommt sie nicht heraus, obwohl sie vor dem Loche steht.' – Da meldet sich auch einer, der das Glucksen der eindringenden Luft gehört hat: ‚Da ist die Luft stärker gewesen.' – ‚Wie kam das?' – An der Skizze wird festgestellt, daß die Milch, wo sie unten zusammenfließt, besonders stark drücken muß und dass oben nur wenig Milch ist, die herausdrückt. – ‚Wer ist also stärker?' – ‚Die Luft.' Jetzt verstehen die Kinder plötzlich die doppelte Druckbewegung der ausströmenden Milch und der einströmenden Luft. [...] [Copei lässt Adhäsions- und Kohäsionskräfte außer Acht] (Copei, S. 103-105).

Betrachtet man diesen Verlauf von einem Schulausflug zu einer Unterrichtsstunde vor dem Hintergrund von David Merrills fünf „First Principles of Instruction", dann lassen sich wichtige Aspekte moderner Unterrichtsstrukturierung verdeutlichen (Merrill 2002):

1. *„Learning is promoted when learners are engaged in solving real-world problems."* Milch in den Kaffee zu bekommen, mag manchem als banales Problem erscheinen, ist aber in der Tat ein „real world problem", ein Problem aus der Lebenswelt der Schüler. Sie haben ein Interesse an der Lösung dieses Problems (vgl. Braune i. d. Bd., 37ff.). Es ist nützlich und bedeutsam für sie. Copei selbst setzt den Rahmen sogar noch weiter als Merrill. In platonischer Tradition ist ihm wichtig, dass zu Beginn eines Lernprozesses ein Staunen steht, etwas Unerwartetes, aus dem eine Fragehaltung erwächst (Copei 1930, S. 63). Dieses Unerwartete muss kein Problem einer realen Welt sein.

Wolfgang Klafki hat im Rahmen der Fortentwicklung seiner geisteswissenschaftlichen Pädagogik das Konzept der „Schlüsselprobleme" entwickelt. Dies sind Kategorien von „real world problems", etwa das Schlüsselproblem „gesellschaftlich produzierter Ungleichheit", die „Friedensfrage" oder die „Umweltfragen" (Klafki 1996). Dabei legt Klafki großen Wert darauf, dass diese Probleme aufgespürt werden in der kindlichen Lebenswelt – etwa die Umweltfrage an der Verschmutzung des Schulhofs mit Getränkedosen, Plastikflaschen, Bonbonpapier; die Friedensfrage im Konflikt mit Klassenkameraden auf dem Schulhof oder im Klassenzimmer usw.

2. *„Learning is promoted when existing knowledge is activated as a foundation for new knowledge."* In dem von Copei geschilderten Verlauf aktiviert der Lehrer das Vorwissen („existing knowledge") der Schüler sehr geschickt mit lediglich der einzigen Bemerkung „Nichts" und einige aus der Schülergruppe antworten: „Nur Luft, sonst nichts, wir habens ja probiert". Dieses Wissen, dass sich Luft vor dem Loch befindet, ist später für die Lösungsfindung von herausragender Bedeutung. Die Aktivierung von vorhandenem Vorwissen und die Möglichkeit Wissensstrukturen miteinander zu verknüpfen, gilt in der Kognitionspsychologie als ein wesentlicher Garant erfolgreichen Unterrichtens (Zimbardo & Gerrig 2004). Die Diskussion um subjektive Theorien hat darüber hinaus gezeigt, dass vorhandene subjektive Theorien, etwa über naturwissenschaftliche Vorgänge, wirkmächtiger sind als durch Lehrende vermittelte wissenschaftliche Theorien oder Expertenstrukturierungen (vgl. den Überblick bei Heran-Dörr zitiert nach Dissertationsmanuskript S. 70-100). Insofern gibt die Demonstration des Vorwissens wichtige Hinweise auf mögliche Korrekturen durch die Lehrenden (Wahl 2005).

3. *„Learning is promoted when new knowledge is demonstrated to the learner."* In den von Copei angesprochenen Skizzen an der Tafel zwischen ausströmender Milch, einströmender Luft und Luftdruck wird neues Wissen demonstriert. Dabei sind Demonstrationen vorzuziehen, die verschiedene Repräsentationsformen nutzen (vgl. Weiß, S. 105, 111) und sich selbstverständlich an gesetzten Zielen orientieren. Eine schön animierte Power-Point-Präsentation nützt nichts, wenn ein klarer Bezug zu den Unterrichtszielen fehlt. Ebenso wichtig ist es, für eine Demonstration sowohl gelungene Beispiele als auch Gegenbeispiele oder Abweichungen zu präsentieren (Kiel 1999). Die moderne Lerntheorie zeigt, dass die fachgerechte Präsentation von Wissen sehr fruchtbar ist und Formen des sogenannten fragend-entwickelnden Unterrichts überlegen ist. Der pädagogische Psychologe Diethelm Wahl charakterisiert diesen fragend-entwickelnden Unterricht sehr treffend mit dem Begriff „Osterhasenpädagogik" (Wahl 2005, S. 9ff). Die Lehrpersonen tragen nicht vor, was sie wissen, sondern fragen stattdessen die Schüler, die erraten oder sonst wie herausbekommen müssen, was die Lehrperson eigentlich von sich aus selbst hätte sagen können. Die hier gewählte Verbfolge „hätte sagen können" kennzeichnet etwas flapsig gesprochen einen ‚Konjunktiv der vertanen Chancen' und ist noch einmal ein Plädoyer dafür, sich mit echten Problemen zu beschäftigen und nicht mit dem Problem, dass eine Lehrperson die Lerner raten lässt, was sie hören möchte.

4. *„Learning is promoted when new knowledge is applied by the learner."* Hier geht es nicht um beliebige Anwendungen, denn problemorientierte Anwendungen haben Vorrang vor anderen. Dabei sollten unterschiedliche variierende Probleme bearbeitet werden. Wichtig ist hierbei die Rolle der Lehrperson, die Feedback gibt, nötigenfalls korrigierend eingreift, jedoch im Fortgang eines Lehrgangs Formen der Korrektur oder des Coachings verringert. Hier treffen sich Friedrich Copei und moderne Forschungen zum Cognitive Apprenticeship (Copei 1962, Kiel 1999).

Copei geht in seinem Beispiel nicht auf weiterführende Anwendungen ein, aber es ließen sich z.B. Experimente zum Luftdruck denken – etwa das berühmte Experiment Otto von Guerrickes, der zwei aneinandergefügte metallene Halbkugeln leer pumpt und demonstriert, dass selbst starke Pferde diese Kugeln aufgrund des Luftdrucks nicht trennen können (vgl. die Versuchsbeschreibung bei http://www.deutsches-museum.de/bildung/schul/img/wirkungderluft.pdf). Denkbar sind auch Übertragungen der Überlegungen zum Luftdruck z.B. auf den Wasser- oder Gasdruck bei der Heizung eines Wohnhauses – ein beliebtes Beispiel aus der Reformpädagogik, etwa dem Arbeitsunterricht Kerschensteiners.

5. *„Learning is promoted when new knowledge is integrated into the learner's world."* Hierunter verstehen Merrill u.a. die Freude, Wissen im Alltag Freunden oder Eltern zu demonstrieren, es einzusetzen, aber auch es zu verteidigen, wenn es

etwa als unsinnig, nicht angemessen oder falsch denunziert wird. Mit dieser Forderung schließt sich der Kreis der Prinzipien Merrills, denn die „Demonstration", der „Einsatz", die „Verteidigung" im Alltag ergeben sich natürlich leichter, wenn es sich um Probleme aus der Welt des Alltags handelt, auf die sich das Gelernte bezieht.

Merrills „First Principles" können so auch als moderne Anweisung zur Strukturierung von Unterricht verstanden werden. Formuliert man seine Prinzipien in Anweisungen zur Strukturierung um, lauten sie:

1. Wähle als Ausgangspunkt des Unterrichts möglichst ein Problem aus der Lebenswelt der Schüler.
2. Sorge dafür, dass es Situationen gibt, in denen Vorwissen über den Unterrichtsgegenstand aktiviert wird.
3. Neues Wissen sollte demonstriert werden z.B. durch Veranschaulichungen, reales Handeln oder Simulationen (vgl. Weiß , S. 105, 111). Dies kann durch die Lehrpersonen, aber auch durch Schüler geschehen.
4. Im Verlaufe des Unterrichts oder eines Unterrichtsgangs sollten Schüler ihr Wissen auf variierende Probleme anwenden können.
5. Rege an, das neue Wissen oder neue Fähigkeiten außerhalb des Unterrichts zu demonstrieren, einzusetzen und nötigenfalls zu verteidigen.

Die Überlegungen von David Merrill sind nicht neu. Pädagogen und Psychologen haben im Laufe der letzten 100 Jahre unterschiedliche Schemata der Gliederung von Unterrichtssituationen entwickelt, die einige dieser Aspekte aufgreifen. Merrill selbst verweist auf einen seiner Vorgänger Johann Friedrich Herbart, der eines der einflussreichsten Schemata der Unterrichtsstrukturierung entwickelt hat. Es wird in diesem Zusammenhang häufig auch von „Artikulation des Unterrichts" oder von „Artikulationsschemata" gesprochen.

Herbart etwa unterscheidet in seinem Schema der Unterrichtsstrukturierung „Klarheit" (Informationsvermittlung), „Assoziation" (Vernetzung), „System" (Zusammenfassen) und „Methode" (üben, umsetzen, anwenden). Dabei gilt es, in der „Vertiefung", dem Zusammenhang von „Klarheit" und „Assoziation", zunächst das Einzelne zu erkennen und zu verstehen, um dann in der „Besinnung", dem Zusammenhang von „System und Methode", das Einzelne ins Verhältnis zu Mehreren zu setzen und letztlich zu einem System zu ordnen und umzusetzen in der Übung.

Herbart ging *nicht* davon aus, dass diese vier Aspekte linear und jeweils nur einmal in einer Unterrichtsstunde oder -einheit durchlaufen werden. Jede Phase konnte mehr als einmal im Unterricht von Bedeutung sein. Ein wesentlicher Gedanke bei ihm war, dass neues Wissen an Vorhandenes anknüpfen muss. Er nennt dies „Apperzeption". Diesen Gedanken des Anknüpfens an vorhandenes Wissen greift die moderne Didaktik, aber auch die Kognitionspsychologie immer wieder auf und fordert seine Berücksichtigung bei der Planung und Durchführung von Lehr-Lern-Prozessen. Allerdings wird der Anwendung und Verarbeitung von Wissen ein viel größerer Raum eingeräumt als dies bei Herbart der Fall war. In der Herbartschen Didaktik ist die letzte genannte Stufe eher ein Einüben, eine Automatisierung oder routinisierende Anwendung und weniger ein Transfer.

In der weiteren Beschäftigung mit diesem Schema haben die Nachfolger Herbarts, die so genannten Herbartianer, sehr starre, lehrerzentrierte Dogmen der Unterrichtsstrukturierung geschaffen, die im Allgemeinen linear gedacht waren: D.h., eine Stunde war dann eine gute Stunde, wenn die angegebenen Phasen nacheinander ,abgearbeitet' wurden (vgl. den kurzen Überblick bei Gonschorek & Schneider 2000, S. 137ff., von denen auch die folgende Tabelle adaptiert wurde). Dies war gegenüber Herbart ein bedauerlicher Rückschritt. Die folgende Tabelle gibt exemplarisch die Strukturierungsprinzipien zweier bedeutender Herbartianer (Ziller und Rein) wieder und setzt deren Strukturierung zu Herbarts originalem Schema in Beziehung. Zillers und Reins Systeme werden hier nicht weiter erörtert, sie sind nur noch von historischem Interesse. Hier soll nur auf die Tradition der intensiven und einflussreichen Auseinandersetzung mit Herbart durch seine unmittelbaren Epigonen verwiesen werden (vgl. Gonschorek & Schneider 2000).

Tab. 1: Strukturierungsprinzipien nach Ziller und Rein

Herbart	Vertiefung			Besinnung	
	Klarheit		Assoziation	System	Methode
Ziller	Analyse	Synthese	Assoziation	System	Methode
Rein	Vorbereitung	Darbietung	Verknüpfung	Zusammenfassung	Anwendung

Mit der Reformpädagogik hat es ungefähr seit dem ersten Drittel des zwanzigsten Jahrhunderts eine Reihe wichtiger generalisierender Vorschläge zur Unterrichtsstrukturierung gegeben, die damals schon manches von dem aufgegriffen haben, was weiter oben im Zusammenhang mit David Merrill erläutert wurde. Gleichzeitig gab es immer wieder den Bezug auf Herbart und seine Nachfolger. Deutlich wird aber auch eine Nähe zu Copei. Hierzu gehören unter vielen anderen Vorschläge wie die

– des amerikanischen Erziehungsphilosophen John Dewey,
– des eng an Dewey anknüpfenden deutschen Reformpädagogen Georg Kerschensteiner (einer der wenigen, die englische Texte rezipiert haben),
– Heinrich Roths, eines der ersten starken Proponenten einer empirischen Pädagogik in der Bundesrepublik,
– aus der marxistischen Tätigkeitstheorie.

Sie alle schlugen vor, Unterricht gemäß den Denkprozessen zu strukturieren, die ihrer Meinung beim Aufgabenlösen auftraten. Die folgende Tabelle gibt hierzu einen kleinen Überblick (Tabelle nach Kiel 1999, S. 186 und Gonschorek & Schneider 2000, S. 142):

Tab. 2: Denkprozesse beim Aufgabenlösen

DENKPROZESSE BEIM AUFGABENLÖSEN		
Dewey/Kerschensteiner	Heinrich Roth	Tätigkeitstheoretische Didaktik
0	Motivation	
1	Schwierigkeiten identifizieren	Schwierigkeit	Ausgangsorientierung
2	Analyse der Schwierigkeit	Lösungsversuche	Transformation der Situation
3		Tun und Ausführung	Modellierung
4	Suchen nach Lösungen	Behalten und Einüben	Transformation des Modells
5		Transfer, Bereitstellung, Integration	Ermitteln und Konstruieren praktischer Aufgaben
6	Prüfen		Kontrolle
7			Bewertung

Diese Auswahl ist keineswegs vollständig. Es ließen sich noch Dutzende anderer Artikulationsschemata anführen – allein in der tätigkeitsorientierten Didaktik finden sich viele unterschiedliche Formulierungen. Ausgewählt wurden hier drei besonders einflussreiche Schemata. Dewey, der amerikanische Erziehungsphilosoph, ist über die Rezeption durch Kerschensteiner zeitlich unmittelbar sehr wirkungsvoll in Deutschland gewesen. Mittelbar hatten seine Ideen auch großen Einfluss auf Hartmut von Hentig und das größte Reformschulprojekt in der Bundesrepublik – die Laborschule in Bielefeld. Heinrich Roth ist nicht nur einer der ersten Vertreter einer empirischen Pädagogik und bildet mit seinen Überlegungen einen Gegenpol zu den sonst so populären didaktischen Modellen etwa von Klafki, Heimann, Otto und Schulz, sondern er ist auch jemand, der die kognitiven Aspekte solcher Schemata in das didaktische Handeln integrieren möchte. Eine starke kognitiv-didaktische Orientierung kennzeichnet auch die Tätigkeitstheoretiker, die in der bundesrepublikanischen Schuldidaktik eine geringe Rolle spielen aber in der Erwachsenenbildung rezipiert worden sind.

Spannend ist, dass es in diesen drei sehr unterschiedlichen Kontexten einerseits zu durchaus ähnlichen Lösungen gekommen ist: Die hier aufgeführten Forscher oder Forschergruppen räumen – anders als Herbart – der Schwierigkeit im Sinne eines Problems eine besondere Rolle beim Unterrichten ein. Sie definieren dabei, meist in platonischer Tradition, ein Problem als etwas, über das man staunt, aber dessen Staunen man nicht sofort auflösen kann (vgl. auch Wagenschein in Weiß, S. 110f.). Dies gilt auch für tätigkeitstheoretische Konzepte, in denen es sich bei der Ausgangsorientierung um die Orientierung innerhalb eines Problems oder Problemkontextes handelt. Bei Copei etwa wäre die Ausgangsorientierung dadurch hergestellt, dass die Schüler genau klären, unter welchen Bedingungen Milch aus einem geschlossenen Gefäß fließt oder nicht.

Andererseits gibt es gewichtige Unterschiede, von denen einige, ohne sie im Detail differenziert darzustellen, doch kurz erwähnt seien. Roth betrachtet die Schwierigkeit, über die man staunt, nicht als ausreichenden Ausgangspunkt für einen Denkprozess beim Aufgabenlösen, sondern stellt besondere motivierende Phasen voran. Gleichzeitig spielt bei ihm im Gegensatz zu Dewey und Kerschensteiner das Einüben und der Transfer eine wichtige Rolle. Die Tätigkeitstheorie, im obigen Schema sich vor allem an Dawydow (1982), Galperin (1979) und Markowa (1982) orientierend, hebt als besondere Verarbeitungsprozesse heraus, dass Lerner Modellierungen des Problems vornehmen sollten und selbst Aufgaben konstruieren, die sie oder andere lösen. Dies ist eine wichtige Ergänzung und kann als besondere Form des Transfers von erworbenem Wissen betrachtet werden.

2.3 Das AVIVA-Schema

Das im Folgenden vorgestellte AVIVA-Schema zur Unterrichtstrukturierung ist vor dem Hintergrund der hier genannten Traditionen, ausgehend von Herbart bis zu Dewey, Roth und der Tätigkeitstheorie von Erwin Uhland und Rene Müller, entwickelt worden und wurde dann in der Diskussion um kompetenzorientierten Unterricht von Städli, Grassi, Rhiner und Obrist weiter entwickelt (Städeli et al. 2010). Es greift einerseits viele der eben genannten Überlegungen auf und ist andererseits abstrakt genug, um mit unterschiedlichen Inhalten gefüllt zu werden. Es weist eine Reihe Parallelen zum Schema von Merrill auf, ist jedoch im Gegensatz zu diesem im Rahmen der Lehrerausbildung in der Schweiz vielfach praktisch bei der Unterrichtsplanung erprobt. Wir empfehlen, sich bei der Unterrichtstrukturierung primär am AVIVA-Schema zu orientieren und die Überlegungen von Merrill – ganz besonders seine Überlegungen zur Problemorientierung – als Hintergrundinformation zu nutzen.

Das AVIVA-Schema ist durch folgende Phasen gekennzeichnet (Städeli et al. 2010, S.33):

	Phasen	„Direktes Vorgehen"	„Indirektes Vorgehen"
A	Ankommen und Einstimmen	Lernziele und Programm werden bekannt gegeben.	Die Situation, das Problem wird vorgestellt; die Lernenden bestimmen Ziele und Vorgehen weitgehend selbst.
V	Vorwissen aktivieren	Die Lernenden aktivieren ihr Vorwissen unter Anleitung und strukturiert durch die Methoden der Lehrperson.	Die Lernenden aktivieren ihr Vorwissen selbständig.
I	Informieren	Ressourcen werden gemeinsam entwickelt oder erweitert, die Lehrperson gibt dabei den Weg vor.	Die Lernenden bestimmen selbst, welche Ressourcen sie sich noch aneignen müssen, und bestimmen, wie sie konkret vorgehen wollen.
V	Verarbeiten	Aktiver Umgang der Lernenden mit den vorgegebenen Ressourcen: verarbeiten, vertiefen, üben, anwenden, konsolidieren.	Aktiver Umgang der Lernenden mit den neuen Ressourcen: verarbeiten, vertiefen, üben, anwenden, diskutieren.
A	Auswerten	Ziele, Vorgehen und Lernerfolg überprüfen.	Ziele, Vorgehen und Lernerfolg überprüfen.

Das Modell versucht, Lernprozesse modellhaft abzubilden, um darauf aufbauend ein Analyse- und Orientierungsraster für die Planung und Durchführung von Unterricht zu gewinnen. Dabei wird immer von einem Lehr-Lern-Arrangement („Situation") ausgegangen, welches Möglichkeiten zur Aneignung neuer oder zur Anwendung vorhandener Kompetenzen bietet. Die Unterscheidung in „direktes" (eher instruktionsorientiertes) und „indirektes" (eher selbstreguliertes) Vorgehen deutet dabei den Grad der Lenkung durch den Lehrenden an. Ziel ist es im Sinne eines kompetenzorientierten Unterrichts, die Lerner zunehmend zu selbstgesteuertem Lernen zu befähigen (Städeli et al. 2010).

• *Ankommen und Einstimmen*: Hier geht es darum, die Aufmerksamkeit der Schüler auf den Unterrichtsgegenstand zu lenken – z.B. kognitiv durch einen informierenden Unterrichtseinstieg („heute geht es um …"), durch Impulse wie Bilder, Modelle, ein Gedicht …; oder affektiv, indem die Schüler erst einmal erzählen können, was ihnen auf dem Herzen liegt, etwa die gerade geschriebene Klassenarbeit, die anstehende Klassenfahrt, ein Sportunfall … Auch eine Begründung der folgenden Unterrichtsinhalte und der, bei „direktem" Vorgehen, von der Lehrkraft vorgegebenen Strukturierung kann dazu beitragen, günstige motivationale Voraussetzungen für den Unterricht zu schaffen. Im Sinne der oben skizzierten Überlegungen hat ein an der Lebenswelt der Schüler problemorientiertes Ausrichten Vorrang vor anderen Formen.

• *Vorwissen aktivieren*: Hier geht es darum, das z.B. in Bezug auf Inhalte, Bewusstheit (implizit/explizit), Repräsentationsformen, sachliche Richtigkeit, Umfang oder auch Handlungsrelevanz mehr oder weniger stark differierende Vorwissen der Schüler zu aktivieren. Im Sinne einer konstruktivistischen Auffassung von Lernen dient dies vor allem dazu, eine kognitive Struktur zu schaffen, die es ermöglicht, neues Wissen mit vorhandenen Strukturen zu verknüpfen. Im Sinne Herbarts wird hier eine Apperzeption ermöglicht, der moderne Entwicklungspsychologe Piaget spricht in diesem Zusammenhang vom Ermöglichen der Assimilation. Dieses Aktivieren von Vorwissen kann, mehr oder weniger gelenkt, durch ein Spiel geschehen (z.B. ein Quiz), ein Brainstorming, das Anfertigen von Mindmaps durch die Schüler, einen Test, Lehrerfragen, die Besprechung einer Hausaufgabe…

• *Informieren*: Je nach Grad der Lenkung durch die Lehrkraft kann es aus Schülersicht um ein „informiert werden" gehen oder um ein „sich selbst informieren". Beides hat seinen Ausgangspunkt in geplanten Lehrertätigkeiten. Besonders erfolgreich sind Präsentationen, die verschiedene Repräsentationsformen nutzen. Eine Systematisierung hierfür bietet Bruner mit den Begriffen „symbolisch", „ikonisch", „enaktiv" (vgl. Weiß i. d. B., S. 105). Informieren kann sich auf Aufgabenstellungen bzw. Arbeitsaufträge, Lehrer- oder Schülervorträge, die Information durch ein Medium (z.B. Schulbuch, Film) oder z.B. auch Exkursionen beziehen.

• *Verarbeiten*: In dieser Phase geht es vor allem darum, die in der vorangegangen Informationsphase erworbenen Wissensbestände weiter zu verankern, was z.B. durch Aufgaben geschehen kann. Dabei darf der Begriff „Aufgabe" nicht mit der Lehrerfrage verwechselt werden. Aufgaben lassen sich nicht spontan beantworten, sondern erfordern einen längeren Bearbeitungszeitraum von ca. fünf Minuten bis zu mehreren Stunden. Die Verarbeitung umfasst sowohl das Finden von Lösungen, die Entwicklung von Modellen als auch den Transfer von erworbenem Wissen auf andere Kontexte und kann in verschiedenen Sozialformen durchgeführt werden.

• *Auswerten*: In dieser Phase geht es um die Reflexion über den eigenen Lernprozess und die Rückmeldung bzw. Selbstkontrolle bezüglich des Lernerfolgs. Sie kreist um Fragen wie „Was haben wir gelernt? Wie haben wir gelernt? Was ist gut gelaufen? Was ist schlecht gelaufen? Was hat Spaß gemacht? Was hat keinen Spaß gemacht?".

Einzelne Phasen können mehrfach durchlaufen werden – z.B. zwei Informationsvermittlungsphasen, mehrere Verarbeitungsphasen oder eine erneute Aktivierung

von Vorwissen usw. Dies unterscheidet das AVIVA-Schema etwa von den klassischen starren Schemata der Herbartianer. Charakteristisch für dieses Strukturierungsschema ist die besondere Stellung des „Informierens", die als zentral verstanden werden kann. Informieren als „informiert werden" und „sich selbst informieren" wird einerseits vorbereitet durch das „Ausrichten" und „Aktivieren von Vorwissen". Andererseits wird es nachbereitet durch eine „Verarbeitungsphase" und eine Phase des „Auswertens", wo über den eigenen Lernprozess nachgedacht wird.

2.4 Artikulationsmuster aus der Sicht der Skripttheorie

Betrachtet man Abläufe von Unterricht aus empirischer Perspektive, dann ergibt sich häufig eine eher monotone und nicht sehr variantenreiche Artikulation von Unterricht: Wiederholung, Hausaufgabenbesprechung, Einführung in ein neues Thema, Durcharbeitung anhand von Aufgaben, neue Hausaufgaben (Baumert et al. 1997; Blömeke/Eichler/Müller 2003). Dieses u.a. in der TIMS-Studie empirisch gefundene Artikulationsmuster ist häufig mächtiger als die anderen in diesem Beitrag vorgestellten Muster. Aus der Perspektive der ursprünglich von Schank und Abelson (1977) entwickelten Skripttheorie werden solche Handlungsverläufe, die entweder beobachtet, selbst durchgeführt oder von Kollegen vermittelt werden, mental gespeichert und führen zur Routinisierung strukturell ähnlich verlaufender Unterrichtsschritte (Blömeke/Eichler/Müller 2003, Kollar/Fischer 2008). Solche Skripts erweisen sich als stabile Handlungsmuster, die eng mit den subjektiven Theorien der Lehrperson verknüpft sind. Blömeke und ihre Mitarbeiter identifizieren als Elemente solcher Skripts „Tätigkeit, Objekt, Ort, Akteure und Ergebnis." Ohne den Begriff „Skript" explizit zu verwenden, hat Haag für den handlungsorientierten Unterricht mit Hilfe der sogenannten Heidelberger Strukturlegetechnik ebenfalls Skripts von Lehrern entwickelt. Dabei hat er u.a. festgestellt, dass die Selbsteinschätzung der Lehrpersonen, wie sie unterrichten, sich vom realen Unterricht deutlich unterscheidet (Haag 1999), ein Befund der sich vor dem Hintergrund empirischer Befunde zu Selbsteinschätzungen für viele Lehrerhandlungen generalisieren lässt.

Seidel kennzeichnet Unterrichtsskripte ähnlich wie Blömeke, Eichler und Müller oder auch Kollar und Fischer als eine Struktur, „die eine angemessene Abfolge von Ereignissen im Kontext Unterricht beschreibt (Seidel 2003)." Dabei ist diese Abfolge durchaus auch den Schülerinnen und Schülern bewusst. So aktiviert etwa die Ankündigung der Hausaufgabenbesprechung einerseits bestimmte Verhaltensweisen der Schüler, etwa Hefte herausholen, aufschlagen, sich zu melden; mitzuteilen, die Hausaufgabe nicht gemacht zu haben etc. Andererseits werden auch Verhaltensweisen des Lehrers aktiviert, wie Notizkalender für den Noteneintrag heraussuchen; schauen, welcher der Schüler vortragen soll, Ermahnungen aussprechen etc. Skripts in diesem Sinne werden geteilt von Lehrpersonen, Schülern und Kollegen an einer Schule oder gar in einer Schulform. Darüber hinaus gibt es fachdidaktische Skripts. Insgesamt erlauben so verstandene Skripts Situationen, ohne große Erläuterungen zu verstehen, und den Verlauf von Handlungen – etwa zum Zwecke der Unterrichtsplanung – vorherzusagen. Sie reduzieren Komplexität und vermitteln Handlungssicherheit. Die Skripttheorie ist zurzeit ein wichtiger ‚Kandidat' die traditionelle Auseinandersetzung mit der Artikulation von Unterricht zu überwinden – auf jeden Fall in der Forschung, vielleicht auch in der Praxis (T. Fischer 2008, Kollar/F. Fischer 2008).

2.5 Aufgaben

2.5.1 Filmgeleitete Aufgaben
Sehen Sie sich folgende Filmausschnitte an:

* Geometrie im Gelände *(Hauptschule 8. Jahrgangsstufe)*
* Fachbegriffe der Sprachanalyse – eine Übungsstunde *(Deutsch an der Berufsoberschule)*
* Nachweis des Brechungsgesetzes – Physikalisches Praktikum *(Physik an der Fachoberschule, 11. Jahrgangsstufe)*

Werten Sie die Ausschnitte unter folgenden Gesichtspunkten aus:
a) Welche Phasen des AVIVA-Schemas können Sie erkennen und eindeutig identifizieren?
b) Welche Strukturierungsprinzipien von David Merrill können Sie erkennen und eindeutig identifizieren?
c) Wenn Sie Phasen oder Strukturierungsprinzipien aus dem ARIVA-Schema oder Merrills Prinzipien nicht erkennen oder finden können, skizzieren Sie, wie man diese Phase oder Phasen im Ihnen vorliegenden Unterrichtsbeispiel sinnvoll hätte gestalten können.

2.5.2 Theoriegeleitete Aufgaben
Recherchieren Sie einen Artikel zum offenen Unterricht aus einem pädagogischen Handbuch oder pädagogischen Lexikon und stellen Sie dar, ob die hier dargestellten Prinzipien des AVIVA-Schemas oder der Prinzipien Merrills sich auf den offenen Unterricht anwenden lassen. Begründen Sie Ihre Zuordnungen!

2.5.3 Zur Vertiefung
Vergleichen Sie das AVIVA-Schema mit dem im Anhang beigegeben Schema von Grell & Grell (1994):

a) Welche Gemeinsamkeiten, welche Unterschiede können Sie erkennen?
b) Benennen Sie die Vor- und Nachteile beider Schemata und begründen Sie Ihre Aussagen für jeden von Ihnen identifizierten Vor- oder Nachteil.

2.6 Literatur

Baumert, J., Lehmann, R., Lehrke, M. & et al. (1997). *TIMSS – Mathematisch-naturwissenschaftlicher Unterricht im internationalen Vergleich. Deskriptive Befunde.* Opladen.

Blömeke, S., Eichler, D. & Müller, Ch. (2003). Rekonstruktion kognitiver Strukturen von Lehrpersonen als Herausforderung für die empirische Unterrichtsforschung. *Unterrichtswissenschaft, 31* (2), 103-121.

Copei, F. (⁶1962). *Der fruchtbare Moment im Bildungsprozess (Erstveröffentlichung 1930).* Heidelberg.

Dawydow, W.W. (1982). Inhalt und Struktur der Lerntätigkeit. In Autorenkollektiv unter Leitung von Wassili Wassilewitsch Dawydow, Joachim Lompscher & Aelita Kapitonowa Markowa (Hrsg.), *Ausbildung der Lerntätigkeit bei Schülern* (S. 14-35). Berlin.

Dewey (1951). *Wie wir denken.* Zürich.

Fischer, T. (2008). *Handlungsmuster von Physiklehrkräften beim Einsatz neuer Medien. Fallstudien zur Unterrichtspraxis.* Berlin.

Fuhs, B. (2006). Voraussetzungen beim Schüler. In K.H. Arnold, U. Sandfuchs & J. Wiechmann (Hrsg.), *Handbuch Unterricht* (S. 157-161). Bad Heilbrunn.

Galperin, P.J. (⁵1979). Die geistige Handlung als Grundlage für die Bildung von Gedanken und Vorstellungen. In P.J. Galperin et al. (Hrsg.), *Probleme der Lerntheorie* (S. 90-111). Berlin.

Glöckel, H. (1990). *Lehrbuch der allgemeinen Didaktik.* Bad Heilbrunn.

Gonschorek, G. & Schneider, S. (2000). *Einführung in die Schulpädagogik.* Donauwörth.

Grell, J. & Grell, M. (1994). *Unterrichtsrezepte.* Weinheim.

Haag, L. (1999). *Die Qualität des Gruppenunterrichts im Lehrerwissen und Lehrerhandeln.* Lengerich.

Heran-Dörr, E. (2006). *Das Projekt SUPRA – Entwicklung und Evaluation einer internetgestützten Lehrerfortbildung zur Förderung der physikdidaktischen Kompetenz von Sachunterrichtslehrkräften. Eine explorative Studie zu den Auswirkungen der Fortbildungsmaßnahme auf komplexe Lehrerkognitionen.* Dissertationsmanuskript. München.

Keller, J.M. (1983). Motivational Design of Instruction. In C.M. Reigeluth (ed.), *Instructional Design Theories and models: An Overview of their Current Status* (pp. 282-429). Hillsdale, London.

Kerschensteiner, G. (1953). *Begriff der Arbeitsschule.* München.

Kiel, E. (1999). *Erklären als didaktisches Handeln.* Würzburg.

Klafki, W. (1996). *Neue Studien zur Bildungstheorie und Didaktik. Zeitgemäße Allgemeinbildung und kritisch-konstruktive Didaktik.* Weinheim.

Kollar, I./Fischer, F. (2008). Was ist eigentlich aus der neuen Lernkultur geworden? Ein Blick auf Instruktionsansätze mit Potenzial zur Veränderung kulturell geteilter Lehr-Lernskripts. *Zeitschrift für Pädagogik, 54* (1), 49-62.

Liebau, E. (2002). Bildungswissenschaft. Zur Weiterentwicklung der Disziplin. *Vierteljahresschrift für Wissenschaftliche Pädagogik, 3,* 293-299.

Markowa, A.K. (1982). Ausbildung der Lerntätigkeit und der Persönlichkeitsentwicklung. In Autorenkollektiv unter Leitung von Wassili Wassilewitsch Dawydow, Joachim Lompscher & Aelita Kapitonowa Markowa (Hrsg.), *Ausbildung der Lerntätigkeit bei Schülern* (S. 29-35). Berlin.

Merrill, D. (2002). First Principles of Instruction. *Educational Technology Research and Development, 50* (3), 43-59.

Paradies, L. (2006). Stufung des Unterrichts. In K.H. Arnold, U. Sandfuchs & J. Wiechmann (Hrsg.), *Handbuch Unterricht* (S. 261-265). Bad Heilbrunn.

Rein, W. (1927). *Pädagogik im Grundriss*. Berlin, Leipzig.

Roth, H. (1963). *Pädagogische Psychologie des Lehrens und Lernens*. Hannover.

Seidel, T. (2003). *Lehr-Lernskripts im Unterricht. Freiräume und Einschränkungen für kognitive und motivationale Lernprozesse – eine Videostudie im Physikunterricht*. Münster u.a.

Städeli, C., Grassi, A., Rhiner, K. & Obrist, W. (2010). *Kompetenzorientiert unterrichten. Das AVIVA-Modell*. Weinheim.

Stern, E. (2004). Schubladendenken, Intelligenz und Lerntypen. Zum Umgang mit unterschiedlichen Lernvoraussetzungen. *Friedrich Jahresheft: Heterogenität: Unterschiede nutzen – Gemeinsamkeiten stärken, 22*, 36-39.

Wahl, D. (2005). *Lernumgebungen erfolgreich gestalten*. Bad Heilbrunn.

Zimbardo, P.G. & Gerrig, R.J. (2005). *Psychologie* (16., aktualisierte Aufl.). München u.a.

2.7 Anhang

Planungsschema von Grell & Grell (1994)

Phase 0: Ich treffe *direkte Vorbereitungen* für die kommende Unterrichtsstunde.

Phase 1: Ich bemühe mich, bei den Schülern *positive reziproke Affekte auszulösen.*

Phase 2: Ich teile den Schülern mit, *was* sie lernen sollen, *wie* sie es nach meiner Planung lernen sollen und *warum sie es lernen sollen. Ich gebe also einen informierenden Unterrichtseinstieg.*

Ich sorge dafür, dass die Schüler die Gelegenheit bekommen, zum Plan der Stunde Stellung zu nehmen und Änderungsvorschläge zu machen.

Phase 3: Ich sorge dafür, dass die Schüler die zum Lernen notwendigen Informationen haben. Ich gebe einen sogenannten *Informationsinput.*

Phase 4: Ich biete den Schülern eine oder mehrere *Lernaufgaben* an und demonstriere ihnen, wie die Lernaufgabe bearbeitet werden kann.

Phase 5: Ich lasse die Schüler eine gewisse Zeit *selbständig* an der Lernaufgabe arbeiten, damit sie Lernerfahrungen machen können. Bei dieser selbständigen Arbeit störe ich die Schüler nicht.

Phase 6: Falls nach der 5. Phase noch eine Weiterverarbeitung im Klassenverband erfolgen soll, füge ich eine Auslöschungsphase ein, um den Schülern zu helfen, sich von der selbständigen Arbeit wieder auf die Arbeit im Klassenplenum umzustellen.

Phase 7: Ich führe mit der Klasse eine Phase der *Weiterverarbeitung* durch.

Phase 8: Ich sorge dafür, dass am Schluss der Stunde noch einige Minuten Zeit sind. In dieser Minute kann ich z.B. eine kleine Gesamtevaluation der Unterrichtsstunde mit den Schülern versuchen oder den Tagesordnungspunkt *Verschiedenes* mit ihnen behandeln.

3 Motivation
Agnes Braune

3.1 Einleitung

Motivation ist eine grundlegende Voraussetzung für gute Leistungen und erfolg-versprechendes Lernen. Sie ist die Anregung und Erhaltung der Lust am Lernen und sie ist der Wunsch eines jeden Menschen, etwas zu gestalten, auszuprobieren und zu bewirken (Smolka 2002). „Eine langweilige akademische Bildung ist Ver-schwendung der wertvollsten Ressource, die wir besitzen – nämlich *menschliches Erleben*" (Csikszentmihalyi 1993, S. 220).
Wie können Schüler dazu veranlasst werden, nicht nur einfach anwesend zu sein, sondern die für das Lernen erforderliche Aktivität zu zeigen? Wie lässt sich Auf-merksamkeit erlangen, dass sie Informationen nicht nur wiederholen, sondern auch auf bereits Bekanntes beziehen? Wie können im Unterricht Lern- und Leis-tungsbedürfnisse der Schüler geweckt werden? Was können Lehrer tun, um die Schüler während des Unterrichts und darüber hinaus für Lernstoffe zu interessie-ren und ihnen den Spaß und die Notwendigkeit deren Vermittlung zu erläutern (vgl. Lerche i.d.Bd.)? Resultierend daraus stellt sich die Frage, wie Lehrer Schüler über einen längeren Zeitraum motivieren und damit einen größtmöglichen Ler-nerfolg erzielen können.
Bevor im Einzelnen auf die Selbstbestimmungstheorie Deci und Ryans eingegan-gen wird, ist es notwendig, einige Begriffe im Zusammenhang mit Motivation zu erläutern. Am Ende der Ausführungen steht das ARZZ (ARCS)-Modell Kellers, welches praktische Hinweise für das Lehrerverhalten aufzeigt.

3.2 Annäherung an zentrale Begriffe

3.2.1 Motiv
Zunächst bezeichnet Motiv bildungssprachlich eine(n) „Überlegung, Gefühls-regung, Umstand o.Ä., durch den sich jmd. bewogen fühlt, etw. Bestimmtes zu tun…" (Duden 1996).
Aus entwicklungspsychologischer Sicht sind Motive individuelle Verhaltensbe-dingungen, die sich im Laufe der Entwicklung in bestimmten Grundsituatio-nen herausgebildet haben. Es handelt sich um wiederkehrende Anliegen, die als Persönlichkeitskonstrukte gefasst werden, lebenslang wirken und das Verhalten beeinflussen können (Oerter 1982).
Einen umfassenden Motivbegriff bietet Rosenstiel: Demnach bezeichnen Motive eine zeitlich relativ überdauernde, inhaltlich spezifische psychische Disposition.

Sie sind zum Teil angeboren oder reifen nach einer für die Art kennzeichnenden Gesetzlichkeit oder werden im Zuge der Sozialisation in einer Person entwickelt. Weiterhin bilden Motive ein relativ stabiles, kognitives, affektives und wertgerichtetes Teilsystem der Person (Rosenstiel 2000).

3.2.2 Motivierung

Um bei den Schülern Motivation zu erreichen, ist der Lehrer dazu angehalten Maßnahmen zu ergreifen, die das Interesse, die Aufmerksamkeit und den Lernwillen der Schüler wecken (Wiater 2001). Schröder (1985) definiert Motivierung als „…ein didaktisches Prinzip zur Schaffung und Berücksichtigung von Lern- und Leistungsbedürfnissen der Schüler. *Motivierung intendiert die Motivation der Schüler*" (ebd. S. 213). Dies bedeutet auch, dass es nicht ausreicht, den Schüler zum Beginn der Stunde zu motivieren, sondern eine Motivierung muss vielmehr den gesamten Lernprozess begleiten. Für Wiater geht es bei der Motivierung nicht darum, „…möglichst geschickt die Schülerakzeptanz für einen vorgegebenen Lernstoff herzustellen. Vielmehr meint Motivation auch, dass die Schüler im Unterricht Gelegenheit bekommen, ihre Motive bei der Auswahl und der Thematisierung der Lerninhalte/Lernziele zur Geltung zu bringen" (ebd. S. 49). Die Berücksichtigung der Motive der Schüler ist für erfolgversprechendes Lernen von besonderer Bedeutung, denn nicht der Prozess soll im Vordergrund stehen, sondern das Produkt, was sich deutlich in den Motivationsstrategien bei Keller zeigt (s. Kapitel 3.4). Auch Deci & Ryan und Csikszentmihalyi sprechen von Motivation, so dass für die nachfolgenden Ausführungen dieser Begriff beibehalten wird.

3.2.3 Motivation

Zustände wie Streben, Wollen, Bemühen, Wünschen, Hoffen usw. können nicht unmittelbar wahrgenommen werden, sondern erschließen sich über Anzeichen. Sie unterscheiden sich in ihrer Struktur und Qualität, haben jedoch immer eine „…aktivierende Ausrichtung des momentanen Lebensvollzugs auf einen positiv bewerteten Zielzustand" (Rheinberg 2004, S. 15). Somit ist Motivation ein hypothetisches Konstrukt, das bestimmte Verhaltensweisen erklären soll (ebd., S.14).

Intrinsische/extrinsische Motivation

In einem ersten Schritt wird hier zunächst eine eher globale Definition intrinsischer und extrinsischer Motivation gegeben. Eine differenzierte Betrachtung erfolgt im Rahmen der jeweiligen Motivationstheorien.

Ein Individuum handelt dann *intrinsisch* motiviert, wenn es aus Interesse, Neugier, Spaß, Freude usw. eine Handlung ausführt, an eine Lernsituation herangeht und aus der Lösung einer Aufgabe oder eines Problems Befriedigung zieht. Die Handlung ist aus sich heraus bereits Belohnung genug und die Person handelt um der Sache wegen.

Wird jemand „von außen" zu einer Handlung, zum Lernen veranlasst, spricht man von *extrinsischer* Motivation. Die Person handelt *nicht* um der Sache wegen. Die Ausführung der Handlung ist an äußerliche Bedingungen wie Lob, bessere Noten, Sympathie dem Lehrer gegenüber usw., die Nicht-Ausführung an Tadel, Strafen, schlechte Noten usw. geknüpft.

Lern- und Leistungsemotion

Einfluss auf die Motivation von Schülern können auch emotionale Lernvoraussetzungen haben. „Unter dem Begriff Lern- und Leistungsemotion (engl. academic emotions) werden diejenigen Emotionen von Schülern verstanden, die sie in Bezug auf Situationen des Lernens und Leistens erleben" (Frenzel, Pekrun & Götz, 2006 zit. nach Stöger & Gruber, 2011). Hierbei wird zwischen negativen/positiven in Zusammenhang mit aktivierenden/deaktivierenden Emotionen unterschieden. *Positiv aktivierende* Emotionen wie Freude am Lernen und Hoffnung auf Erfolg gehen mit einer höheren Motivation, besonders mit gesteigertem Interesse und größerer Anstrengungsbereitschaft einher. *Negativ deaktivierende* Emotionen wie Hoffnungslosigkeit und Langeweile verringern Motivation, besonders bei geringem Interesse und niedriger Anstrengungsbereitschaft. Eine hohe Ausprägung von Langeweile geht mit niedriger Selbstregulation einher und der Lernprozess wird durch lernirrelevante Gedanken gestört. Weniger untersucht sind positiv deaktivierende Emotionen wie Entspannung und Erleichterung sowie negativ aktivierende Emotionen wie Angst oder Ärger (Stöger & Gruber, 2011).

Leistungs- und Lernmotivation

Leistungsmotivation ist eine der am häufigsten untersuchten Theorien der Motivationspsychologie. Als Wegbereiter der Leistungsmotivationsforschung sind McClelland und Atkinson (zw. 1950-1970) zu sehen. Sie beschäftigten sich hauptsächlich mit den Konstrukten Motiv, Erwartung, Anreiz, emotionale Antizipation und Verhaltenstendenz. Ihr empirischer Fokus lag auf dem Anspruchsniveau[1] und der Ausdauer bei Leistungsaufgaben (Rheinberg 2004; Weiner 1994). Rheinberg bezeichnet ein Verhalten nur dann als leistungsmotiviert, wenn „…es auf die Selbstbewertung eigener Tüchtigkeit zielt, und zwar in Auseinandersetzung mit einem Gütemaßstab, den es zu erreichen oder zu übertreffen gilt" (ebd. 2004, S. 60). Er unterscheidet bei der Leistungsbeurteilung[2] zwischen

---

1 Anspruchsniveau ist „…dasjenige Niveau der zukünftigen Leistung bei einer bestimmten Aufgabe, welches eine Person, der ihr vergangenes Leistungsniveau bei dieser Aufgabe bekannt ist, explizit zu erreichen versucht" (Frank 1935, S. 119 nach Weiner 1994, S. 134).

2 Untersuchungen Rheinbergs unter Nutzung des Selbstbewertungsmodells nach Heckhausen. Lehrer sollten ihren Unterricht dahin gehend ausrichten, dass die Schüler zu realistischen Zielsetzungen, günstigen Attributionen und Selbstbewertungen angeregt werden (Rheinberg 2004, S. 88f).

- einer *individuellen* Bezugsnorm-Orientierung, d.h. der zu erreichende Güte-standard ist durch die eigene frühere Leistung der Schüler bestimmt. Lehrer geben ihren Schüler intraindividuelles Feedback, statt die Leistungen immer nur im Vergleich mit dem Klassendurchschnitt zu bewerten.
- einer *sozialen* Bezugsnorm-Orientierung, d.h. der zu erreichende Gütestandard ist durch das Leistungsniveau einer bestimmten Bezugsgruppe (z.B. Schulklasse) bestimmt. Lehrer, die die Leistungen ihrer Schüler fast ausschließlich im Vergleich mit dem Klassendurchschnitt bewerten.
- einer *sachlichen* Bezugsnorm-Orientierung, d.h. der zu erreichende Gütestandard ist durch ein aus sachlichen Erwägungen abgeleitetes Leistungsziel (z.B. ein curricular festgelegtes Ziel) bestimmt (Rheinberg 2004; Schiefele 1996).

Heckhausen definiert das Leistungsmotiv als „...das Bestreben, die eigene Tüchtigkeit in all jenen Tätigkeiten zu steigern oder möglichst hoch zu halten, in denen man Gütemaßstäbe für verbindlich hält und deren Ausführung deshalb gelingen oder misslingen kann" (nach Lukesch 1997, S. 149). Das erzielte Handlungsresultat wird vom Handelnden daraufhin bewertet, inwieweit er damit einen bestimmten Gütegrad erreicht hat. Es entstehen sowohl Erfolgs- als auch Misserfolgserlebnisse. Die Auswirkung von Erfolg und Misserfolg hängt entscheidend davon ab, welche Ursachen man für das eigene Abschneiden verantwortlich macht. Hinsichtlich der Erklärungsschemata besteht eine Asymmetrie[3]: Personen, bei denen die Hoffnung auf Erfolg größer ist als die Furcht vor Misserfolg, erklären Erfolge durch stabile und internale Faktoren (Person), Misserfolge durch externale (Umwelt). Personen, bei denen die Furcht vor Misserfolg größer ist als die Hoffnung auf Erfolg, erklären Erfolge external, Misserfolge stabil und internal (Lukesch 1997).

Damit zeigen sich bei der Leistungsmotivation vier Grundformen, welche sich als Kombination von Graden und Richtungen äußern (Schiefele 1974).

Tab. 1: Grundformen der Leistungsmotivation

Grade / Richtungen	Hoffnung auf Erfolg	Furcht vor Misserfolg
Hohe Motivation	Hoch erfolgsmotiviert	Hoch misserfolgsmotiviert
Niedrige Motivation	Niedrig erfolgsmotiviert	Niedrig misserfolgsmotiviert

Schiefele (1974) führt Befunde auf, die im Wesentlichen auf Heckhausen zurückgehen. Einige Beispiele seien hier verkürzt erwähnt:

---

3 Eine ausführliche Darstellung der Attributionstheorie findet sich bei Weiner (1994).

Hochmotivierte strukturieren den Zeitverlauf besser, richten ihr Ziel direkter auf die Zukunft aus, sind in der Lage größere Zeitspannen zu erfassen, setzen höhere Ziele und erreichen bessere Schulleistungen und bevorzugen einen Führungsstil, der sie vom Lehrer unabhängig arbeiten lässt. Ihre Leistung wird durch zu viel Rückmeldung, Anregung oder sogar Druck in der Spontaneität ihrer Leistungsbereitschaft beeinträchtigt.

Niedrigmotivierte setzen ihre Ziele nicht so hoch an und erreichen auch schlechtere Schulleistungen. Ihre Leistung wird – wenn sie nicht gleichzeitig leistungsängstlich sind – durch zu viel Rückmeldung, Anregungen und sogar Druck gefördert, fehlende Rückmeldungen erleben sie sogar als bedrohlich.

Höhere Leistungsmotivation korreliert mit guten Leistungen z.B. beim Lösen von Problemaufgaben, Zusammensetzen von Geschichten aus vorgegebenen Sätzen, bei sprachlichen Gedächtnisleistungen und Wahrnehmungsaufgaben problemhafter Art.

Unter *Lernmotivation* ist nach Heckhausen (1968) „...die momentane Bereitschaft eines Individuums zu verstehen, seine sensorischen, kognitiven und motorischen Funktionen auf die Erreichung eines Lernziels zu richten und zu koordinieren" (nach Lukesch 1997, S. 160).

Lernerfolg stellt sich jedoch nicht allein durch die Lernmotivation ein, sondern sie ruft Lernaktivitäten und deren Qualität hervor, die für den Lernerfolg relevant sind. Der Lerner sucht sich diejenige zur Verfügung stehende Handlung aus, die ihm am effizientesten erscheint. Hinzu kommt, dass mit jeder Lernaktivität auch ein spezifischer Tätigkeitsanreiz verbunden ist. (Rheinberg & Donkoff 1993 nach Lukesch 1997). Heckhausen (1968) (nach Lukesch 1997) liefert eine Zusammenfassung der Bedingungen, die für die momentane Bereitschaft zum Erreichen eines Lernziels zugrunde liegen, welche hier jedoch lediglich stichpunktartig genannt werden können:

• Leistungsmotivation: Erreichbarkeitsgrad, Anreiz der Aufgabe, Neuigkeitsgehalt, sachbereichsspezifische Anreize
• Bedürfnis nach Identifikation mit dem Erwachsenenvorbild
• Bedürfnis, Zustimmung zu erhalten
• Bedürfnis nach Abhängigkeit vom Erwachsenenvorbild
• Bedürfnis nach Geltung und Anerkennung
• Bedürfnis nach Strafvermeidung

Zusammenfassend ist festzuhalten (Heckhausen & Rheinberg, nach Lukesch 1997), dass Lernmotivation keine feste Eigenschaft eines Schülers ist, sondern immer wieder neu als Wechselprodukt zwischen Schülermotiven und situativen Anregungsvariablen der Unterrichtsführung entsteht. Die Angleichung des Schwierigkeitsgrades des Unterrichts an Vorkenntnisse und gegebene Fähigkeiten ist besonders motivierend. Dabei sind nicht nur die Leistungsmotivation, sondern auch weitere Motive bzw. deren Anregung in der Lernsituation entscheidend.

Befunde, auf die Prenzel (1997) hinweist, zeigen aber auch, dass es in Lehr-Lern-Situationen auch zu Demotivierung kommen kann, welche jedoch zu einem nicht unerheblichen Teil unabsichtlich durch den Lehrenden erfolgt. Demotivierung findet dann statt, „wenn vorhandene Lernmotivation durch fremde Eingriffe oder Maßnahmen reduziert wird" (Prenzel, 1997, S. 33). Unterschieden wird hier zwischen

- Lernmotivation als *aktueller Zustand oder Prozess,* bei dem eine aktuelle Lernbereitschaft oder ein bereits ablaufender Prozess motivierten Lernens in einer Situation durch Eingriffe zum Erliegen kommt und
- Lernmotivation als *situationsübergreifendes Personmerkmal* (z.B. Motiv oder Interesse), wobei bei einer Person gefestigte motivationale (bereichsspezifische) Orientierungen durch Maßnahmen oder Eingriffe abgebaut werden (Prenzel, 1997).

3.3 Selbstbestimmungstheorie nach Deci & Ryan

Sowohl intrinsische als auch bestimmte Formen extrinsischer Motivation werden nach Deci und Ryan als selbstbestimmt erlebt. Eine auf Selbstbestimmung beruhende Lernmotivation hat positive Wirkungen auf die Qualität des Lernens. Weiterhin konnten Deci und Ryan feststellen, dass die soziale Umwelt in Schule und Familie an der Entstehung einer selbstbestimmten Motivation erheblichen Anteil hat.

3.3.1 Das Selbst und das Konzept der Intentionalität

Das Selbst ist als ein im Organismus von Geburt an wirkender Prozess zu verstehen, als ein Zentrum der Organisation und Integration von innerer und äußerer Erfahrung. Dieses Kern-Selbst differenziert sich zum einen als „Selbst-Erzeugung" und zum anderen als Integration des Individuums mit anderen Menschen aus (Ryan nach Oerter 1998).

Der Handelnde erfährt im mitmenschlichen Umgang bestimmte Rollen und Positionen. In seiner sozialen Beziehungswelt sieht er sich den Erwartungen und Reaktionen gegenüber. Er kann, dem Verhalten seiner Interaktionspartner entsprechend, lernen sich selbst zu definieren und zu klassifizieren. Ein Selbst haben heißt: sich selbst gegenüber zu reflektieren und bestimmend zu verhalten. Das Selbst entsteht aus der Interpretation der eigenen Interaktionsbeziehungen und bewirkt eine reflexive Steuerung des Handelns (Schiefele 1974).

Um die Steuerung des Verhaltens zu erklären, stützt sich die Theorie der Selbstbestimmung auf das Konzept der Intentionalität. Wenn Menschen etwas erreichen wollen, wenn sie mit einem Verhalten einen bestimmten Zweck verfolgen, gelten sie als *motiviert.* Als *amotiviert* bezeichnen Deci und Ryan Verhaltensweisen, die nicht auf Intentionen zurückgehen, d.h. kein erkennbares Ziel verfolgen

oder die einem unkontrollierten Handlungsimpuls entspringen. Eine Intention zielt auf einen zukünftigen Zustand und setzt die Bereitschaft voraus, Mittel einzusetzen um diesen gewünschten Zustand zu erreichen. Diese intentionalen, also motivierten Handlungen gehen von der Person aus und richten sich entweder auf eine unmittelbar zufriedenstellende Erfahrung oder auf ein längerfristiges Handlungsergebnis (Deci & Ryan 1993).

3.3.2 Intrinsische und extrinsische Motivation

Im Gegensatz zu anderen Motivationstheorien unterscheiden Deci und Ryan nicht nur zwischen motiviertem und amotiviertem Verhalten, sondern schlüsseln die intentionalen Handlungen weiter auf. Motivierte Handlungen lassen sich nach dem Grad ihrer Selbstbestimmung und nach dem Ausmaß ihrer Kontrolliertheit unterscheiden. Diejenigen, die als frei gewählt erlebt werden, gelten als selbstbestimmt und autonom. Diejenigen, die man als aufgezwungen erlebt, gelten als kontrolliert (Deci & Ryan 1993).

Mit *intrinsisch* motivierten Verhaltensweisen meinen Deci und Ryan interessenbestimmte Handlungen, die Neugier, Exploration, Spontaneität und Interesse an den unmittelbaren Gegebenheiten der Umwelt beinhalten. Um diese aufrecht zu erhalten, sind keine vom Handlungsgeschehen „separierten" Konsequenzen erforderlich, d.h. keine externen oder intrapsychischen Anstöße, Versprechungen oder Drohungen. Somit können intrinsisch motivierte Verhaltensweisen als Prototyp selbstbestimmten Verhaltens gesehen werden, d.h. das Individuum fühlt sich frei in den Ausführungen seiner Handlungen, die auch mit der eigenen Auffassung von sich selbst übereinstimmen. Demgegenüber werden *extrinsische* Verhaltensweisen in instrumenteller Absicht durchgeführt, um eine von der Handlung separierbare Konsequenz zu erlangen. Sie treten in der Regel nicht spontan auf, sondern werden vielmehr durch Aufforderungen in Gang gesetzt. Ihre Befolgung lässt eine (positive) Bekräftigung erwarten, oder besitzt auf eine andere Weise eine instrumentelle Funktion (Deci & Ryan 1993).

3.3.3 Differenzierte Betrachtung der extrinsischen Motivation

Diese Definitionen lassen vermuten, dass extrinsische und intrinsische Motivation Antagonisten sind. In früheren empirischen Untersuchungen konnte nachgewiesen werden, dass die intrinsische Motivation abnimmt, wenn man Personen extrinsische Belohnungen zukommen lässt, d.h., so die Auffassung Decis, dass das Gefühl der Selbstbestimmung unterminiert wird. In späteren Studien konnte allerdings eher das Gegenteil nachgewiesen werden. Unter bestimmten Umständen erhalten extrinsische Belohnungen die intrinsische Motivation eher aufrecht, als dass sie diese schwächen. Deci und Ryan konnten nachweisen, dass extrinsisch motivierte Verhaltensweisen durch Prozesse der Internalisation und Integration in selbstbestimmte Handlungen überführt werden können. Unter Internalisation verstehen sie den Prozess, „durch den externale [auf die Umwelt bezogen

A.d.V.] Werte in internale [auf die Person bezogen A.d.V.] Regulationsprozesse übernommen werden" und Integration ist der weitergehende Prozess „…der die internalisierten Werte und Regulationsprinzipien dem individuellen Selbst eingliedert" (Deci & Ryan 1993, S. 226f). Deci und Ryan kommen daher zu einer differenzierten Betrachtung der extrinsischen Motivation mit vier Typen der extrinsischen Verhaltensregulation:

Externale Regulation: Hierzu zählen durch Kontingenzen regulierte Verhaltensweisen, auf die das Individuum keinen direkten Einfluss hat. Handlungen werden entweder ausgeführt, um eine (externale) Belohnung zu erhalten oder einer drohenden Bestrafung zu entgehen. Dieses external regulierte Verhalten ist zwar intentional, aber von äußeren Anregungs- und Steuerungsfaktoren abhängig. Es ist weder autonom noch freiwillig. *Ein Schüler bereitet sich auf das Abitur vor, weil seine Eltern es von ihm erwarten und entsprechenden Druck ausüben* (Deci & Ryan 1993).

Introjizierte Regulation: Man tut etwas, „weil es sich gehört" oder weil man ein schlechtes Gewissen hat. Die Verhaltensweisen folgen einem internen Anstoß oder einem inneren Druck. Es sind keine äußeren Handlungsanstöße mehr nötig, die Handlungsregulation bleibt aber weiterhin vom individuellen Selbst separiert. Es handelt sich also um eine Motivation, die durch innere Kräfte kontrolliert und erzwungen wird, aber außerhalb des Kernbereiches des individuellen Selbst liegt. *Ein Schüler bereitet sich auf das Abitur vor, weil alle seine Freunde das Abitur machen und er sich ohne diesen Schulabschluss minderwertig vorkäme* (Deci & Ryan 1993).

Identifizierte Regulation: Es handelt sich hier um Verhaltensweisen, die vom Selbst als persönlich wichtig und wertvoll anerkannt werden. Das Individuum handelt nicht mehr nur weil es etwas tun soll, sondern weil es etwas für wichtig erachtet. Man hat sich mit den zugrunde liegenden Werten und Zielen identifiziert und sie in das individuelle Selbstkonzept integriert. *Ein Schüler der sich auf das Abitur vorbereitet, weil er ein bestimmtes Universitätsstudium anstrebt – ein Ziel, das er sich selbst gesetzt hat* (Deci & Ryan 1993).

Integrierte Regulation: Sie ist die Form der extrinsischen Motivation mit dem höchsten Grad an Selbstbestimmung. Sie ist das Ergebnis der Integration von Zielen, Normen und Handlungsstrategien, mit denen sich das Individuum identifiziert und die es in das kohärente Selbstkonzept integriert hat. *Einem Schüler ist es sowohl möglich, sich mit seiner Rolle als leistungsorientierter Schüler als auch mit der Rolle eines guten Sportlers zu identifizieren, obwohl diese beiden Rollen in einem Konflikt miteinander zu stehen scheinen. Der Schüler kann aber diese beiden Auffassungen von sich selbst durchaus integrieren, wenn er beide Wertorientierungen wichtig findet und seine Planung bzw. die Auswahl seiner Freunde aufeinander abstimmt. Diese beiden Wertsysteme werden hier mit anderen Aspekten des Selbst harmonieren. Durch die kreative Synthese wird die Realisierung der beiden Rollen möglich und ist frei von psychologischem Stress* (Deci & Ryan 1993).

Gemeinsam mit der intrinsischen Motivation bildet der integrierte Regulationsstil, der die eigenständigste Form extrinsischer Motivation repräsentiert, die Basis selbstbestimmten Handelns. Sowohl die integrierte Regulation als auch die intrinsische Motivation besitzen Qualitäten, die die Selbstbestimmung konstituieren. Intrinsisch motivierte Verhaltensweisen sind jedoch autotelischer Natur, wogegen integriertes (extrinsisches) Verhalten eine instrumentelle Funktion besitzt, aber freiwillig ausgeführt wird, weil das individuelle Selbst das Handlungsergebnis subjektiv hoch bewertet[4] (Deci & Ryan 1993).

3.3.4 Kompetenz, Autonomie und soziale Eingebundenheit

Nach Deci und Ryan sind für die Selbstbestimmungstheorie nicht nur das Bedürfnis der Kompetenz und der Autonomie als angeborene psychologische Bedürfnisse von Bedeutung. Der Mensch hat ebenso die angeborene Tendenz, sich mit anderen Personen in einem sozialen Milieu verbunden zu fühlen, in diesem Milieu effektiv zu wirken und sich dabei persönlich autonom und initiativ zu erfahren. Deci und Ryan sprechen hier von der sozialen Eingebundenheit (social relatedness) oder sozialen Zugehörigkeit. Für die intrinsische Motivation gelten die Bedürfnisse nach Kompetenz und Selbstbestimmung, für extrinsisch motivierte Verhaltensweisen zusätzlich die soziale Eingebundenheit. Gerade für Heranwachsende wird angenommen, dass eine Bedürfnisbefriedigung in den Bereichen Kompetenz, Autonomie und sozialer Eingebundenheit das Auftreten intrinsischer Motivation und die Integration extrinsischer Motivation erleichtern (Deci & Ryan 1993).

In Laborexperimenten wurde der Einfluss bestimmter extrinsischer Maßnahmen, in Feldstudien die Auswirkungen allgemeiner Faktoren (Sozialklima oder Zuwendung und Engagement der Bezugspersonen) untersucht. Alle drei Dimensionen stehen in einem integralen Zusammenhang. Festgestellt konnte dabei werden:

- dass intrinsische Verhaltensweisen auf die Gefühle der Kompetenzerfahrung und der Autonomie angewiesen sind und zur Entstehung der Gefühle beitragen,
- dass Bedürfnisse nach Kompetenz[5] und Autonomie, unterstützt durch die soziale Umwelt, das Auftreten intrinsischer Motivation fördern,

---

4 Vgl. auch die Person-Gegenstands-Theorie des Interesses: „Interesse bezeichnet die besondere „Beziehung" einer Person zu einem (Lern-)Gegenstand. Ein wichtiges Kennzeichen von Interesse besteht darin, dass eine Person ihren Interessengegenständen eine herausgehobene subjektive Bedeutung zuordnet [...] und sich über ihre Interessen selbst definiert" (Krapp & Weidenmann 2006, S. 215).

5 Näheres zum Kompetenzbegriff, zur Kompetenzentwicklung und zur Kompetenzdebatte findet sich u.a. bei Vonken (2005), Erpenbeck & v. Rosenstiel (2003), Weinert (1998) und bei Erpenbeck & Heyse (1996ff) bzw. Arbeitsgemeinschaft Qualifikations-Entwicklung-Management (QUEM) unter www.abwf.de, sowie Saalfrank i.d.Bd., S. 82ff.).

- dass intrinsische Motivation durch Maßnahmen und Rückmeldungen, die als selbständigkeitsfördernd erlebt werden, aufrechterhalten und unterstützt wird,
- dass als autonomiefördernd erlebte Maßnahmen und Rückmeldungen (Wahlmöglichkeiten und Äußerungen anerkennender Gefühle) intrinsische Motivation steigern,
- dass kontrollierende Maßnahmen und Ereignisse, die als Druck erlebt werden, die intrinsische Motivation untergraben,
- dass als kontrollierend erlebte Maßnahmen und Rückmeldungen (z.B. materielle Belohnungen, Strafandrohung, Bewertungen, Termindruck, aufgezwungene Ziele und besondere Auszeichnungen) die intrinsische Motivation zerstören (s. auch Kellers Zufriedenheitsstrategie) (Deci & Ryan 1993).

Hinzu kommt, dass eine Aktivität, soll sie intrinsisch motiviert sein, ein optimales Anforderungsniveau besitzen muss. Studien bestätigen, dass dies der Fall ist, wenn zwischen den Anforderungen einer zielbezogenen Tätigkeit und dem aktuell gegebenen Fähigkeitsniveau eine optimale Diskrepanz besteht und die Aufgabe weder zu schwer noch zu leicht ist. Ebenso kann positives Feedback dazu beitragen, Kompetenzen zu stärken und damit die intrinsische Motivation zu steigern (s. auch Kellers Zufriedenheits- und Zuversichtsstrategie). Negatives Feedback in einem kontrollierenden Kontext führt zu einer Reduktion der wahrgenommenen Kompetenz und damit zu einer Beeinträchtigung intrinsischer Motivation. Wenn man jedoch einem Schüler negatives Feedback auf eine autonomieunterstützende Weise vermittelt, kann ihm dies helfen seine Aufgabe in Zukunft besser zu bewältigen. Er fasst dieses Feedback als Herausforderung auf und die intrinsische Motivation wird dadurch eher gestärkt.

Selbstwirksamkeitserfahrungen werden teilweise als entscheidender Faktor für die Entstehung und Beeinflussung von (intrinsischem) Interesse und damit für die Qualität des Lernens gesehen. Deci und Ryan postulieren darüber hinaus, dass Selbstwirksamkeitserfahrungen „…zwar wichtig, aber keineswegs hinreichend sind. Nur wenn Gefühle der Kompetenz und Selbstwirksamkeit zusammen mit dem Erleben von Autonomie auftreten, haben sie Einfluss auf die intrinsische Motivation" (Deci & Ryan 1993).

In Feldstudien konnte gezeigt werden, dass Schüler häufiger Neugier zeigten und mit größerer Eigenständigkeit Probleme zu bewältigen versuchten, wenn der Lehrer häufiger auf die Lebensbezüge und Interessen der Schüler einging, also autonomieunterstützend wirkte. Ebenso konnte bestätigt werden, dass autonomieunterstützende Lernumgebungen positiv mit (intrinsischem) Lerninteresse und wahrgenommener schulischer Kompetenz korrelieren (s. auch Kellers Relevanzstrategie). Wie bedeutend der soziale Kontext für die Internalisierung extrinsischer Motivation ist, zeigen weitere Untersuchungen. Es konnte nachgewiesen werden, dass Schüler aus Elternhäusern mit relativ hoher Autonomieunterstützung und persönlicher Zuwendung einen höheren Grad an internalisierter Mo-

tivation zeigten und von Lehrern als kompetenter eingestuft wurden, wogegen sie unter kontrollierenden Bedingungen auf der Stufe der Introjektion verblieben (Deci & Ryan 1993).

- *Autonomieerleben* liegt vor, wenn ein Schüler den Eindruck hat, Handlungsspielräume zu haben bzw. seine Arbeitsaufgaben nach eigenen Plänen erledigen zu können
- *Kompetenzerleben* liegt vor, wenn sich ein Schüler selbstwirksam erlebt und den Eindruck hat, seine Aufgaben sachgemäß und erfolgreich zu erledigen
- *Erlebte soziale Einbindung* wird einem Schüler gegenwärtig, wenn seine Aufgaben durch Lehrer und andere für ihn wichtige Erwachsene anerkannt werden und er sich in die Schulgemeinschaft, aber auch darüber hinaus, eingebunden fühlt[6]
- Unterstützung von Kompetenz- und Autonomieerfahrungen durch die soziale Umgebung stellt eine wichtige Bedingung dar, um intrinsische Motivation herzustellen und aufrecht zu erhalten.

3.3.5 Selbstbestimmtes Lernen

Deci und Ryan gehen davon aus, dass effektives Lernen auf intrinsische Motivation und/oder integrierte Selbstregulation angewiesen ist. Soziale Faktoren, die zur Steigerung von intrinsischer Motivation und integrierter extrinsischer Motivation beitragen, sollten deshalb auch hochqualifiziertes Lernen unterstützen.

So konnte nachgewiesen werden[7], dass zwischen Interesse an einem Lerngegenstand (in den Untersuchungen Lesen von Texten) und der Lernqualität ein positiver Zusammenhang besteht. Weiter konnte festgestellt werden, dass ein höherer Grad an Selbstbestimmung relativ eng mit (verständnisvollem) konzeptuellem Lernen verbunden ist. Untermauert werden diese Ergebnisse durch Studien, die betonen, dass kontrollierte Formen von Motivation, d.h. externe oder introjizierte Regulation, sehr viel häufiger zu einem vorzeitigen Schulabbruch führen als autonome Formen der Motivation (intrinsische Motivation und integrierte Regulation). Introjektion korreliert eher mit Schulangst und unzureichender Bewältigung von Versagenserlebnissen nach Misserfolg. Identifikation steht viel stärker mit (fachlichem) Interesse, Freude an der Schule und guter Bewältigung von Misserfolgen in Zusammenhang (Deci & Ryan 1993, S. 234).

---

6 In Anlehnung an Straka (2001), der anhand der Selbstbestimmungstheorie Decis und Ryans Umgebungsbedingungen für die Arbeitswelt formulierte.

7 Die genannten Ergebnisse gehen auf Untersuchungen von Ryan u.a. zurück (Deci & Ryan 1993)

- Lernmotivation kann sowohl durch (äußere) Kontrollmechanismen als auch durch selbstbestimmte Formen der Verhaltensregulation erzeugt werden. Mit qualitativ hochwertigen Lernergebnissen ist vor allem dann zu rechnen, wenn die Motivation durch selbstbestimmte Formen der Handlungsregulation bestimmt wird.
- Optimales Lernen ist unmittelbar an die Entwicklung des individuellen Selbst geknüpft und gleichzeitig von der Beteiligung des Selbst abhängig.
- Eine Lernmotivation, die nicht dem individuellen Selbst entspricht, beeinträchtigt die Effektivität des Lernens und behindert zugleich die Entwicklung des individuellen Selbst.
- Umwelten, in denen wichtige Bezugspersonen Anteil nehmen, die Befriedigung psychologischer Bedürfnisse ermöglichen, Autonomiebestrebungen des Lerners unterstützen und die Erfahrungen individueller Kompetenz ermöglichen, fördern die Entwicklung einer Selbstbestimmung beruhend auf Motivation.
- Diese Entwicklung beruht aber vor allem auf der Erfahrung, eigene Handlungen frei wählen zu können und einer eigenen Wertschätzung des Handlungsziels auf der Basis intrinsischer oder integrierter extrinsischer Motivation.
- Die engagierte Aktivität des Selbst bewirkt eine höhere Lernqualität und fördert die Entwicklung des individuellen Selbst.
- Für all diese Prozesse sind die sozialen Bedingungen verantwortlich, die das Bestreben nach Autonomie, Kompetenz und sozialer Eingebundenheit unterstützen oder verhindern.

Die folgende Tabelle zeigt die Theorie Decis & Ryans nochmals im Überblick:

Tab. 2: Selbstbestimmungstheorie nach Deci & Ryan

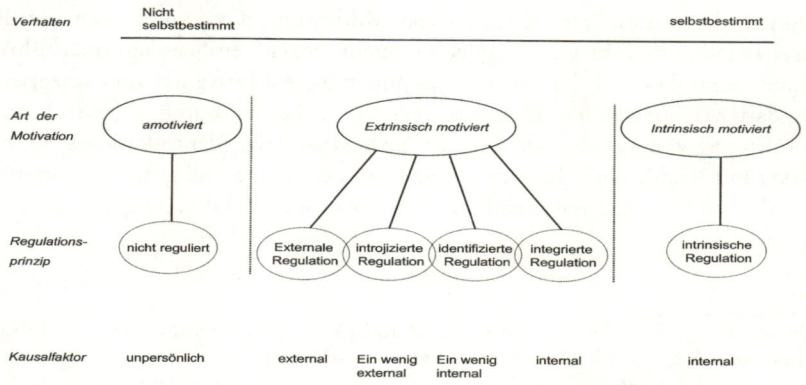

(nach: Deci & Ryan 2000, S. 237)

3.3.6 Pädagogische Konsequenzen

Lehrer sollten ein informatives, konstruktives, schnelles Feedback geben. Dies stärkt die Kompetenzen der Schüler und fördert die intrinsische Motivation.

Lehrer sollten auf die Interessen der Schüler eingehen, damit die Neugier unterstützt und die Schüler zur eigenständigen Bewältigung von Problemen angeregt werden.

Lehrer sollten für eine gute Klassengemeinschaft sorgen, in denen sich Schüler sozial eingebunden fühlen.

Lehrer sollten das Autonomieerleben der Schüler fördern, indem sie ihnen die Möglichkeit bieten, ihre eigenen Interessen einzubringen, eigene Pläne zu verwirklichen usw.

3.4 Kellers ARZZ (ARCS)-Modell

Kellers Modell ist als Metatheorie zu verstehen, die eine große Anzahl spezifischer Motivationsmodelle, basierend auf deren Ähnlichkeit in ihren kritischen Eigenschaften, zusammenfasst. Es handelt sich um ein System, das es ermöglichen soll, durch Unterrichtsmaterialien, Lehrerverhalten und Unterrichtsplanung die Motivation zu verbessern. Es stellt Strategien zur Verfügung, die ein Lehrer nutzen kann, um den Unterricht besser auf die Interessen und Bedürfnisse der Schüler abstimmen zu können.

Das Modell definiert vier Hauptdimensionen, die erfüllt werden müssen, um Menschen zu motivieren und motiviert zu bleiben. Jede dieser Dimensionen[8] enthält verschiedene Bereiche der psychologischen Forschung und wurde in Subkategorien mit beispielhaften Motivationsstrategien unterteilt. Die vier Hauptdimensionen kennzeichnet Keller als: Attention (A) – Relevance (R) – Confidence (C) – Satisfaction (S).

Die Dimensionen Relevanz, Zuversicht und Zufriedenheit finden sich auch in der Selbstbestimmungstheorie von Deci & Ryan.

3.4.1 Aufmerksamkeit (Attention)

Aufmerksamkeit[9] ist eine Voraussetzung für das Lernen. Es ist relativ einfach, Aufmerksamkeit zu erlangen. Eine dramatische Darstellung, die Stimme erheben oder eine bedeutungsvolle Pause machen sind Mittel, um Aufmerksamkeit zu

---

[8] Die Erläuterungen finden sich in englischer Sprache bei Keller 1983. Die Subkategorien mit beispielhaften Motivationsstrategien ergaben sich aus einer Testung des ARZZ-Modells in seiner Entwicklung durch Feldstudien bei zwei Lehrerfortbildungsprogrammen. Eine beispielhafte Unterrichtsstunde mit detaillierter Auswertung der Kategorien findet sich bei Keller 1987.

[9] Schiefele (1974) definiert Aufmerksamkeit als das „Aktivierungsniveau der kognitiven Funktionen, mit denen der Mensch seine Weltbezüge aufrechterhält: Wahrnehmen, Vorstellen, Denken. In der Aufmerksamkeit äußert sich der spannungsverändernde, richtende und auswählende Einfluß der Motivation"(S. 41).

erregen. Dies reicht jedoch nicht aus, um eine zufriedenstellende Unterrichtssituation zuschaffen, die die Aufmerksamkeit während der gesamten Unterrichtszeit aufrechterhält. Und dies ist die tatsächliche Herausforderung an die Lehrer. Um dieses Ziel zu erreichen, ist es notwendig, auf die Bedürfnisse der Schüler einzugehen und ihre Neugier zu wecken. Der beste Weg, Langeweile und Teilnahmslosigkeit vorzubeugen, ist, Neugier anzuregen. Dies ermöglicht es dem Lehrer, mehr Zeit auf die direkte Aufmerksamkeit zu verwenden, anstatt sich um Aufmerksamkeit bemühen zu müssen.

Unvereinbarkeit/Konflikt (Konstruktion von Problemen, die Konflikte aufwerfen oder paradox sind)
- Verwenden Sie ein Beispiel, das ein gegebenes Konzept nicht zu illustrieren scheint
- Stellen Sie zwei gleichermaßen plausible Hypothesen vor, von denen nur eine wahr ist
- Stellen Sie eine Tatsache vor, die der vorherigen Erfahrung der Schüler zu widersprechen scheint
- Vertreten Sie als Lehrer eine gegenteilige Meinung zu einem Phänomen (advocatus diaboli)

Konkretheit (Konkretisieren von Lerninhalten)
- Visualisieren Sie wichtige Objekte, Gedankengänge oder Beziehungssysteme
- Unterlegen Sie wichtige Lernprinzipien oder -konzepte mit Beispielen
- Verdeutlichen Sie Lerninhalte durch Geschichten über eine reale Person, durch Ereignisse usw.

Variabilität (Abwechslung in Präsentation und Kommunikation schaffen)
- Verändern Sie die verbale und non-verbale Kommunikation und vermeiden Sie Eintönigkeit
- Beachten Sie die Aufmerksamkeitsspanne der Schüler und passen Sie den Präsentationsstil nach Bedarf an (z.B. Wechsel von Vortrag zu Übung)
- Setzen Sie unterschiedliche Medien ein (z.B. Podiumsvortrag, Video, Internet, Druckmaterialien usw.)
- Agieren Sie bei Druckmaterialien phantasiereich und variieren Sie Schrifttypen, Tafeln, Bilder usw.
- Wechseln Sie bei der Interaktion ab (Schüler – Lehrer; Schüler – Schüler)

Humor (Humorvolle Akzente setzen)
- Verwenden Sie in Wert und Maß angemessene Wortspiele
- Beginnen Sie mit einer humorvollen Einführung
- Verwenden Sie für Erklärungen und Zusammenfassungen humorvolle Analogien

Nachfragen (Den Schülern die Möglichkeit zum Nachfragen geben)
- Setzen Sie kreative Techniken ein, um die Schüler zu veranlassen ungewöhnliche Analogien und Assoziationen zu Inhalten zu schaffen
- Bauen Sie in regelmäßigen Abständen problemlösende Techniken ein
- Geben Sie den Schülern die Möglichkeit Themen, Projekte, Aufgaben usw. auszuwählen, die ihre Neugier und ihren Erkundungswillen reizen

Teilnahme (Förderung der Teilnahme am Unterricht)
- Setzen Sie Methoden ein, die die Teilnahme der Schüler erfordert (z.B. Rollenspiele)

3.4.2 Relevanz (Relevance)

Wie oft hört man: „Warum muss ich das lernen?". Wenn es darauf keine schlüssige Antwort gibt, besteht ein Problem mit der Relevanz des Unterrichtsstoffes. Viele Lehrer versuchen den Unterricht für das zukünftige Berufsleben der Schüler relevant erscheinen zu lassen. Andere im Sinne einer eher traditionellen Denkart, glauben, dass Lernen eine Sinnerfüllung an sich darstellt, etwas, was Schüler als Befriedigung und wertvolles Wissen begreifen. Es gibt jedoch noch einen dritten Weg, der sich mehr auf den Lernprozess als auf das Ergebnis konzentriert. Relevanz kann auch aus der Art des Unterrichtens entstehen. Es muss nicht zwangsläufig inhaltsbezogen sein. Zum Beispiel tendieren Personen mit einem starken Bedürfnis nach sozialer Einbindung zu Klassen, in denen sie kooperativ in Gruppen arbeiten können. Gleichermaßen suchen sich Personen, die stark erfolgsbezogen sind, die Möglichkeit, sich herausfordernde Ziele zu setzen und diese selbständig zu erreichen. In dem Maß, in dem Unterricht Individuen die Möglichkeit gibt, diese und andere Bedürfnisse zu befriedigen, wird der Schüler das Gefühl haben, dass der Unterricht auf sie zugeschnitten ist.

Erfahrung (Einbeziehen der Erfahrungen der Schüler)
- Bauen Sie den Lernstoff auf den vorhandenen Fertigkeiten und Fähigkeiten der Schüler auf
- Setzen Sie den Lernstoff in Bezug auf bereits Vertrautes
- Gehen Sie auf Interessen der Schüler ein und setzen Sie diese in Beziehung zum Lernstoff

Derzeitiger Wert (Verdeutlichung des derzeitigen Wertes)
- Veranschaulichen Sie, dass ein(e) gegenwärtige(s) Ziel/Tätigkeit Voraussetzung für das Erreichen zukünftiger Ziele ist, d.h. einen intrinsischen Wert hat

Zukünftiger Wert (Verdeutlichung des zukünftigen Wertes)
- Verdeutlichen Sie, in welcher Beziehung der Lernstoff zu zukünftigen Aktivitäten steht (z.B. Bedeutung der Bildung in der berufl. Karriere)

- Erarbeiten Sie mit den Schülern die Verbindung zwischen eigenen Zukunfts-plänen und dem Lernstoff
- Zeigen Sie den Schülern, dass das Erreichen eines Lernziels einen gesell-schaftlichen Wert darstellt

Bedürfnissen gerecht werden
- Schaffen Sie ein Umfeld, das es ermöglicht, hohe Lernfortschritte mit gerin-gem Risiko zu erreichen und somit leistungsorientiertes Verhalten fördert
- Geben Sie den Schülern Gelegenheit ihre Stärken wie Verantwortlichkeit, Autorität und zwischenmenschlicher Einfluss einsetzen zu können
- Bauen Sie Vertrauen auf und geben damit Gelegenheit zu risikoloser, koope-rativer Interaktion, um den Schülern ein Zugehörigkeitsgefühl zu geben

Vorbild geben
- Zeigen Sie selbst Enthusiasmus für das Unterrichtsthema
- Setzen Sie Tutoren ein
- Greifen Sie auf engagierte Personen von Außen zurück

Wahlmöglichkeiten anbieten
- Zeigen Sie Alternativmethoden zum Erreichen eines Ziels auf
- Geben Sie den Schülern Freiraum, um die Arbeit selbst zu organisieren

3.4.3 Zuversicht (Confidence)

Es gibt Gewinner und Verlierer. Mit Gewinnern und Verlierern meint Keller nicht Leute, die in einem Wettkampf Erster oder Letzter werden. Er spricht viel-mehr von Leuten, die nie erfolgreich sind, auch wenn alle Umstände günstig sind. Im Gegensatz dazu gibt es diejenigen, die alles erreichen, egal wie die äußeren Umstände sind.

Die Erwartungshaltung, die Keller Selbstvertrauen nennt, bedeutet, dass der Glaube an die eigene Leistung, die erbracht wird, um ein Lernziel zu erreichen, gleichzeitig einen großen Anteil in eben dem Erreichen dieses Ziels hat. Dieses Konzept orientiert sich an der Selbstwahrnehmung der eigenen Leistungsfähig-keit. Dabei ist auch von Bedeutung, dass Lernversagen im Zusammenhang mit Fragen des Selbstvertrauens steht, sowohl im Sinne einer Selbstüber- als auch Selbstunterschätzung. Wenn Menschen sich selbst überschätzen nehmen sie an, dass sie bereits über Fähigkeiten verfügen, den Lerninhalt wissen. Sie schätzen sich als jemand ein, der keine Wissenslücken aufweist und bringen daher keinen Lerneinsatz. Eine sinnvolle Strategie, Selbstvertrauen aufzubauen ist es, Erfolgs-möglichkeiten zu planen, damit Schüler nicht im Laufe des Unterrichts Versa-gensgefühle entwickeln. Auch realistische Lernziele zu setzen, klare Bewertungs-kriterien darzustellen und die Anerkennung von Lernleistungen im verbalen Feedback, tragen zur Stärkung des Selbstvertrauens bei.

Lernvoraussetzungen
- Geben Sie klar definierte und ansprechende Lernziele und kennzeichnen diese auch in den Unterrichtsmaterialien deutlich
- Ermöglichen Sie durch eindeutig auf das Ziel orientierte Maßnahmen den Schülern eine Selbsteinschätzung
- Erläutern und erklären Sie die Leistungsbewertung unmissverständlich

Schwierigkeiten (Anpassung des Schwierigkeitsniveaus)
- Strukturieren Sie den Lernstoff dahingehend, dass für die Schüler die Herausforderung gegeben ist, den nächsten höheren Schwierigkeitsgrad zu erreichen

Erwartungen (Motivation durch realistische Erwartungen)
- Verdeutlichen Sie, dass ein bestimmtes Maß an Einsatz und Fähigkeiten mit großer Wahrscheinlichkeit Erfolg versprechend ist
- Leiten Sie die Schüler zur Erstellung eines Arbeitsplans an, der zum Ziel führt
- Unterstützen Sie die Schüler bei realistischen Zielsetzungen

Attribute/Eigenschaften
- Verdeutlichen Sie, dass sich Erfolg eher durch Anstrengung und Einsatz einstellt, als durch Glück oder Leichtigkeit der Aufgabenstellung
- Bestärken Sie die Schüler, angemessene Attribute von Erfolgen und auch von Versagen zu formulieren

Selbstvertrauen (Stärkung des Selbstvertrauens)
- Schaffen Sie für die Schüler Möglichkeiten, in Lern- und Übungspraktiken zunehmend unabhängiger zu werden
- Schaffen Sie Bedingungen, die es den Schülern ermöglichen neue Fertigkeiten mit geringem Risiko zu erlernen
- Lassen Sie Vorführübungen oder Übungen bereits gut gelernter Aufgabenstellungen unter realistischen Bedingungen stattfinden
- Machen Sie verständlich, dass Streben nach hervorragender Güte nicht heißt, dass alles was nicht Perfektion gleichkommt, Versagen bedeutet
- Helfen Sie den Schülern, mit wirklichen Leistungen zufrieden zu sein.

3.4.4 Zufriedenheit (Satisfaction)

Wenn der Lernende das Gefühl hat, dass er etwas Interessantes und Nützliches, in Bezug auf sein ursprüngliches Lernziel gelernt hat, dass er es in Bezug auf seine Zielsetzung gemeistert hat und dass das Ergebnis den Aufwand im Sinne einer Wahrnehmung des Kosten-Nutzenverhältnisses wert war, dann entsteht ein Gefühl der Zufriedenheit. Extrinsische Belohnungen für Fortschritt und das Bestärken von intrinsischen Gefühlen von Stolz, bestärken die Zufriedenheit des Lernenden.

Natürliche Konsequenz
- Schaffen Sie einen Raum, um neu erworbene Fähigkeiten so bald als möglich in realistischer Umgebung anwenden zu können
- Verbalisieren Sie intrinsischen Stolz der Schüler, eine schwierige Aufgabe vollbracht zu haben
- Geben Sie den Schülern, die eine Aufgabe bereits gemeistert haben, die Möglichkeit, andere zu unterstützen

Unerwartete Auszeichnungen
- Belohnen Sie Schüler mit unerwarteten, nicht unerheblichen Auszeichnungen, wenn eine intrinsisch interessante Aufgabe bewältigt wurde
- Belohnen Sie langweilige Aufgaben mit extrinsischen, vorhersehbaren Auszeichnungen

Positive Ergebnisse und negative Einflüsse (Richtiger Einsatz von Feedback)
- Loben Sie Schüler, wenn eine Arbeit vollendet wurde, aber auch bei erfolgreichen Fortschritten
- Geben Sie den Schülern persönliche Aufmerksamkeit und vermeiden Sie Überwachung
- Bieten Sie informatives, hilfreiches, korrigierendes Feedback an, wenn es sofort verwendbar ist, d.h. von unmittelbarem Nutzen
- Geben Sie auf ein gewünschtes Verhalten (unmittelbar nach vollbrachter Leistung) ein motivierendes Feedback
- Setzen Sie Drohungen nicht als Mittel für Aufgabendurchführungen ein
- Vermeiden Sie eine externe Leistungsbewertung, um den Schülern eine Selbstevaluation zu ermöglichen

Vorausplanung (Einsatz von Bestärkung)
- Bestärken Sie häufig die Schüler beim Lernen neuer Aufgaben
- Bestärken Sie zeitweilig die Schüler, wenn sie bei der Aufgabe kompetenter werden
- Variieren Sie das Schema für Bestärkungen, sowohl in Intervallen als auch in der Quantität

Im Anhang ist nochmals einen Überblick über die Motivationsstrategien zu finden.

3.5 Kellers Motivations-Design

Für einen effizienten und gezielten Einsatz der Motivationsstrategien ist es erforderlich Motivationsprobleme zu erkennen, sich der Ziele der Unterrichtsstunde bewusst zu werden und sich Maßnahmen zurechtzulegen, mit welchen der Unterricht verbessert werden kann. In Anlehnung an Keller (2010 und www.arcs-modell.com) ist folgendes Vorgehen für eine genaue Analyse zu empfehlen:

- Kenntnisse über die menschliche Motivation erwerben, als Grundvoraussetzung für die Fähigkeit diese identifizieren zu können,
- eine Zielgruppenanalyse, um die motivationalen Voraussetzungen und Anforderungen bestimmen zu können,
- die Identifikation des Lehrmaterials und des Lehr- und Lernprozesses, welche die Motivation anregen,
- die Auswahl geeigneter Motivationsstrategien,
- die Anwendung der ausgewählten Strategien und
- die Auswertung der angewandten Strategien.

Keller konkretisiert 10 Schritte, welche sich an Strukturmodellen des Instructional Design (vgl. hierzu vor allem R. M. Gagnè 1992 und D. Merrill 2002, bzw. Kiel i.d.Bd.) orientieren. Diese werden hier in Anlehnung an Kellers Motivational-Design-Process dargestellt.

10 Schritte des ARCS Motivations-Planungs-Prozesses (in Anlehnung an Keller 2010)

Schritt 1 bis 4: Analyse

1. Kenntnisse über die geplante Unterrichtsstunde

- Welche Kenntnisse haben Sie bereits über die geplante Unterrichtsstunde?
- Wie soll der Aufbau der geplanten Unterrichtsstunde aussehen?
- Welches Ziel verfolgt die geplante Unterrichtsstunde?
- Welche Unterrichtsmethoden sind geplant?

2. Kenntnisse über die Schüler

- Welche Fähigkeiten bringen die Schüler mit?
- Welche Einstellung haben die Schüler zur Schule?
- Welche Einstellung haben die Schüler zum Inhalt der geplanten Unterrichtsstunde?

3. Analyse der Motivation der Schüler

- Welche Grundmotivation liegt bei den Schülern vor?
- Welche veränderbaren Einflüsse liegen der Motivation der Schüler zugrunde?

4. Analyse des bestehenden Materials

- Welche Funktion hat bereits vorhandenes Material?
- Welche Vor- und Nachteile hat bereits vorhandenes Material?
- Welches Material ist angemessen?

Schritt 5 bis 8: Konzeption

5. Zielsetzung und Bewertung	• Was soll in Bezug auf die Motivation der Schüler erreicht werden? • Wie ist zu erfahren, ob die eingesetzte Strategie und das eingesetzte Material den gewünschten Erfolg bringen?

6. Mögliche Maßnahmen	• Welche Strategien werden zu Beginn, während und am Ende der Unterrichtsstunde eingesetzt? • Welche Strategien können die Motivation auch nach Ende der Stunde aufrecht erhalten?

7. Auswahl und Planung der Maßnahmen	• Welche Strategien und Maßnahmen sind für die Schüler am besten geeignet? • Welche Strategien und Maßnahmen sind für die Planung am besten geeignet? • Welche Strategien sind für den Lehrer selbst am besten geeignet? • Welche Strategien steigern die Motivation? • Welche Strategien erhalten die Motivation?

8. Integration in die Unterrichtsplanung	• Wie können die Motivationsstrategien und -maßnahmen in die Unterrichtsplanung integriert werden? • Wo muss gegebenenfalls etwas verändert werden?

Schritt 9: Gestaltung

9. Auswahl und Entwicklung des Materials	• Welches Material wird aus dem bereits vorhandenen ausgewählt? • Welches Material muss der Situation angepasst werden? • Welches Material muss neu erarbeitet werden?

Schritt 10: Auswertung

10. Auswertung und Überarbeitung	• Welche Reaktionen können bei den Schülern beobachtet werden? • Wie zufrieden waren die Schüler mit der Unterrichtsstunde? • Wo ist eine Änderung bei der Unterrichtsmethode, im Einsatz des Materials und in der Auswahl der Strategien erforderlich?

Schritt 1 bis 4 umfasst eine ausführliche Analyse sowohl der Rahmenbedingungen, des Ziels und der Inhalte der Unterrichtsstunde, so wie der Gegebenheiten und Voraussetzungen der Schüler. Schritt 2 beschäftigt sich mit Fragen nach der Homogenität bzw. Heterogenität der Gruppe, wie gut sich die Schüler kennen, welche grundsätzliche Motivation bzgl. Schule vorliegt, aber auch welche Erwartungen die Schüler an die Unterrichtsstunde allgemein haben, oder welchen Nutzen oder persönlichen Wert diese Unterrichtsstunde für sie haben könnte. Anschließend (Schritt 3) ist eine differenziertere Analyse erforderlich. Es geht darum zu überprüfen, ob die Gruppe eine eher einheitliche oder eindeutig unterschiedliche Motivation hat. Bei zu hoher und zu niedriger Motivation sollten Motivationsstrategien (ARCS) eingesetzt werden, die eine möglichst ausgeglichene Motivation erreichen können. Bei der Auswahl einzusetzender Motivationsstrategien ist darauf zu achten, dass sie in den einzelnen Bereichen unterschiedlich sein können. In Schritt 4 ist zu überlegen, welche Materialien, welche Stoffauswahl, welche Medien etc. bereits vorhanden sind und welche davon für die Zielgruppe geeignet oder ungeeignet sind. Ebenso ist zu analysieren, wo in den jeweiligen Motivationsstrategien (ARCS) positive Eigenschaften und wo die Problemzonen hinsichtlich der Stoffvermittlung liegen.

In Schritt 5 bis 8 werden die bisherigen Ergebnisse konkretisiert und ein genauer Plan entworfen, welche Maßnahmen zu welchem Zeitpunkt vorgenommen werden. Zu bedenken ist dabei auch, welches Motivationsverhalten beim Lerner hervorgerufen werden soll. Wichtig dabei ist, sich zu überlegen, wie und ob die eingesetzte Strategie, bzw. das verwendete Material die Motivation beim Lerner steigert. Besonders in diesen 4 Schritten sind die von Gagnè entwickelten Lernphasen und der dazugehörigen Unterrichtsschritte zu berücksichtigen.

Tab. 3: Beispiel für ein Artikulationsschema nach Gagnè übertragen auf das Instructional Design für eine 6. Klasse Realschule / Deutsch

Ablauf der Instruktion	Unterrichtsbeispiel	Begründung
1. **Die Aufmerksamkeit der Lernenden wecken**	Bilder mit gruseligen Elementen und Situationen (Friedhof, bewölkter Mond, Schloss etc.) auf Overhead Projektor auflegen. Kinder rätseln über Thema der Stunde.	Die Vermittlung von Hintergrundinformationen schafft Validität. Der Einsatz verschiedener Medien fesselt die Aufmerksamkeit. Das Stellen von Fragen zu Beginn schafft eine interaktive Stimmung.

2. Die Lernenden über die Lehrziele informieren	Thema der Unterrichtseinheit: Die Gruselgeschichte, Schreiben, Sprache untersuchen, Grammatik (Adjektive).	Den Lernern werden die Erwartungen deutlich gemacht, damit diese bereit sind, entsprechende Informationen aufzunehmen.
3. Das Vorwissen der Lernenden aktivieren	Lehrer fragt, wann eine Geschichte denn besonders gruselig ist.	Um Neues zu lernen, ist das Zugreifen auf Vorwissen das Wichtigste.
4. Inhalte klar, eindeutig und unverwechselbar vermitteln	Gemeinsam mit den Schülern werden wichtige Merkmale auf Folie festgehalten, die charakteristisch für eine Gruselgeschichte sind. Anschließend erhalten sie ein Merkblatt auf dem typische Adjektive, Orte, Personen usw. vermerkt sind.	Das Ziel ist das Erlangen von Information, die Inhalte werden deshalb beispielsweise in schriftlicher Form dargeboten.
5. Die Lernenden während der Lernphase anleiten und unterstützen	Schüler dürfen eine eigene Gruselgeschichte schreiben. Der Lehrer berät die einzelnen Gruppen bei Bedarf.	Lehrkräfte nutzen entdeckendes Lernen, da die Lerner so die Möglichkeit zum Ausprobieren haben. Lehrkräfte erleichtern den Lernprozess durch Hinweise und Tipps (beispielsweise verschiedenen Materialien), sollten diese benötigt werden.
6. Lernfortschritte herausstellen	Schüler dürfen im Anschluss ihre eigenen Geschichten vorlesen.	Das Gelernte zu fordern, beispielsweise durch einen Vortrag, fördert den Lernerfolg.
7. Rückmeldung geben	Zuhörer geben während des Vorlesens bereits Emotionen zum Ausdruck.	Ständige Rückmeldung fördert das Lernen.
8. Die Leistung objektiv beurteilen	Der Lehrer stellt gemeinsam mit den anderen Schülern fest, ob es sich bei der Geschichte auch wirklich um eine Gruselgeschichte handelt und auf die entsprechende Sprache und die Adjektive geachtet wurde.	Eigenständige Übung unterstützt Lerner dabei, das Gelernte anzuwenden. Eine Bewertung bietet die Möglichkeit, Lernergebnisse zu überprüfen.

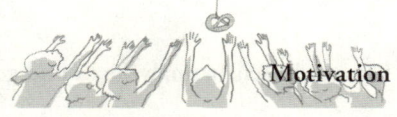

| 9. Behalten und Transfer fördern | Merkblatt mit Adjektiven etc. Schüler dürfen eine Gruselgeschichte eines Profis als Hörspiel anhören. Transfer: Liebesgeschichte, Lachgeschichte. | Lernen in der Praxis anzuwenden ist ein Schritt hin zu fortgeschrittenem Lernen. |

(Gagnè 1992 nach: Kiel 2011, S. 242f; entwickelt von Carmen Vogl)

Dieses Modell macht noch einmal deutlich, welche Funktionen die aufeinander aufbauenden Unterrichtsvorgänge für die Unterstützung der Lernprozesse erfüllen.
Die letzten beiden Schritte (9 und 10) des Motivational-Design-Process dienen zur konkreten Vorbereitung der Unterrichtsstunde und einer anschließenden Auswertung sowie einer gegebenenfalls notwendigen Veränderung hinsichtlich des Erfolgs bzw. Misserfolgs der eingesetzten Strategien und des verwendeten Materials.

3.6 Aufgaben

3.6.1 Filmgeleitete Aufgaben

Aufgabenbeschreibung
Sehen Sie sich die Ausschnitte
• Geschichte *Der Bauernaufstand 1525* (Hauptschule 4. Jahrgangsstufe)
• Mathematik *Schnitt zwischen Parabel und Geradenschar* (Berufsoberschule)
unter folgenden Gesichtspunkten an:
  a) Notieren Sie zunächst die von Ihnen wahrgenommenen nonverbalen und verbalen Verhaltensweisen der Lehrkräfte, die für die Schüler motivierend sind.
  b) Ordnen Sie Ihre gefundenen Verhaltensweisen den bei Keller (S. 55ff.) nachzulesenden Motivationsstrategien zu.
  c) Schauen Sie sich den Film ein zweites Mal an. Erkennen Sie weitere Motivationsstrategien, die Ihnen bei Ihrer ersten Filmansicht entgangen sind, die Sie aber durch die Lektüre von Kellers ARCS-Modell kennen gelernt haben? Notieren Sie diese.

Sehen Sie sich den Ausschnitt
• *Freiarbeit – Organisation der Arbeit nach dem Wochenplan* (Hauptschule 9. Jahrgangsstufe)
unter folgenden Gesichtspunkten an:

a) Notieren Sie in Stichpunkten diejenigen Aspekte, welche durch die Freiarbeit auf die Schüler motivierend wirken könnten.

b) Auf welche Motivationsstrategien nach Keller könnten diese zurückzuführen sein? Gehen Sie auf drei Beispiele näher ein.

c) Zeigen Sie drei weitere Motivationsstrategien auf, die besonders bei dieser Arbeitsweise notwendig sind, um bei den Schülern einen Lernerfolg zu erzielen. Begründen Sie kurz ihre Auswahl.

d) Skizzieren Sie kurz eine Alternative zur Umsetzung der Themen und verweisen Sie dabei auf Motivationsstrategien nach Keller.

Aufgabenerläuterung
Sie werden in den Filmausschnitten nicht alle Motivationsstrategien wieder finden, da es im Rahmen einer Unterrichtsstunde weder möglich noch sinnvoll ist, alle zur Anwendung zu bringen. Dennoch soll Ihnen diese Aufgabe die Möglichkeit bieten, anhand Kellers ARCS-Modell verschiedene Motivationsstrategien kennen zu lernen.

Aufgabenbegründung
Motivation ist eine grundlegende Voraussetzung für erfolgversprechendes Lernen. Das von Keller entwickelte Modell bietet Lehrern die Möglichkeit, durch Unterrichtsmaterialien, Lehrerverhalten und Unterrichtsplanung die Motivation zu verbessern und während des Unterrichts aufrecht zu erhalten. Das mehrmalige Anschauen einer Filmsequenz soll Sie zur Selbstreflexion anregen und Ihre Kompetenzen erweitern. Überlegungen zur Aufgabe „Freiarbeit" fördern ihre Beobachtung und bieten Ihnen die Möglichkeit, selbst kreativ zu werden.

3.6.2 Theoriegeleitete Aufgaben

Aufgabenbeschreibung
a) Setzen Sie das Unterrichtsprinzip Motivation in Bezug zum Unterrichtsprinzip Übung.

b) Suchen Sie in den theoretischen Ausführungen fünf Aspekte, die die beiden Prinzipien verbinden. Skizzieren Sie diese kurz und begründen ihre Auswahl.

c) Gibt es Aspekte, welche für das Prinzip der Übung sinnvoll erscheinen, für die Motivation der Schüler aber eher kontraproduktiv sein könnten? Entscheiden Sie sich für zwei Aspekte und begründen Sie ihre Auswahl.

Aufgabenerläuterung
Lesen Sie sich beide Ausführungen kritisch durch. Sie werden viele Überschneidungen der beiden Unterrichtsprinzipien erkennen.

Aufgabenbegründung

Unterrichtsprinzipien können nicht immer scharf voneinander getrennt und nicht immer unabhängig voneinander angewendet werden. Übung und Motivation stehen nicht nur in einer Wechselbeziehung zu einander, sie sind auch interdependent.

3.6.3 Zur Vertiefung

Aufgabenbeschreibung

Eine Referendarin schildert folgende Situation:

„In der Spanischklasse gab es einmal eine arbeitsteilige Gruppenarbeit. Diese wurde in einer Doppelstunde bearbeitet. In der nächsten Stunde sollten die Schüler die Ergebnisse präsentieren. Eine Gruppe hatte einen sehr schönen Comic über den Inhalt einer Kurzgeschichte gemalt, war aber nicht sonderlich motiviert das zu präsentieren. Sie haben die Folie auf den Tageslichtprojektor gelegt und gesagt, dass alles selbsterklärend ist. Das war nicht Sinn der Sache und nun stellt sich die Frage, wie man reagiert. Es waren schon ältere Schüler. Ich habe sie angehalten, das gelungene Ergebnis ihren Mitschülern würdig zu präsentieren[…]. Das ist allerdings ein Moment, in dem man sich fragt, wie man reagieren soll" (Kiel & Pollak 2011, S.113).

a) Welche Anforderungen werden in diesem Fall berichtet? Ergeben sich hieraus besondere Probleme/Konflikte für Sie? Überlegen Sie dabei welche Anforderungen Sie an sich selbst stellen und was Schüler von Ihnen erwarten, aber auch was Sie von den Schülern erwarten.

b) Welche Handlungsoptionen sehen Sie in diesem Fall? Entscheiden Sie sich für eine Handlungsoption! Begründen Sie Ihre Entscheidung!

c) Erarbeiten Sie mit Hilfe des oben dargestellten Motivationsdesigns und der Motivationsstrategien von Keller einen möglichen Plan um diese oder ähnliche Situationen zu vermeiden.

Aufgabenerläuterung

Beantworten Sie zunächst die ersten beiden Fragen. Dies bietet Ihnen die Möglichkeit auch allgemeine, nicht auf die Motivation ausgerichtete Lösungen zu finden. Wenn Sie anschließend einen konkreten Plan mit dem Schwerpunkt Motivation im Sinne des Keller-Modells gemacht haben, werden Sie erkennen, dass Motivation als Unterrichtsprinzip sich auch im Unterrichtsprinzip Strukturierung widerspiegelt.

Aufgabenbegründung

Der oben dargestellte Fall wurde von einer Referendarin auf die Frage nach einer kritischen Situation im Unterricht gestellt. Kritische Situationen meinen alltägliche und wiederkehrende Ereignisse, die Interaktionspartner unterschiedlich wahrnehmen und interpretieren können. Im Sinne eines fallorientierten Arbeitens ermöglichen Sie Ihnen unterschiedliche Blickwinkel wahrzunehmen und diese aus verschiedenen Perspektiven zu durchleuchten. Sie geben Ihnen die Möglichkeit Ihr theoretisches Wissen in einer möglichst praxisnahen, realistischen Lernumgebung zu verfestigen (vgl. hierzu Kiel & Pollak 2011).

3.7 Literatur

Csikszentmihalyi, M. & Schiefele, U. (1993). Die Qualität des Erlebens und der Prozeß des Lernens. *Zeitschrift für Pädagogik, 39* (2), 207-221.

Deci, E.L. & Ryan, R.M. (2000). The „What" and „Why" of Goal Pursuits: Human Needs and Self-Determination of Behavior. *Psychological Inquiry, 11* (4), 227-268.

Deci, E.L. & Ryan, R.M. (1993). Die Selbstbestimmungstheorie der Motivation und ihre Bedeutung für die Pädagogik. *Zeitschrift für Pädagogik, 39* (2), 223-238.

Frey, D. & Greif, S. (1997). *Sozialpsychologie. Ein Handbuch in Schlüsselbegriffen.* Weinheim u.a.

Gagnè, R. M., Briggs, L. & Wager, W. (1992). *Principles of Instructional Design.* (4th Ed). Fort Worth, TX.

Keller, J.M. (2010). *Motivational Design for Learning and Performance. The ARCS Model Approach.* New York u.a.

Keller, J.M. & Kopp, T.W. (1987). An Application of the ARCS Model of Motivational Design. In Ch.M. Reigeluth (Eds.), *Instructional theories in action. Lessons illustrating selected theories and models* (pp.289-320). Hillsdale/NJ u.a.

Keller, J.M. (1983). *Development and Use of the ARCS Model of Motivational Design.* (Report No. IR 014 039). Enschede, Netherlands: Twente Univ. of Technology. (ERIC Document Reproduction Service No. ED 313 001).

Kiel, E. & Pollak, G. (2011). *Kritische Situationen im Referendariat bewältigen. Ein Arbeitsbuch für Lehramtsstudierende.* Bad Heilbrunn.

Kiel, E. (2010). R. M. Gagné In K. Zierer & W.-Th. Saalfrank (Hrsg.), *Zeitgemäße Klassiker der Pädagogik. Leben – Werk – Wirken* (S. 233-245). Paderborn.

Krapp, A. & Weidenmann, B. (2006) (Hrsg.). *Pädagogische Psychologie. Ein Lehrbuch.* Weinheim u.a.

Lukesch, H. (1997). Affektiv-motivationale Bedingungen schulischen Lernens. In H. Lukesch (Hrsg.), *Einführung in die Pädagogische Psychologie.* (S. 139-178). Regensburg.

Merrill, D. (2002). First Principles of Instruction. *Educational Technology Research and Development, 50* (3), 43-59.

Merz, J. (1979). *Berufszufriedenheit von Lehrern*: e. empirische Untersuchung; [Tab.]. Weinheim.

Oerter, R. (1998). Motivation und Handlungssteuerung. In: R. Oerter & L Montada (Hrsg.), *Entwicklungspsychologie* (S. 758-822). Weinheim.

Prenzel, M. (1997). Sechs Möglichkeiten, Lernende zu demotivieren. In H. Gruber & A. Renkl (Hrsg.), *Wege zum Können. Determinanten des Kompetenzerwerbs* (S. 32-44). Bern.

Ryan, R.M. &Deci E.L. (2000) Self-Determination Theory and the Facilitation of Intrinsic Motivation, Social Development, and Well-Being. *American Psychologist. 55* (1), 68-78.

Rheinberg, F. (2004) *Motivation. Grundrisse der Psychologie.* Band 6. Stuttgart.

Rosenstiel, L. v. (⁴2000). *Grundlagen der Organisationspsychologie.* Stuttgart.

Schiefele, H. (1974). *Lernmotivation und Motivlernen. Grundzüge einer erziehungswissenschaftlichen Motivationslehre.* München.

Schiefele, U. (1996). *Motivation und Lernen mit Texten.* Göttingen u.a.

Smolka, D. (2002) (Hrsg.). *Schülermotivation. Konzepte und Anregungen für die Praxis.* Neuwied.

Stöger, H. & Gruber, H. (2011). Lernvoraussetzungen von Schülern. In E. Kiel & K. Zierer (Hrsg.), *Basiswissen Unterrichtsgestaltung. Band 2: Unterrichtsgestaltung als Gegenstand der Wissenschaft* (S. 265-283). Baltmannsweiler.

Straka, G.A. (2001). Lernkompetenz – Dimensionen, Bedingungen und Möglichkeiten ihrer Förderung. In G. Franke (Hrsg.), *Komplexität und Kompetenz. Ausgewählte Fragen der Kompetenzforschung.* (S. 179-199). Bielefeld.

Veenmann, S. (1984). Perceived Problems of Beginning Teachers. *Review of Educational Research*, 54 (2), 143-178.

Weiner, B. (1994). *Motivationspsychologie.* Weinheim.

Wiater, W. (2001). *Unterrichtsprinzipien.* Donauwörth.

3.8 Anhang

DAS ARZZ-MOTIVATIONSMODELL NACH KELLER

Strategien			
Aufmerksamkeit	**Relevanz**	**Zuversicht**	**Zufriedenheit**
Unvereinbarkeit/ Konflikt herstellen	Bedürfnissen gerecht werden	Selbstattribuierung fördern	natürliche Konsequenzen erfahrbar machen
konkret sein	derzeitigen Wert aufzeigen	Selbstvertrauen	negative Einflüsse vermeiden
Variabilität gewährleisten	zukünftigen Nutzen aufzeigen	nach Schwierigkeiten strukturieren	positive Entwicklungen bestärken
Humor zeigen	Erfahrungen verknüpfen	Lernvoraussetzungen adressieren	Erwartungen artikulieren und realisierbar machen
Nachfragen ermöglichen	Wahlmöglichkeiten eröffnen	auf Positives mit Feedback, Lob und Aufmerksamkeit reagieren	unerwartete Auszeichnungen gewähren
Teilnahme ermöglichen	Vorbild geben		

4 Differenzierung
Wolf-Thorsten Saalfrank

4.1 Das Problem von Heterogenität und Homogenität

In einem Brainstorming mit erfahrenen Lehrerinnen Münchner Grund- und Hauptschulen wurden zum Stichwort Differenzierung interessante Gedanken geäußert, die sowohl die Möglichkeiten von Differenzierung aufzeigen als auch die Grenzen. Doch gerade die als Grenzen erfahrenen Bedingungen sind es, die herausfordern und die es gilt durch Maßnahmen der Differenzierung zu bewältigen, um so individuelle Lernchancen zu ermöglichen. Einige dieser Gedanken hier gleich zu Beginn:
So schreibt eine Lehrerin, dass Differenzierung den Schülern viel Schulenergie verleiht, da schwache Schüler endlich die Möglichkeit für ein Feedback bekommen und gute den Anreiz zu höherer Qualität. Eine andere Lehrerin meinte, dass durch Differenzierung Über- und Unterforderung vermieden werden kann und dass Differenzierung als Prinzip unterrichtlichen Handelns ganz normal sei, also zum Alltagsgeschäft gehöre. Aber es kamen auch kritische Stimmen, die die Grenzen der Differenzierung aufzeigen. So wurde hingewiesen auf die Schwierigkeiten der Klassengröße („Wie mit 28 Schülern?") sowie auf Raumenge und häufige Vertretungsstunden bzw. Klassenzusammenlegungen. Auch die Abhängigkeit vom Engagement des jeweiligen Lehrers wurde thematisiert. Ein weiterer Punkt, der problematisiert wurde, war die oft zu große Heterogenität in den Klassen – wobei gerade dies ein grundlegendes Faktum für Differenzierungsmaßnahmen im Unterricht ist.
Heterogenität ist ein bestimmendes Charakteristikum unserer Gesellschaft und sie wird in unserer gegenwärtigen Gesellschaft auch bewusst gelebt, was sich im Trend zur Individualisierung zeigt. „Die Person in der modernen Gesellschaft begreift sich als Individuum. Individualität ist eine tragende Säule der Identitätskonstruktion des modernen Menschen. Die zwei Komponenten von Individualität sind Einzigartigkeit und Selbstbestimmung." (Schimank 2000, S. 107) Diese Gedanken sind bestimmend für das Unterrichtsprinzip der Differenzierung.
Es gibt letztendlich keine Homogenität, da die Wesensmerkmale, die die Individualität des Menschen ausmachen, so unterschiedlich sind: Äußere Merkmale genauso wie innere Merkmale, die sichtbaren Unterschiede wie Haut- und Haarfarbe, Merkmale wie soziale oder auch ethnische Herkunft aber auch Unterschiede in Bereichen wie Interessen, Begabungen, kognitive Fähigkeiten und vieles mehr sind bestimmbare Größen in Bezug auf den einzelnen Menschen

(vgl. Stern 2005). So schreibt Weinert im Rahmen einer unterrichtspsychologischen Betrachtung des Problems der Differenzierung in Bezug auf eine Aussage des amerikanischen Präsidenten Jefferson: „Die prinzipielle verfassungsrechtliche Gleichheit der Menschen und ihre faktische Ungleichheit in physischer, intellektueller, bildungsmäßiger und sozialer Hinsicht ist ein ebenso zentrales wie unlösbares Problem jeder Demokratie und jeder Pädagogik." (Weinert 1975, S. 35) Wenn man nun die Heterogenität[1] der Gesellschaft herunterbricht auf die Einzelschule bzw. noch weiter auf die Einzelklasse ergibt sich ein noch bunteres Bild, mit dem die Lehrkräfte Tag für Tag konfrontiert werden.

„Je heterogener die Lerngruppen geworden sind, desto wichtiger wird in den meisten Fällen die innere Differenzierung des Unterrichts. Die Lernvoraussetzungen der Schüler werden immer unterschiedlicher. Die immer größere ‚Streuung' der Begabungen und Lernvoraussetzungen hat seit Jahren auch die Gymnasien und Realschulen erreicht. Es gibt viele Schüler mit Spezialbegabungen und mit professionell gepflegten Hobbys (…). Es gibt aber auch immer häufiger Schüler mit chronischen, oft psychosomatischen Erkrankungen, auf die im Unterricht Rücksicht genommen werden muss." (Paradies & Linser 2001, S. 38)[2]

Der bewusste Umgang mit Heterogenität in der Schulklasse durch den Lehrer hat auch eine erzieherische Komponente im Sinne des erziehenden Unterrichts, denn die Schüler erfahren durch Differenzierung zum einen eine Förderung hinsichtlich der Entfaltung ihrer Persönlichkeit, zum anderen aber auch den Umgang mit der Person des Anderen und den dort jeweils anzutreffenden Fähigkeiten und Fertigkeiten, was zur Reifung des Individuums beiträgt. Letztendlich muss durch Differenzierung im Sinne einer Pädagogik der Vielfalt (Prengel 1995) einer Typisierung von Kindern durch Schule und Gesellschaft entgegengewirkt werden und eine Orientierung an den jeweiligen Stärken und Schwächen erfolgen, d.h. nicht an äußeren Merkmalen wie beispielsweise Geschlecht, soziale oder ethnische Herkunft (Saalfrank 2010a und 2010b).

4.1.1 Definition

Bevor im nächsten Kapitel weitere Begründungen für das Prinzip der Differenzierung beschrieben werden, wird zunächst eine Arbeitsdefinition für Differenzierung vorgestellt. Differenzierung wird in der Literatur zum Teil mit unterschiedlichen Konnotationen einzelner Aspekte dargestellt (so Schittko 1984, S. 23; Einsiedler 1988, S. 20; Schröder 1990, S. 99; Wiater 2001, S. 27; Paradies & Linser 2001, S. 9). Davon ausgehend wird für die weiteren Ausführungen folgende Definition von Differenzierung zugrunde gelegt:

---

1 Zur Heterogenität in der Schule siehe auch Egan, K. (1997). *The Educated Mind*. S. 9-33
2 Meyer-Willner weist sehr ausführlich auf die heterogenen Bedingungen in Schulklassen hin und unterteilt diese in interindividuelle und intraindividuelle Unterschiede. (Meyer-Willner 1979, S. 19f) Zur empirischen Sicht auf Heterogenität vgl. Helmke 2009, S. 244 ff.)

Differenzierung bezeichnet alle Maßnahmen schul- und unterrichtsorganisatorischer Art, die zur Förderung von Schülern und Schülerinnen oder von Lerngruppen aufgrund unterschiedlicher Neigungen, Begabungen, Interessen, Schwächen und Stärken unter Berücksichtigung des jeweiligen Entwicklungsstandes ergriffen werden, was zu einer Individualisierung des Unterrichts beiträgt.

4.1.2 Zur Begründung von Differenzierung

Eine Begründung für Differenzierung ist wie bereits erwähnt die Heterogenität, sowohl aus anthropologischer als auch aus gesellschaftlicher Sicht. Der Drang nach Homogenisierung kann als gesellschaftliches Phänomen gesehen werden, um Heterogenität zu bewältigen. Zum einen ist dies schon eine altbekannte Tatsache – man vergleiche die soziologisch-historischen Ausführungen bei Foucault in ‚Überwachen und Strafen' (Foucault 1977), die auch gegenwärtig in der politischen Diskussion um die Integration von Migranten ein Thema ist. Ein weiteres Feld, an dem der Drang nach Homogenisierung deutlich wird, ist der Bereich der Schule und des Unterrichts, was sich zum Beispiel in der Organisation bzw. der Begründung des dreigliedrigen Schulsystems zeigt.[3]

Es soll an dieser Stelle als kritischer Einwand Hartmut von Hentig erwähnt werden. Er schreibt, dass selbst eine „Dreitausendgliedrigkeit" (von Hentig 1999, S. 207) den unterschiedlichen Begabungen nicht gerecht werde und die Gliedrigkeit des Schulsystems zum Gerechtwerden der Begabungen immer eine Fiktion bleibe. In die gleiche Richtung argumentieren auch Paradies & Linser: „Homogene Lerngruppen (wenn es sie denn in der Vergangenheit je gegeben hat) gibt es heute in keiner Schulform mehr, daher müssen neue äußere und insbesondere auch innere Differenzierungsmodelle entwickelt werden." (Paradies & Linser 2001, S. 10)

Differenzierung kann somit nicht nur zu einer mehr oder weniger „fiktiven" Homogenisierung beitragen, sondern insbesondere auch, je nach dem, wie man Differenzierung sieht und anwendet, zur Individualisierung (Saalfrank 2010b).

4.1.2.1 Bildungstheoretische Begründung.

Differenzierung stellt den Schüler mit seinen Bedürfnissen in den Mittelpunkt und zielt darauf ab, diesen zu fördern. Damit hat dieses Unterrichtsprinzip eine sehr starke Subjektorientierung, die eine weitere Begründung in der bildungstheoretischen Sicht auf den Schüler als Subjekt erfährt (Klafki 1963, S. 35 ff.; Saalfrank 2010a). Auf zwei Sichtweisen von Klafki sowie von Hartmut von Hentig wird kurz eingegangen.

---

3 Man kann noch weitere Begründungen (Wiater 2001, S. 29-34) anführen, so eine rechtliche, die in der freien Entfaltung der Persönlichkeit (Art. 2 GG) und der Chancengleichheit (Art. 20 GG) begründet ist, sowie eine lern- und entwicklungspsychologische, die z.B. milieu- und sozialisationsbedingte Entwicklungsbesonderheiten ausmacht bzw. unterschiedliche Lerntypen bestimmt (Weinert 1975; Wiater 2001, S. 31f).

Klafki führt in seiner Grundlegung der bildungstheoretischen Didaktik aus, dass sich im Sinne einer kategorialen Bildung objektbezogene/materiale Bildungstheorien mit subjektbezogenen/formalen Bildungstheorien in einem dialektischen Sinne verbinden sollen. Bildung geschieht über Vorgänge, „in denen sich die Inhalte einer dinglichen und geistigen Wirklichkeit ‚erschließen', und dieser Vorgang ist – von der anderen Seite her gesehen – nichts anderes als das Sich-Erschließen bzw. Erschlossenwerden eines Menschen für jene Inhalte und ihren Zusammenhang als Wirklichkeit. Diese doppelseitige Erschließung geschieht als Sichtbarwerden von allgemeinen, kategorial erhellenden Inhalten auf der objektiven Seite und als Aufgehen allgemeiner Einsichten, Erlebnisse, Erfahrungen auf der Seite des Subjekts." (Klafki 1963, S. 43)

Für Hartmut von Hentig ist Bildung ebenfalls zentral für die Entfaltung des Subjekts, so schreibt er: „Das Grundgebot, an das ich erinnern möchte, ist, daß alle pädagogische Tätigkeit, also auch ihre rigoroseste und ausgedehnteste, das Lehren, in der Selbständigkeit des Zöglings oder Schülers zu münden hat, d.h. sich selbst zurückzunehmen gehalten ist. Das gilt vollends, wenn die Belehrung ‚Bildung' und nicht ‚Unterweisung' und ‚Auskunft zum Zwecke von...' im Sinn hat. Bildung ist (...) in seiner prägnanten Bedeutung immer Sichbilden, beginnt erst dort, wo man sie selber in die Hand nimmt. Davor liegen Bemühungen der anderen, die dies ermöglichen." (von Hentig 1999, S. 151). Dieses Sichbilden soll Gestalt werden, d.h. Bildung soll sich im Einzelnen bewähren (ebd. S. 97).

Bei einer Fokussierung auf das Subjekt, das bei Klafki und von Hentig deutlich wird, ist ein Gestaltungsprinzip, das diesen Gedanken aufgreift, für den Unterricht notwendig, nämlich die Differenzierung. Die Differenzierung in ihrer Vielgestaltigkeit wird, wie die folgenden Ausführungen zeigen werden, diesem Subjektanspruch gerecht.

4.1.2.2 Differenzierung als Instrumentarium zur Motivation und zur Schülerorientierung.

Differenzierung steht auch in Beziehung zu anderen Unterrichtsprinzipien, insbesondere zur Motivation (Braune i. d. Bd., sowie Seibert 2003, S.103 f.) und zur Schülerorientierung. Dies jedoch nur kurz. Ein Unterricht, dessen Gestaltungsprinzip darauf abzielt, Individualisierung auf vielfältige Weise zu fördern, und zwar hinsichtlich des Lernertrags und der Lernmöglichkeiten, ist schülerorientiert, da der Schüler im Zentrum der Bemühungen des Lehrenden (aktivierende Schülermitgestaltung des Unterrichts, Beteiligung an Themenauswahl usw.) steht (Wiater 2001, S. 7 f.). „Diesen Gedanken kann man nun einmal auf einzelne Unterrichtseinheiten oder Lerneinheiten beziehen, man kann ihn aber (...) auch auf die übergreifende Einstellung des Schülers zum Lernen überhaupt, mindestens in bestimmten Bereichen oder Fächern beziehen also auf das Problem der Lernmotivation, des Interesses, der Lernfähigkeit und Lernbereitschaft. Vermutlich ist der Mangel an Innerer Differenzierung des Unterrichts in der Mehrzahl unserer Schulen einer der wichtigsten Faktoren dafür, daß

Schulunterricht so oft übergreifende Lernmotivationen oder Interessen verschüttet." (Klafki 1996, S. 203) Mit dem Zitat von Klafki wird die starke Wechselwirkung von Differenzierung und Motivation deutlich, ein Faktor, der angesichts der PISA-Ergebnisse gegenwärtig große Relevanz hat (Sacher 2005, S. 22 ff.).

4.2 Äußere Differenzierung[4]

Differenzierung als *Unterrichts*prinzip bezieht sich zwar nur auf die innere Differenzierung, (die auch den Großteil dieses Kapitels ausmacht), dennoch ist die äußere Differenzierung nicht zu vernachlässigen. Schulstrukturen sowie schulinterne organisatorische Strukturen bedingen jegliche Maßnahmen des Unterrichtens. So wird innere Differenzierung erst durch eine Betrachtung der äußeren Differenzierung vollständig und verstehbar.

Äußere Differenzierung bezieht sich auf alle Maßnahmen, die sich im institutionellen Rahmen bewegen und „in der Schülerpopulationen nach irgendwelchen Gliederungs- oder Auswahlkriterien – z.B. den Gesichtspunkten unterschiedlichen Leistungsniveaus oder unterschiedlicher Interessen – in Gruppen aufgeteilt werden, die räumlich getrennt und von verschiedenen Personen bzw. zu verschiedenen Zeiten unterrichtet werden." (Klafki 1996, S. 173) Man kann drei Bereiche ausmachen, die im Folgenden als Dimensionen der äußeren Differenzierung beschrieben werden. Es sind dies die interschulische Dimension, die intraschulische Dimension und die Schulprofildimension.

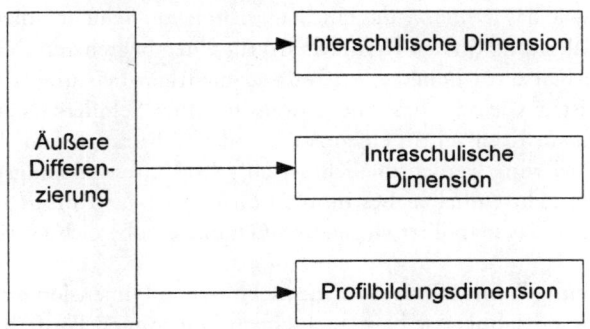

Abb. 1: Dimensionen der äußeren Differenzierung

4.2.1 Interschulische Dimension

Differenzierung im Rahmen der interschulischen Dimension bedeutet Aufteilung der Schüler aufgrund von Leistung in verschiedene Schularten. Durch die

---

4 Zur äußeren Differenzierung siehe auch Meyer-Willner 1979, S. 34-54; Schittko 1984, S. 45-65; Wiater 2001, S. 27-29.

Dreigliedrigkeit des allgemeinbildenden Schulwesens erfolgt in Deutschland die Aufteilung der Schüler meist nach der vierten – in manchen Bundesländern nach der sechsten Klasse – in die Schulformen Hauptschule, Realschule und Gymnasium sowie Gesamtschule und weitere Formen der Sekundarschulen. Neben diesen drei Schulformen gibt es noch eine Vielzahl von Sonder- und Förderschulen, die selbst wieder differenzierte Lernangebote für Schüler mit unterschiedlichstem Förderbedarf anbieten. Als weiterer Bereich innerhalb der interschulischen Dimension fällt die Vielgestaltigkeit des berufsbildenden Sektors mit Berufsschulen, Berufsfachschulen, Fachoberschulen und vielen weiteren mehr (Brenner 2006) in den Blick. Die durch die PISA-Studie in die Kritik geratene frühe Selektion bzw. auch die Dreigliedrigkeit des deutschen Schulwesens lässt (insbesondere im Hinblick auf die skandinavischen Vorbilder) die Gesamtschuldiskussion wieder aufleben (Oelkers 2006).

Maßgebend in diesem Zusammenhang ist die Einteilung nach Jahrgangsklassen, auch eine Form der äußeren Differenzierung, die schon unter anderem in der Reformpädagogik von Peter Petersen kritisiert und in den Jenaplan-Schulen aufgelöst wurde. Gegenwärtig gibt es in vielen Bundesländern im Grundschulbereich, insbesondere in den Stufen 1/2 Modelle jahrgangsübergreifenden Unterricht (z.B. flexible Schuleingangsphasen in Brandenburg).

4.2.2 Intraschulische Dimension

Die intraschulische Dimension bezeichnet alle Maßnahmen, die innerhalb einer Schule erfolgen und organisatorischer Art sind. So gibt es Einteilungen nach Schulleistung wie das *streaming* das eine Zuweisung von Schüler/innen nach insgesamter Schulleistung (in den Kernfächern) für einen begrenzten Zeitraum vorsieht (A-,B-,C-Kurse für hohes, mittleres und niedriges Leistungsniveau). Eine andere Form ist das *setting*, das eine Zuweisung eines Schülers nach jeweiliger Leistung in einem Kernfach in einen A-, B- oder C-Kurs vorsieht. Bei der flexiblen Differenzierung werden die Schüler aufgrund ihres Leistungsniveaus bei einzelnen Unterrichtseinheiten bestimmten Gruppen oder Kursen zugewiesen, einem Verfahren, das man überwiegend im Gesamtschulbereich antrifft (Schittko 1975).

Weitere Einteilungen im Rahmen der intraschulischen Dimension erfolgen nach Wahl, Neigung oder Interesse bzw. auch einem bestimmten Förderbedarf. Dies sind alle Formen von Wahlfächern (z. B. mathematisch-naturwissenschaftlicher oder auch naturwissenschaftlich-technischer Zweig in einer Schule), Arbeitsgemeinschaften (Chor, Theater, Schulsportgruppen etc.), Einteilung nach Geschlecht (z.B. zeitweise monoedukativer naturwissenschaftlicher Unterricht zur Förderung insbesondere von Mädchen im Sinne der reflexiven Koedukation), Religionsunterricht oder auch spezifischem Förderunterricht (Sprachförderung von Migrantenkindern, Förderstunden überwiegend im Primarbereich).

4.2.3 Schulprofildimension

Schulen, besonders auch im Privatschulsektor, bieten unterschiedliche Profile an, damit Schüler aufgrund ihrer Neigungen und Begabungen bestimmte Auswahlkriterien haben. Hierunter fallen Schulen mit einem musisch-künstlerischen Profil, mathematisch-naturwissenschaftlich ausgerichtete Schulen, Spezialschulen für Hochbegabte, Schulen mit Sport-Schwerpunkt, konfessionelle Schulen, bilinguale Schulen, Europaschulen, Internationale Schulen usw. Diese Schulprofildimension wird noch verstärkt durch die Profilbildung, die gegenwärtig im Rahmen von Schulentwicklungsmaßnahmen in Deutschland geschieht (Korinek 2000).

4.2.4 Aktuelle Tendenzen

Vielfältige Ursachen und Erkenntnisse führen gegenwärtig zu einem Umbau des deutschen Schulsystems was sowohl zu einer Erweiterung der äußeren Differenzierung führt als auch zu einer Neuorientierung im Hinblick auf die innere Differenzierung. Auf drei Maßnahmen soll an dieser Stelle hingewiesen werden: die Gemeinschaftsschule als neuen Schultyp, die Lerngestaltung der Sekundarstufe I im Haupt- und Realschulbereich sowie die Inklusionsdebatte.

Im Zuge der Forderung nach einem längeren gemeinsamen Lernen sind in mehreren Bundesländern (insbesondere Schleswig-Holstein) Gemeinschaftsschulen entstanden. Am Beispiel von Schleswig-Holstein – hier werden bereits seit 2007 Gemeinschaftsschulen eingeführt – soll dies kurz erläutert werden. In den Gemeinschaftsschulen in Schleswig-Holstein sollen die Schüler bis zur 10. Klasse gemeinsam lernen. Sie bieten die Abschlüsse von Haupt- und Realschule sowie den Übergang zur gymnasialen Oberstufe an, die sie auch selbst einrichten können.

Die Schüler werden nach den Anforderungsebenen der Haupt- und der Realschule wie auch des Gymnasiums durch innere Differenzierung unterrichtet (Jungmann 2008; Landesverordnung 2007):

1. gemeinsamer Unterricht in den Klassen 5 und 6,
2. unterschiedliche Formen und Angebote der Differenzierung und längeres gemeinsames Lernen ab Klasse 7,
3. in der Übergangsphase: enges Kooperationsverhältnis der „traditionellen" Bildungsgänge und ein großer schulartenübergreifender Teil des Unterrichts,
4. die abschlussbezogenen Ausprägungen entsprechend den Vorgaben der Kultusministerkonferenz sind gewährleistet,
5. gleiche Leistungsanforderungen wie an den Schulen des gegliederten Schulwesens
6. zentrale Abschlussprüfungen,
7. Unterricht durch Lehrkräfte aller Schularten,
8. durchschnittliche Jahrgangsgröße mindestens 50 Schüler,
9. Gemeinschaftsschulen sind grundsätzlich offene Ganztagsschulen.

Eine weitere schulorganisatorische Maßnahme, die zu einer Änderung der deutschen Schullandschaft führt und somit auch zu einem neuen Erscheinungsbild innerhalb der äußeren Differenzierung stellt die Zusammenlegung von Haupt- und Realschule dar, wie sie vielfach bereits erfolgt ist. Während in den neuen Bundesländern bereits seit der Wende Sekundar- bzw. Mittelschulen bestehen und in den 1990er Jahren in Rheinland-Pfalz mit den Regionalschulen ein weiterer Schultyp aufgekommen ist, der Haupt- und Realschulniveau vereinigt, geht mittlerweile in fast allen Bundesländern die Tendenz dahin, Haupt- und Realschule als Schulform zusammenzulegen und sei es gegenwärtig noch als Schulversuch wie in Baden-Württemberg oder Hessen.

Die dritte wesentliche Änderung im deutschen Schulsystem stellt die Inklusion dar. Mit der Unterzeichnung der UN-Behindertenkonvention im Jahr 2009 durch die Bundesrepublik Deutschland ist eine Umgestaltung des Schulwesens in seiner inneren und seiner äußeren Struktur verbunden. Dies bedeutet auf der schulorganisatorischen Ebene, dass entsprechende Maßnahmen wie neue Organisation der Klassenzusammensetzung, Teamteaching mit sonderpädagogischen Fachkräften sowie Ausbau eines Förderangebots an der Regelschule eingeführt werden. Jedoch hat dies auch Konsequenzen für die Unterrichtsebene, da sich Lehrkräfte hier insbesondere der Differenzierung bzw. der Individualisierung stellen müssen. Differenzierung bekommt hier einen für die Lehrer- wie die Schülerseite zentralen sinnstiftenden Charakter, da sich Kinder in einer Klasse befinden, die sich zwischen hochbegabt und lernbehindert bewegen (Graumann 2002; Boban & Hinz 2007; Heimlich 2011) und somit erst ein differenzierter Unterricht es den Lehrkräften ermöglicht zum einen dem entsprechenden Förderbedarf gerecht zu werden und zum anderen ein positives Lernklima aufzubauen in dem Unterricht in einer derart heterogenen Lerngruppe ein effektives Lernen gewährleistet.

4.3 Innere Differenzierung

Klafki schreibt zur inneren Differenzierung: „Wenn Unterricht jeden einzelnen Schüler optimal fördern will, wenn er jedem zu einem möglichst hohen Grad von Selbsttätigkeit und Selbständigkeit verhelfen und Schüler zu sozialer Kontakt- und Kooperationsfähigkeit befähigen will, dann muß er im Sinne Innerer Differenzierung durchdacht werden." (Klafki 1996, S. 181)

Dieses Durchdenken des Unterrichts bedarf Entscheidungen der Lehrkraft in vielfältiger Hinsicht. Diese Vielfalt wendet sich gerade gegen den zu Beginn beschriebenen Drang nach Homogenisierung. Nicht Gleichmacherei und auch keine unbedingte Gleichbehandlung sind erforderlich, denn so Seibert: „Das *Erziehungsprinzip* Differenzierung fordert geradezu von jedem Lehrer, jeden Schüler ungleich zu behandeln, und zwar nicht nur in didaktisch-methodischer Hinsicht,

sondern auch bezüglich der Wahl der Erziehungsziele und der Erziehungsmittel." (Seibert 2003, S. 99)

Der Grad der Ungleichbehandlung richtet sich nach den gegebenen Bedingungen in einer Klasse. Für die Lehrkraft bedeutet dies auch, dass sie über diagnostische Kenntnisse verfügen muss (Saalfrank 2008), um die entsprechenden, für die betreffende Lerngruppe angemessenen Differenzierungsmaßnahmen ergreifen zu können. Auf Diagnoseinstrumente kann hier nicht eingegangen werden, verwiesen werden soll hier auf drei Literaturtipps zum Thema:

• Kirk, S. (2005). Beobachtungsbögen – Diagnostische und didaktische Instrumente der Förderung – Fremd- und Selbstbeobachtung als Voraussetzung für die Akzeptanz von Fördermaßnahmen. *Schulverwaltung Spezial, 3,* 20-23.
• Nuding, A. ([2]2006). *Beurteilung durch Beobachten. Gewinnung diagnostischer Informationen als Grundlage für Beurteilung.* Baltmannsweiler.

Der Lehrende muss viel über seine Schüler wissen, über ihr soziales Milieu, über ihre individuellen Fähigkeiten und Fertigkeiten und anderes mehr, bevor die jeweiligen Differenzierungsmaßnahmen ausgewählt werden.

Im Rahmen der inneren Differenzierung können nun vier Dimensionen ausgemacht werden, eine schulorganisatorische Dimension, eine didaktische Dimension, eine Unterrichtsdimension und eine Kompetenzdimension, um die sich dann jeweils die verschiedenen Maßnahmen und Folgen der Differenzierung gruppieren Diese vier Dimensionen, die leicht modifiziert im Anschluss an Paradies & Linser (Paradies & Linser 2001) formuliert sind, werden im folgenden kurz skizziert.

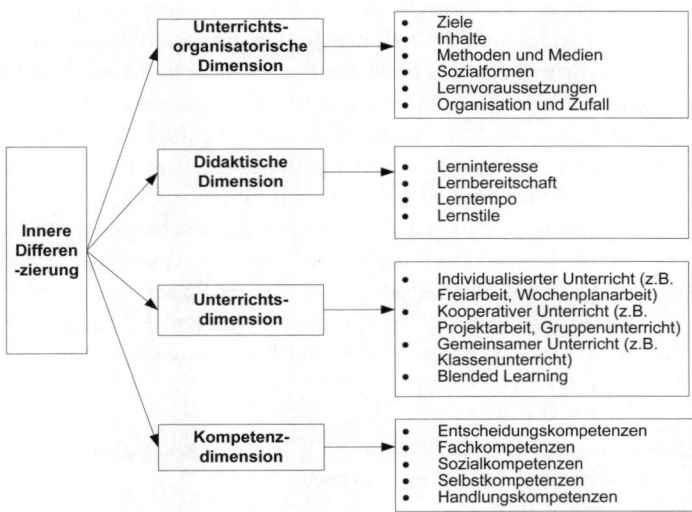

Abb. 2: Dimensionen der inneren Differenzierung

In den folgenden Kapiteln werden die den Dimensionen zugeordneten Differenzierungsformen bzw. Differenzierungskonsequenzen in Grafiken dargestellt, die mit kurzen erklärenden und einführenden Sätzen diese jeweils beschreiben. In Kapitel 4 wird dann ein Differenzierungsmodell, angelehnt an Paradies & Linser, versehen mit den entsprechenden dazugehörigen Differenzierungsmöglichkeiten, dargestellt. Im Gegensatz zu Paradies & Linser wird im Folgenden der Terminus der Dimension verwendet, da die einzelnen Bereiche des Modells als Dimensionen der Differenzierung gesehen werden.

4.3.1 Unterrichtsorganisatorische Dimension[5]

Die unterrichtsorganisatorische Dimension besagt, dass Lerngruppen oder auch einzelne Schüler bezüglich bestimmter Kriterien durch den Lehrer gruppiert werden. Diese Gruppierungen können, je nach der vorherrschenden Situation, in der die einzelnen Maßnahmen ergriffen werden, wechseln. Präferenzen und Grenzen der einzelnen Maßnahmen werden durch den Lehrer gesetzt, der einmal durch seine Kenntnisse über die Lerngruppe, durch bestimmte Vorlieben, die in seiner Lehrerpersönlichkeit begründet liegen, aber auch durch Bindungen an das jeweilige Schulcurriculum bzw. allgemein an Lehrplanvorgaben sein unterrichtliches Handeln ausrichtet.

4.3.1.1 Differenzierung nach Zielen[6]. Zielvorgaben gibt es viele: Ziele, die sich aus Schulgesetzen, Lehrplänen, aus der jeweiligen Schulform, aus der Zusammensetzung der Klasse, durch Bildungsstandards oder auch durch Lernziele im Unterricht ableiten lassen. Die hier vorgeschlagenen Differenzierungsmöglichkeiten können sich einmal auf Maßnahmen innerhalb einer Klasse, aber auch innerhalb einer Schulstufe bzw. innerhalb der Einzelschule beziehen. Dies hängt von der jeweiligen Situation der Schule bzw. auch der Kooperationsfähigkeit innerhalb eines Kollegiums ab. Ein Lehrer kann sowohl innerhalb seiner Klasse zieldifferenziert arbeiten und sowohl Gruppen mit homogenen als auch heterogenen Zielen zusammenstellen bzw. es können auch klassen- oder jahrgangsübergreifende Gruppen gebildet werden, die die gleichen Ziele verfolgen.

Zieldifferenziertes Arbeiten, das auf unterschiedliche Schulabschlüsse hinwirkt, ist zum Beispiel in der integrativen Form der Thüringer Regelschule gegeben, in der Haupt- und Realschüler gemeinsam unterrichtet werden. Ab Klasse 7 wechselt sich hier gemeinsames Lernen mit Kursen zur Förderung der Schüler je nach angestrebtem Schulabschluss ab.

---

5 Paradies & Linser verwenden den etwas irreführenden Begriff der schulorganisatorischen Differenzierung, der hier verändert wurde, denn Bezugspunkt der in dieser Dimension behandelten Maßnahmen ist immer der Unterricht und nicht die Schule.

6 Bei Paradies & Linser vermischen sich hier Aspekte, die einerseits zur Inneren Differenzierung gehören anderseits aber den bereits geschilderten intraschulischen Bereich berühren.

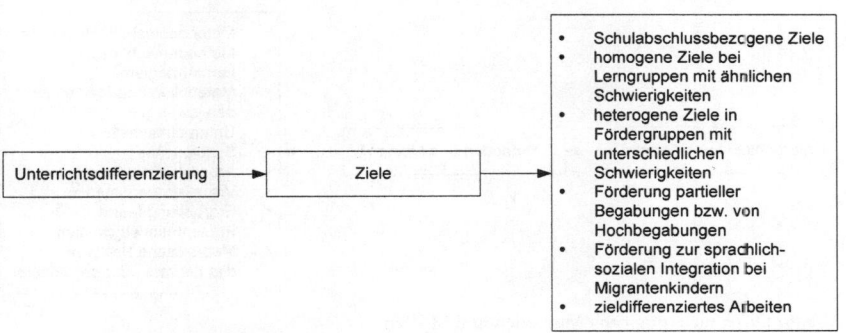

Abb. 3: Differenzierung nach Zielen

4.3.1.2 Differenzierung nach Inhalten. Eine Differenzierung nach Inhalten kann entweder themenbezogen oder nach dem Grad der Individualisierung variieren. So kann eine Lehrkraft in ihrer Klasse einmal themendifferente Inhalte anbieten, was sich zum Beispiel im Rahmen von Freiarbeit ergibt (z. B. in der Themenbörse [7]) oder auch themengleiche Inhalte, z. B. in der Gruppenarbeit. Individualisierte Aufgabenstellungen ergeben sich beispielsweise bei der Integration von Migrantenkindern in der Klasse, die je nach ihrem Sprachniveau unterschiedliche Aufgaben im Vergleich zur übrigen Klasse erhalten.

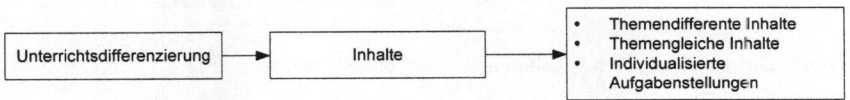

Abb. 4: Differenzierung nach Inhalten

4.3.1.3 Differenzierung nach Methoden und Medien. Unterrichtsdifferenzierung, die über die spezifische Auswahl von Medien und Materialien geschieht, ist äußerst vielfältig und kann in den verschiedensten Unterrichtsformen bzw. Unterrichtssituationen Anwendung finden. Je nach Unterrichtseinheit oder auch je nach den einzelnen Schülern einer Klasse mit ihren unterschiedlichen Bedürfnissen sowie den je eigenen methodischen Überlegungen der Lehrkraft zur Erarbeitung bzw. Präsentation des Themas können differenzierende Maßnahmen ergriffen werden.

---

7 „Die Themenbörse stellt die freieste Form individualisierter Arbeit dar (…). Sie führt Angebot und Nachfrage von schülerrelevanten Themen in einer Marktplatzsituation zusammen, in der eine Palette von für Schüler interessanten Themen zur Bearbeitung angeboten wird." (Paradies & Linser 2001, S. 94 ff)

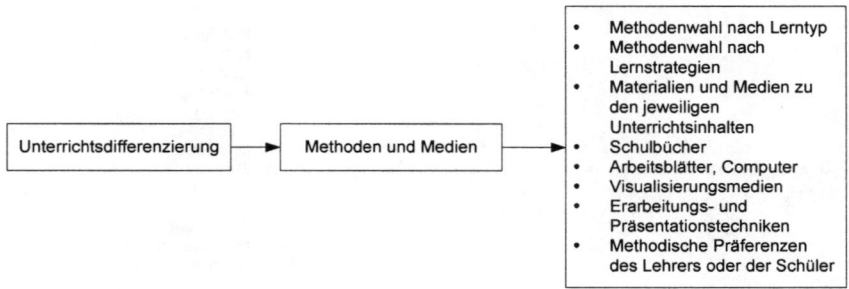

Abb. 5: Differenzierung nach Methoden und Medien

4.3.1.4 Differenzierung nach Sozialformen. Die Wahl der Sozialformen als Möglichkeit der Differenzierung ist ebenfalls abhängig von der jeweiligen Situation in einer Klasse bzw. auch bedingt durch ein besonderes Thema oder wenn klassen- und jahrgangsübergreifend gearbeitet wird, von den jeweiligen Bedingungen, die an der betreffenden Schule vorherrschen.

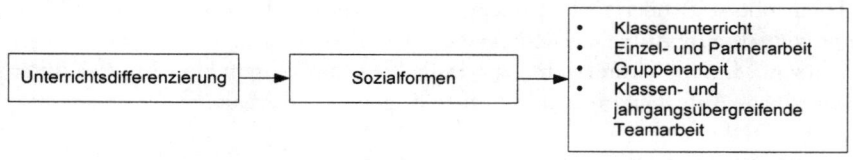

Abb. 6: Differenzierung nach Sozialformen

Gerade in jahrgangsübergreifendem Unterricht sind vielfältige Differenzierungsformen möglich und vielfältige Methoden einsetzbar:
• Christiani, R. (Hrsg.) (2005). *Jahrgangsübergreifend unterrichten. Ziele, Erfahrungen, Organisieren, Informieren, Differenzieren, Beurteilen.* Frankfurt a. M.
• Herzig, S. & Lange, A. (2006). *So funktioniert jahrgangsübergreifendes Lernen.* Mühlheim a. d. Ruhr.

4.3.1.5 Differenzierung nach Lernvoraussetzungen. Die Lernvoraussetzungen, die man innerhalb der einzelnen Klassen antreffen kann, sind ein äußerst relevanter Faktor für Differenzierungsentscheidungen, die eine Lehrkraft treffen kann. Die in der Grafik dargestellten verschiedenen Lernvoraussetzungen zeigen die wesentlichen Aspekte, nach denen Lerngruppen gebildet werden können. Auch hier können sowohl innerhalb des Klassenunterrichts als auch klassenübergreifend entsprechende Maßnahmen erfolgen.

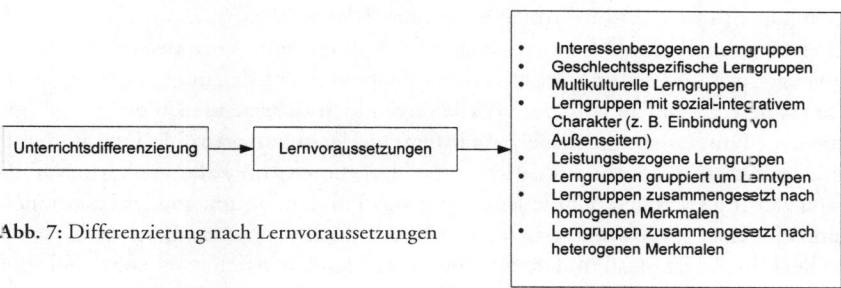

Abb. 7: Differenzierung nach Lernvoraussetzungen

4.3.1.6 Differenzierung nach Organisation und Zufall. Differenzierungsmaßnahmen ergeben sich einmal aus der bewussten Organisation des Lehrenden, d.h. es kann bewusst eine bestehende Sitzordnung verwendet oder eine Gruppenbildung bewusst herbeigeführt werden. Zum anderen ist aber auch der Faktor Zufall eine Möglichkeit. Durch Zufall können sich Lerngruppen oder auch Sitzordnungen ergeben, die dann bewusst als Differenzierungsmaßnahme genutzt werden.

Abb. 8: Differenzierung nach Organisation und Zufall

4.3.2 Didaktische Dimension

Bei der didaktischen Dimension richten sich alle Differenzierungsmaßnahmen nach dem jeweiligen individuellen Lernen der Schüler einer Klasse. So können sich hier Maßnahmen zur Differenzierung aus dem jeweiligen Lerninteresse, der jeweiligen Motivation, dem individuellen Lerntempo oder auch den individuellen Lernstilen ergeben, die in der Unterrichtsplanung bzw. Unterrichtsgestaltung berücksichtigt werden können, wobei die didaktische Dimension generell sehr eng verbunden ist mit dem Prinzip der Motivierung. Das heißt, dass je nach dem, welches Material für welche/n Schüler/in bzw. Lerngruppe ausgewählt und dann in Abhängigkeit gesetzt wird zu Lerninteresse, Motivation, Lerntempo und Lernstilen, eine intrinsische Motivation und somit auch ein Lernerfolg erzielt werden kann (Seibert 2003, S. 112).

In den Aspekt Differenzierung nach Lerntempo (der zum Bereich der leistungsbezogenen Differenzierung gezählt werden kann, Wiater 2001, S. 35) gehört auch die Unterscheidung von qualitativer (also Auswahl der Aufgaben nach dem Schwierigkeitsgrad) und quantitativer Differenzierung (die zu bearbeitende Menge der Aufgaben). In dieser Form der Differenzierung wird nach dem

Fundamentum-Additum-Prinzip gearbeitet (Klafki 1996, S. 183 f.).[8]
„Leistungsbezogene Differenzierung erfolgt durch eine Gruppenarbeit, die in quantitativer und qualitativer Hinsicht aufgabenverschieden oder arbeitsteilig ist. Im erstgenannten Fall wird der für alle verbindlich zu lernende Unterrichtsgegenstand (= Fundamentum) nach Arbeitstempo, Darstellungsart, Umfang und ggf. mit spezifischen Lernhilfen differenziert dargeboten; im Falle qualitativer Differenzierung erledigen Schüler nicht nur das Fundamentum, sondern zusätzlich ein Additum, das sowohl vertiefend (d.h. komplexer und komplizierter) als auch weiterführend ist, das Fundament einer folgenden Unterrichtssequenz dabei aber nicht vorwegnehmen darf." (Wiater 2001, S. 35; Seibert 2003 S. 114 ff.)
Die Gefahr hierbei besteht darin, dass die Spanne zwischen leistungsstarken und leistungsschwachen Schülern auseinanderklafft (Wiater spricht hier vom so genannten „Schereneffekt", Wiater 2001, S. 38). Klafki bemerkt zu diesem Problem: „Zweifellos birgt jede Differenzierung nach Fundamentum und Additum die Gefahr neuer Verfestigungen in sich. Eine Weiterentwicklung des Prinzips muß sich tendenziell immer an dem (nur scheinbar paradoxen) Ziel der Aufhebung dieser Differenzierung orientieren, d.h. an dem Ziel, die Durchlässigkeit zwischen Fundamentum und Additum so groß wie möglich zu machen, alle Kinder zu motivieren, über die Fundamentum-Stufe hinauszukommen und ihnen entsprechende Hilfen zur Verfügung zu stellen." (Klafki 1996, S. 184)
Da die Inhalte in den folgenden Differenzierungsmaßnahmen innerhalb der didaktischen Dimension für sich sprechen, werden die nachfolgend aufgeführten Schaubilder nicht weiter erörtert.

4.3.2.1 Differenzierung nach Lerninteresse

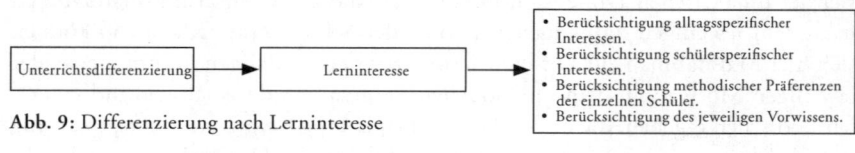

Abb. 9: Differenzierung nach Lerninteresse

4.3.2.2 Differenzierung nach Motivation

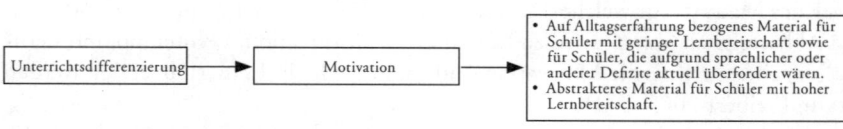

Abb. 10: Differenzierung nach Motivation

---

8 Auch beim zieldifferenzierten Arbeiten bietet sich sowohl innerhalb der Klasse als auch in klassenübergreifenden Formen die Arbeit mit Fundamentum und Additum an.

4.3.2.3 Differenzierung nach Lerntempo

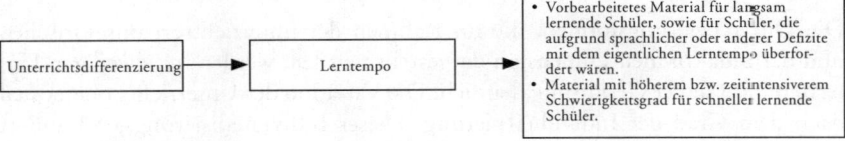

| Unterrichtsdifferenzierung | → | Lerntempo | → | • Vorbearbeitetes Material für langsam lernende Schüler, sowie für Schüler, die aufgrund sprachlicher oder anderer Defizite mit dem eigentlichen Lerntempo überfordert wären.
• Material mit höherem bzw. zeitintensiverem Schwierigkeitsgrad für schneller lernende Schüler. |

Abb. 11: Differenzierung nach Lerntempo

4.3.2.4 Differenzierung nach Lernstilen/Lernpräferenzen

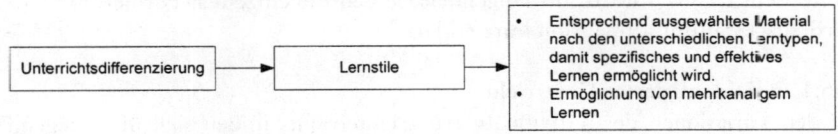

| Unterrichtsdifferenzierung | → | Lernstile | → | • Entsprechend ausgewähltes Material nach den unterschiedlichen Lerntypen, damit spezifisches und effektives Lernen ermöglicht wird.
• Ermöglichung von mehrkanaligem Lernen |

Abb. 12: Differenzierung nach Lernstilen/Lernpräferenzen

4.4 Balance zwischen Fordern und Fördern

Im Rahmen der didaktischen Dimension wird vor allem der Aspekt deutlich, dass eine Balance zwischen Fordern und Fördern im Unterricht hergestellt werden muss. Blickt man auf die einzelnen Differenzierungsmaßnahmen, die hier aufgeführt sind, heißt dies dass lernschwächere Kinder oder Kinder, die in irgendeiner Weise einen Förderbedarf haben durch die Lehrkraft vorstrukturierte Materialien benötigen, damit sie einmal nicht überfordert werden und somit motiviert arbeiten bzw. auch damit sie aus ihrem aktuellen Lerndefizit heraus ihr Tempo finden können.

Fördern muss aber auch bedeuten, dass das Materialangebot so ausgewählt wird, dass es keinen Verbleib auf einem bestimmten Niveau gibt, sondern dass das Niveau und die Anstrengungsbereitschaft sich ständig erhöhen, um die Kinder von einer elementaren Grundbildung zur Bewältigung komplexer Aufgaben zu führen (von Cube 1991). Damit ist auch eine Konkretisierung bzw. Erweiterung der Differenzierungsmaßnahmen von Paradies & Linser bei den Punkten Motivation bzw. Lerntempo gegeben. Denn ein vorstrukturiertes Material zielt nicht nur auf Kinder mit einer geringen Lernbereitschaft ab, sondern ist auch für Kinder sinnvoll: die beispielsweise durch nicht muttersprachlicher Herkunft ein aktuelles Defizit aufweisen, jedoch über eine hohe Lernbereitschaft verfügen. Diese hohe Lernbereitschaft kann jedoch durch ein nicht vorstrukturiertes Material blockiert werden, was zu einer Minderung der Motivation führen kann.

4.5 Unterrichtsgestaltungsdimension

Die Differenzierungsformen, die im Rahmen der unterrichtsorganisatorischen und der didaktischen Dimension dargestellt wurden, werden im jeweiligen Unterricht und seiner Gestaltung deutlich. Die Variation des Unterrichts richtet sich nach dem Grad der Individualisierung. Dieser Individualisierungsgrad äußert sich in der Form des Unterrichts und in den Maßnahmen, die ergriffen werden bzw. auch in der Lenkung durch den Lehrer, d.h. dass die Lehrerlenkung bei Formen des individualisierten Unterrichts sehr gering ist, beim gemeinsamen Unterricht dagegen hoch. Im Folgenden werden die einzelnen Formen der Unterrichtsgestaltungsdimension kurz erklärt.

4.5.1 Individualisierter Unterricht

In den Variationen des individualisierten Unterrichts finden sich überwiegend Formen der Einzelarbeit, die jedoch nicht zwingend sein muss, da auch Partner- oder Kleingruppenarbeit, je nach Thema bzw. methodischem Vorgehen der Lehrkraft möglich sind. Wichtige Merkmale sind Selbststrukturierung bzw. Selbststeuerung der Lernprozesse, die nur minimal vom Lehrer gelenkt werden sowie Selbstverantwortung für das eigene Lernen. Die Rolle der Lehrkraft verändert sich hier sehr stark hin zum Berater bzw. Moderator der Lernprozesse. Individualisierung als Höchstform der Differenzierung (im Rahmen des klassengebundenen Unterrichtens) ist in diesen Unterrichtsformen bereits der Teil Konzeption. „Zusätzliche, aufwändige Differenzierungsmaßnahmen von Seiten des Lehrers sind im Regelfall nicht notwendig, die Individualisierung und Spezifizierung erfolgen gleichsam automatisch auf Grund der Interessen und Kompetenzen jedes einzelnen Schülers, der sich aus den vorgegeben Inhalten dasjenige heraussucht, das er unter Einsatz der eigenen methodischen Fähigkeiten bearbeiten möchte." (Paradies & Linser 2001, S. 46)
Zu den Variationsformen des individualisierten Unterrichts (ebd., S. 51 ff.) zählen u.a. alle Formen der Freiarbeit (Themenbörse, Lerntheke etc.), Werkstattarbeit, Stationenarbeit/Lernzirkel, Planarbeit (Tagesplan, Wochenplan, Jahresplan).

4.5.2 Kooperativer Unterricht

Innerhalb des kooperativen Unterrichts ist die Lehrerlenkung schon höher als beim individualisierten Unterricht. In dieser Form arbeiten „Schülergruppen gemeinsam in einem verabredeten Zeitrahmen ohne die direkte Kontrolle durch den Lehrer an einer Aufgabe." (ebd. S. 65) Wenn hierbei die Planung durch Lehrer und Schüler gemeinsam erfolgt, wird auch die Verantwortung für den Lernerfolg geteilt. Der Lehrer ist auch hier beim Arbeiten eher Berater. „Im kooperativen Unterricht erfolgt die Differenzierung durch Bildung von Gruppen nach unterschiedlichen didaktischen, methodischen, pädagogischen oder prag-

matischen Prinzipien." (ebd. S. 47) Wichtige Formen, die in den Bereich des kooperativen Unterrichts gehören, sind Projektarbeit, Theaterarbeit, Zukunftswerkstatt, Schulfeste und Schulfeiern, Klassenfahrten (ebd. S. 65 ff).

Ein weiteres interessantes Konzept in diesem Zusammenhang bildet das Konzept des „Wechselseitigen Lehrens und Lernens" (WELL). Hierunter „werden kooperative Lernformen bezeichnet, bei denen die Lernenden zu Experten für einen Teil des Lernstoffs werden und sich diesen wechselseitig vermitteln. Dabei werden sie durch geeignete Lernvorgaben bei der Aneignung, Weitergabe und Verarbeitung des Lernstoffs unterstützt." (Huber 2005, S. 141) Methoden hierbei sind die Partnerpuzzlemethode, das Lerntempoduett oder die strukturierte Kontroverse (ebd. S. 142 ff; vgl. auch Fischer/Neber 2011, S. 103 ff, die in diesem Zusammenhang kooperatives und kollaboratives Lernen unterscheiden).

4.5.3 Gemeinsamer Unterricht

Im gemeinsamen Unterricht herrscht die höchste Lehrerlenkung vor. Zu diesem Bereich gehört jeder Unterricht, der „über größere Strecken frontal vor der gesamten Klasse oder Lerngruppe abläuft. Er ist vom Lehrer (...) geplant und vorbereitet worden, seine Organisationsstruktur ist straff und eindeutig und die Inhalte sind – bezogen auf das jeweilige Alter und die Lerngruppe – den Schülern weitgehend neu, unbekannt und entsprechend anspruchsvoll." (ebd. S. 77)

Die Differenzierungsmaßnahmen erfolgen innerhalb der Planung des einzelnen Lehrers und werden bewusst in Bezug auf die jeweilige Klasse im Rahmen der in der didaktischen Dimension beschriebenen Maßnahmen Lerninteresse, -tempo und -stil sowie Motivation ausgewählt. Zu diesem Komplex zählen Klassen- und Kursunterricht oder auch Lehrgänge (ebd. S. 77 ff.).

4.5.4 Blended Learning

Der – vor allem aus dem Zusammenhang mit netzwerkbasiertem Lernen bekannte – Begriff des „Blended Learnings" beschreibt in erster Linie die Kombination traditioneller Lehr-Lern-Settings mit computerbasierten Lernphasen. Prominent wurde dieser Begriff in den ersten Jahren des neuen Jahrtausends als Reaktion auf die bislang noch nicht geglückten Versuch, Lernen in den virtuellen Raum zu verlagern, den Lernprozess durch medienbasierte Informationen und Veranschaulichungen zu unterstützen oder sogar, die Funktion des Präsenzlehrers zu ersetzen.

Erinnert sei an dieser Stelle an den bekannten Aufsatz von Keller, der bereits 1968 aufgrund seiner Untersuchungen zum Erfolg programmierten Lernens zu dem Schluss kam: „[Teacher's] ... public appearances as classroom entertainer, expositor, critic, and debater no longer seem important." Allerdings konnte dem E-Learning in seinen Anfangstagen zugeschriebenes Potenzial wie Steigerung der Motivation, des Lernerfolgs oder der Effizienz in der Praxis bislang nicht nachgewiesen werden (Kerres, 2002). Die Gründe dafür sind vor allem in den meist sehr behavioristisch ausgerichteten Umsetzungen („Drill and Practice") zu suchen, die keinen echten Lernanreiz transportieren. Andererseits werden die Potenziale, die dem E-Learning zur Unterstützung des Lehrens und Lernens in den Bereichen Veranschaulichung, Kommunikation und Recherche zugeschrieben werden, in der Literatur als so bedeutsam eingeschätzt, dass die Forschung in diesem Bereich weiterhin sehr intensiv geführt wird. Relativ unbestritten in der Welt des netzwerkbasierten Lernens ist die Forderung, die pädagogisch-didaktischen Ansprüche als federführend für die Entwicklung neuer Angebote zu sehen (Baumgartner, 2003, Reinmann-Rothmeier, Vohle & Adler, 2003). Blended Learning verknüpft dabei die Stärken traditioneller Lernformen des Präsenzlernens (klassen- bzw. kursgebundener Unterricht unter Einbeziehung verschiedener Methoden und Sozialformen) mit der Flexibilität und den Differenzierungsmöglichkeiten des E-Learnings. Dadurch kann eine große Variabilität an Lernformen ermöglicht werden, die einerseits Autonomie und Adaptivität für Lehrende und Lernende bedeuten, aber auch wichtige Aspekte des Lernens unterstützt, die durch rein netzwerkbasierte Lernangebote nur mit großem Aufwand umgesetzt werden können (Wiepcke 2006; Sauter & Sauter 2002). Dazu zählt beispielsweise die Wissenskommunikation, die soziale Präsenz oder die Interaktion über Lernfortschritte und Lernprozesse.

4.6 Kompetenzdimensionen als Differenzierungskonsequenzen

Bestimmte Differenzierungsmaßnahmen führen zu bestimmten Differenzierungskonsequenzen, die je nach dem Grad der Individualisierung der oben dargestellten Unterrichtsformen variieren. Diese Differenzierungskonsequenzen stellen sich für den einzelnen Schüler in Form von zu erwerbenden Kompetenzen dar.[9]

Der Kompetenzbegriff, der hier zugrunde gelegt wird, richtet sich nach Erpenbeck & Heyse. Sie formulieren eine für die gegenwärtige Diskussion sehr umfassende Definition des Kompetenzbegriffs: „Kompetenzen sind Selbstorganisationsdispositionen des Individuums. Was wird vom Individuum selbst organisiert? In der Regel Handlungen, deren Ergebnisse aufgrund der Komplexität des Individuums, der Situation und des Verlaufs (System, Systemumgebung, System-

---

9 Paradies & Linser haben den einzelnen Maßnahmen, die im Rahmen der Unterrichtsorganisationsdimension dargestellt wurden, jeweils eine Kompetenz zugeordnet, jedoch ohne diese genauer auszuführen. Außerdem bleibt anzumerken, dass bei Paradies & Linser in der Darstellung der Kompetenzen die Trennschärfe fehlt, so dass hier nur sehr eingeschränkt auf diesen Ansatz zurückgegriffen wird. Den in Kap. 3.1.1 beschriebenen Differenzierungsmaßnahmen nach Zielen haben Paradies & Linser die Entscheidungskompetenz zugeordnet, die jedoch sehr vage erscheint und hier nicht berücksichtigt wird.

dynamik) nicht oder nicht vollständig voraussagbar sind. Die unterschiedlichen Dispositionen (Anlagen, Fähigkeiten, Bereitschaften), eben diese Handlungen selbstorganisiert auszuführen, bilden unterschiedliche Kompetenzen.' (Erpenbeck & Heyse 1999, S. 157) Kompetenzen sind somit langfristig angelegt, werden im Individuum über die Zeit hinweg als Dispositionen aufgebaut und unterscheiden sich auch von Individuum zu Individuum.

Im Folgenden werden die einzelnen Kompetenzen in Anlehnung an Erpenbeck & Heyse dargestellt. Zusammenfassend lässt sich sagen: Je höher der Grad der Individualisierung in der jeweiligen Unterrichtsform ist, desto stärker ist auch die Selbstorganisationsdisposition im Individuum ausgebildet.

4.6.1 Fachkompetenzen

Fachkompetenz (oder auch Sachkompetenz) bezeichnet „die Dispositionen, geistig selbstorganisiert zu handeln, d.h. mit fachlichen Kenntnissen und fachlichen Fähigkeiten kreativ Probleme zu lösen, das Wissen sinnorientiert einzuordnen und zu bewerten." (ebd. S. 157)

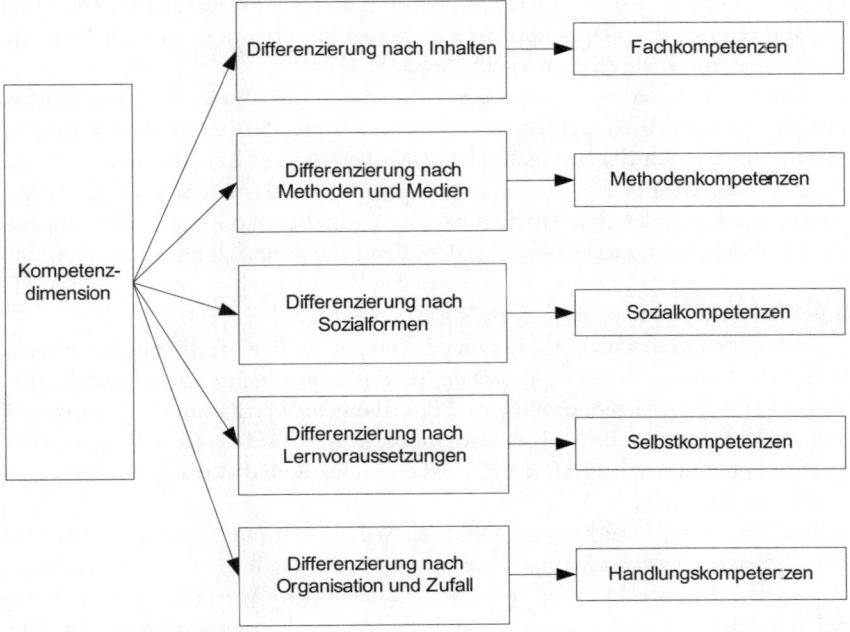

Abb. 14: Kompetenzdimensionen

Der Erwerb von Fachkompetenz ist der Differenzierung nach Inhalten zugeordnet, d.h. dass, gleich ob sich der Schüler Wissen, Fähigkeiten und Fertigkeiten in offenen, individualisierten oder in geschlossenen, gelenkten Unterrichtsformen aneignet, die jeweilige Fachkompetenz gestärkt und erweitert wird.

4.6.2 Methodenkompetenzen

Methodenkompetenzen sind „die Dispositionen, instrumentell selbstorganisiert zu handeln, d.h. Tätigkeiten, Aufgaben und Lösungen methodisch kreativ zu gestalten und von daher auch das geistige Vorgehen zu strukturieren." (ebd. S. 157)

Methodenkompetenz wird im Rahmen von Differenzierung erworben, entweder durch eine bewusste Methodenwahl seitens der Schüler oder auch durch bewussten Methodeneinsatz durch den Lehrer, wobei die jeweiligen methodischen Präferenzen im Zentrum stehen. Unterstützt wird der Erwerb von Methodenkompetenz durch die Wahl bzw. den Einsatz bestimmter Medien und Materialien.

4.6.3 Sozialkompetenzen

Unter Sozialkompetenz versteht man „die Dispositionen, kommunikativ und kooperativ selbstorganisiert zu handeln, sich mit anderen kreativ auseinander- und zusammenzusetzen, sich gruppen- und beziehungsorientiert zu verhalten, um neue Pläne und Ziele zu entwickeln." (ebd. S. 157)

Mittels Differenzierungsmaßnahmen, die durch die Wahl unterschiedlicher Sozialformen ergriffen werden, wird ein bestimmtes Sozialverhalten gefördert. Gerade auch durch das bewusste Herstellen heterogener Lernverbände (z.B. bei Partner- oder Gruppenarbeit oder im jahrgangs- und klassenübergreifenden Projektunterricht) findet eine Auseinandersetzung und ein kommunikativ-kooperatives Handeln statt, das letztendlich dem Erwerb von Sozialkompetenz dient.

4.6.4 Selbstkompetenzen

Selbstkompetenzen (auch als Personale Kompetenz bzw. Individualkompetenz bezeichnet) umfasst „die Dispositionen, reflexiv selbstorganisiert zu handeln, d.h. sich selbst einzuschätzen, produktive Einstellungen, Werthaltungen, Motive und Selbstbilder zu entwickeln, eigene Begabungen, Motivationen, Leistungsvorsätze zu entfalten und sich im Rahmen der Arbeit und außerhalb kreativ zu entwickeln und zu lernen." (ebd. S. 157)

Indem der Lehrer Lerngruppen bildet, die sich auf Grund bestimmter meist individueller Lernvoraussetzungen zusammensetzen – wie Interesse, Geschlecht, ethnische Herkunft, Leistung etc. – findet eine positive Verstärkung statt, da die Schüler sich in Bezug auf dieses persönliche Merkmal angenommen fühlen. Dieses Angenommensein trägt gleichsam zum Erwerb und zur Stärkung der Selbstkompetenz bei (Tausch & Tausch 1998, S. 118ff).

4.6.5 Handlungskompetenzen

Nach Erpenbeck & Heyse sind Handlungskompetenzen „die Dispositionen, gesamtheitlich selbstorganisiert zu handeln" (ebd. S. 157). Das bedeutet, dass in der Handlungskompetenz die anderen Kompetenzen integriert werden bzw. werden sollen. Konkret bedeutet dies, dass der Einzelne durch den Erwerb der übrigen Kompetenzen in die Lage versetzt werden soll, handeln zu können.

Selbstorganisiert zu handeln als Merkmal der Handlungskompetenz wird über Differenzierung nach Organisation und Zufall erreicht. Wenn sich entweder bewusst vom Lehrer organisierte Lerngruppen oder solche, die sich aus zufälligen Arrangements ergeben, bilden, werden die Schüler angeleitet, selbst organisiert zu handeln.

Nach Erpenbeck & Heyse umfasst die Handlungskompetenz die anderen Kompetenzen, das bedeutet, nicht die Gruppenbildung befähigt zum Handeln, sondern erst das spezifische differenzierte Arbeiten in der Gruppe. Handlungskompetenz oder mit anderen Worten kompetentes Handeln zeigt sich somit „als selbständiges, selbstverantwortliches, kreatives, selbstorganisierendes und flexibles Treffen von Entscheidungen zur Reduktion von Komplexität (…)" (Vonken 2005, S. 178), was auch Ziel von Differenzierung als Prinzip der Unterrichtsgestaltung ist.

4.7 Differenzierung und Leistungskontrolle

Individualisierung, ob der Grad nun niedrig oder hoch ist, bedarf auch des Überdenkens der Leistungsbeurteilung, dies vor allem, wenn man an das oben erwähnte Zitat von Seibert mit der gebotenen Ungleichbehandlung von Schülern denkt. Ziffernnoten und die alleinige Beurteilung einer Momentaufnahme (was alle Formen der traditionellen Leistungsbeurteilung letztendlich darstellen), die viele unterrichtliche Prozesse bzw. Lernprozesse ausblendet, können im Sinne eines differenzierten Unterrichts so nicht das allein angewendete Verfahren sein. So bemerkt Weinert 1975, das die sichtbarste Reaktionsform der Schule auf die vorfindbare Tatsache interindividueller Unterschiede der Schüler die Notenskala ist. Jedoch können kleinste Niveauunterschiede durch die Notenskala nicht berücksichtigt werden, d.h. sie werden sogar bei der Übertragung auf die Notenskala noch vergrößert. Die Bewertungskriterien verfügen über eine zu geringe Objektivität, Reliabilität und Validität und individuelle Leistungsfortschritte können nicht genügend berücksichtigt werden (Weinert 1975, S. 37). Ähnliches hat 1971 Ingenkamp bereits festgestellt, wenn er von der Fragwürdigkeit der Zensurengebung spricht (Ingenkamp 1971).

In diesem Zusammenhang ist es zunächst wichtig, dass sich die Leistungsbeurteilung von der nach wie vor oft angewandten sozialen Bezugsnorm verabschiedet, bei der die Schüler einer Klasse miteinander verglichen werden bzw. eine Orientierung am Klassendurchschnitt stattfindet. Bei einer veränderten

Leistungsbeurteilung müsste einmal eine *individuelle* Bezugsnorm-Orientierung im Vordergrund stehen, d.h. der zu erreichende Gütestandard wird durch die eigene frühere Leistung des Schülers bestimmt. Lehrer geben ihren Schülern ein individuelles Feedback, statt die Leistungen immer nur im Vergleich mit dem Klassendurchschnitt zu bewerten. Zum anderen ist eine *sachliche* Bezugsnorm-Orientierung von Bedeutung, d.h., der zu erreichende Gütestandard ist durch ein aus sachlichen Erwägungen abgeleitetes Leistungsziel (z. B. ein curricular festgelegtes Ziel bzw. bestimmte Kriterienkataloge) bestimmt (Schiefele 1996; Rheinberg 2004). Bei der sachlichen Bezugsnorm ist es wichtig, dass nur die zu beurteilende Sache betrachtet wird und kein übergeordnetes standardisiertes Kriterium, das wiederum Anlass zu Vergleichen gibt (z. B. Bildungsstandards, Vergleichsarbeiten etc.).

Im Zuge der Entwicklung einer neuen Lernkultur; in der ein differenzierender und individualisierter Unterricht im Zentrum steht und bei der Selbstständigkeit, Eigenverantwortung und die Orientierung an Lernprozessen bzw. dem Lernzuwachs der einzelnen Schüler Berücksichtigung findet, sind andere Formen der Leistungsmessung gefragt (Boenicke u.a. 2004, S. 165f). Formen individualisierter Leistungsmessung, wie Portfolios, Selbstbewertung und wechselseitige Bewertung oder auch die Arbeit mit Lernkontrakten bedürfen bestimmter Kriterien, die gemeinsam festgelegt und vereinbart werden (Winter 2004; Carle 2005, S. 55ff). Diese Kriterien bilden dann die Grundlage, nach denen die Beurteilung erbrachter Schülerleistungen stattfindet. Bei einer individualisierten Leistungsbeurteilung, die gerade auch in heterogenen Lerngruppen angebracht ist, kann den unterschiedlichen Lern- und Entwicklungsständen der Kinder mehr Gerechtigkeit widerfahren. In heterogenen Lerngruppen geht es nicht darum, „das Leistungsniveau den langsam Lernenden anzupassen und schon gar nicht darum, alle SchülerInnen auf ein Mittelmaß einzupendeln – wie es in den scheinbar homogenen Klassen meistens der Fall ist. Es geht ausschließlich darum zu zeigen, wie in heterogenen Lerngruppen auf höchstem inhaltlichen und sozialen Niveau gelernt und gelehrt werden kann", wie es Graumann beschreibt. (Graumann 2002, S. 11)

Eine sinnvolle Möglichkeit bietet unter dem Gesichtspunkt der Differenzierung die Portfolio-Methode. In der gegenwärtigen Diskussion um eine Erneuerung der Schule steht der Name Portfolio für eine neue Lernkultur. Diese neue Lernkultur stellt selbstständiges Arbeiten sowie die Umsetzung eigener Ideen in den Mittelpunkt des unterrichtlichen Handelns und ermöglicht, dass sich die Schüler intensiv mit dem jeweiligen Thema auseinandersetzen.

Ein Portfolio darf nicht verwechselt werden mit einer reinen Sammel- oder Präsentationsmappe, der wichtigste Unterschied liegt im konkreten methodischen Vorgehen. Folgende Merkmale sind für die Portfolioarbeit maßgebend:

1. Der Inhalt des Portfolios und die Entscheidungen hinsichtlich der Auswahl der einzelnen Dokumente sowie die Interaktionen zwischen den Lehrenden und den Lernenden wird durch den jeweiligen Zweck und auch das Ziel der Portfolioarbeit bestimmt. Beide Elemente – Zweck und Ziel – werden in einem individuellen Gespräch vereinbart und verbindlich festgesetzt.

2. Ein Portfolio dient keinem Selbstzweck und muss eingebettet sein in einen entsprechenden Lehr-Lern-Prozess. So ist es wichtig, dass eine konkrete Frage- oder Problemstellung bzw. eine bestimmte Aufgabe festgelegt wird, die jedoch vom Charakter her offen und komplex sein sollte.

3. Die im Eingangsgespräch festgelegten und idealerweise selbstgestellten Ziele sollen durch das Portfolio am Ende dokumentiert und nachgewiesen werden. Wichtigstes Kriterium dieser schriftlich fixierten Ziele im Rahmen eines spezifischen Lehr-Lern-Arrangements sind Transparenz und Einsichtigkeit, d.h. der Lernende muss diese Ziele für sich akzeptieren und ohne Probleme durchschauen können. So wird eine Grundlage geschaffen für die Eigenbeurteilung und die Fremdbeurteilung. Darüber hinaus dienen die verschriftlichten Ziele als roter Faden, der beim Erreichen dieser Ziele hilft.

4. In der Arbeitsphase werden im Hinblick auf die Bearbeitung des komplexen Sachverhalts Dokumente erstellt und gesammelt, die quasi Nachweise zur Rekonstruktion des jeweiligen Lernprozesses sind und deren Vielfältigkeit das zentrale Qualitätsmerkmal darstellt.

5. Zentraler Punkt im Rahmen der Portfolioarbeit bildet die Selbstreflexion als metakognitive Interpretation des eigenen Lernprozesses. Das Portfolio einerseits, aber auch die Reflexion über das Portfolio durch den Schüler andererseits ermöglicht das Nachdenken über das eigene Lernen und über das anschließende Weiterlernen und somit nicht nur die Präsentation von Materialien, die als Antwort auf den zu bearbeitenden Fragekomplex dienen. Eine Selbstreflexion über das eigene Lernen bedeutet auch, eine Selbstkontrolle über Schwächen und Fortschritte beim eigenen Lernen zu bekommen.

6. Wichtig ist auch, dass die Schüler in die Lage versetzt werden, eine Selbsteinschätzung ihres jeweiligen Lernfortschritts vornehmen zu können. Aus diesem Grund sollten neben den jeweiligen Lernzielen auch Standards bzw. Beurteilungsmaßstäbe – auch hier idealerweise in Gesprächen und Absprache mit den Schülern – transparent dargelegt und vereinbart werden.

7. Auch die Evaluation des Lernprozesses ist durch das Portfolio kommunikativ angelegt. Neben Beratungsgesprächen während der Arbeit am Portfolio, die mit anderen Schülern, mit Lehrern und Eltern aber auch mit Experten stattfinden können, ist vor allem das Abschlussgespräch, verbunden mit einer Präsentation des Portfolios, von Bedeutung, da hierbei die vereinbarten Ziele überprüft werden.

Nach Dumke/Häcker/Schallies folgt Portfolioarbeit den Prinzipien Partizipation, Kommunikation und Transparenz, d.h., die Güte eines Portfolioprozesses bemisst sich am Grad der Realisierung dieser drei eng miteinander verbundenen Prinzipien (Dumke, Häcker & Schallies 2003).

Zu Portfolio bzw. zeitgemäßer Leistungsbeurteilung sind folgende Literaturhinweise interessant:
- Häcker, Th. (2006). *Portfolio: ein Entwicklungsinstrument für selbstbestimmtes Lernen. Eine explorative Studie zur Arbeit mit Portfolios in der Sekundarstufe I.* Baltmannsweiler.
- Winter, F. (2004). *Leistungsbewertung. Eine neue Lernkultur braucht einen anderen Umgang mit den Schülerleistungen.* Baltmannsweiler.
- Bostelmann A. (Hrsg.) (2006). *Das Portfolio-Konzept in der Grundschule. Individualisiertes Lernen organisieren.* Mühlheim a. d. Ruhr.
- Wiedenhorn, Th. (2007). *Das Portfolio-Konzept in der Sekundarstufe.* Mühlheim a. d. Ruhr.
- Saalfrank, W.-Th. (2007). Mit Zielvereinbarungen individualisierte Leistungsbeurteilungen gestalten. *Zeitschrift für Bildungsverwaltung* 23 (2), 33-48.

4.8 Modell der Differenzierung

Das auf den nächsten Seiten aufgeführte Modell ergibt sich aus den eben beschriebenen Merkmalen zur Differenzierung und dient zur Analyse der Filmsequenzen. Es lassen sich jeweils immer nur einige der hier aufgeführten Punkte innerhalb der Dimensionen beobachten. Der Vollständigkeit halber wurden auch die Äußere Differenzierung und die Kompetenzen mit aufgenommen, wobei die Analyse dieser Ebenen in der Regel meist nur in der Schule selbst bzw. bei einer genauen Beobachtung von Schülern über einen längeren Zeitraum hinweg möglich sind.

Die bei der Inneren Differenzierung unter A. aufgeführten Dimensionen sind Formulierungen, die dem Modell von Paradies & Linser (2001, S. 36f) angelehnt sind, da bei Paradies & Linser jedoch die Trennschärfe nicht immer gegeben ist, wurden die Formulierungen hier entsprechend modifiziert. Die übrigen Dimensionen sind eigene Wendungen, die z. T. ebenfalls diesem Modell angelehnt sind. Die Formulierungen innerhalb der Kompetenzdimension folgen weitestgehend den Ausführungen bei Erpenbeck & Heyse (Erpenbeck & Heyse 1999, S. 157).

I. Äußere Differenzierung

A. Interschulische Dimension
- Eine äußere Differenzierung wird durch die jeweilige Schulform erreicht.

B. Intraschulische Dimension
- Es findet eine äußere Differenzierung durch streaming statt.
- Es findet eine äußere Differenzierung durch setting statt.
- Es werden Arbeitsgemeinschaften angeboten.
- Einzelne Schüler oder Gruppen werden aufgrund besonderer Merkmale gefördert (Migranten, Gender, leistungsschwache/leistungsstarke Schüler, Religionsunterricht etc.)
- Es werden Wahlfächer angeboten.

C. Schulprofildimension
- Eine äußere Differenzierung wird durch das jeweilige Schulprofil einer Schule erreicht.

II. Innere Differenzierung

A. Unterrichtsorganisatorische Dimension

Differenzierung nach Zielen
- Innerhalb der Lerngruppe entstehen weitgehend leistungshomogene Teilgruppen, mit dem Ziel, unterschiedliche Schulabschlüsse zu erreichen.
- Es werden (leistungs-) homogene Gruppen gebildet, deren Mitglieder ähnliche Schwierigkeiten (z. B. Sprache) bzw. speziell gelagerte Probleme (z. B. Behinderungen) haben, mit dem Ziel, diese zu bewältigen.
- Es werden Kleingruppen gebildet, mit dem Ziel der Förderung partieller und universeller Begabungen (z. B. Hochbegabung).
- Bildung von leistungsheterogenen Gruppen mit dem Ziel der sprachlichen und sozialen Integration von Migranten.
- Mit dem Ziel der Förderung und Stärkung verschiedener integrativer Aspekte entstehen jahrgangs- und klassenübergreifende Lernpatenschaften, Tutorensysteme und Teams.

Differenzierung nach Inhalten
- Themengleicher Unterricht innerhalb einer Klasse, wobei sich jedoch Teilgruppen, die an unterschiedlichen Schwerpunkten arbeiten, bilden können.
- Themendifferenter Unterricht, in dem Teilgruppen verschiedene Einzelaspekte einer Unterrichtseinheit bearbeiten.
- Es findet ein individualisiertes Arbeiten durch entsprechende Aufgabenstellungen statt.

Differenzierung nach Methoden und Medien
- Es werden unterschiedliche Lernpräferenzen (visuell, auditiv oder haptisch) bei der Aufteilung der Klasse berücksichtigt.

- Es entstehen Teilgruppen, die sich durch unterschiedliche Erarbeitungs- und Präsentationstechniken unterscheiden (z.b. mündlich, schriftlich, szenisch).
- Durch die Bereitstellung unterschiedlicher Materialien und Medien können unterschiedliche Gruppen gebildet werden.

Differenzierung nach Sozialformen
- Gemeinsame Arbeit im Klassenverband (z. B. Frontalunterricht, Lehrgänge etc.)
- Die Lerngruppe arbeitet in Untergruppen (Gruppenunterricht, Partnerarbeit).
- Jeder Schüler einer Lerngruppe arbeitet alleine (Einzelarbeit).

Differenzierung nach Lernvoraussetzungen
- Bezogen auf die Leistung werden entweder relativ homogene oder heterogene Teilgruppen gebildet.
- Bezogen auf das Interesse wählt die Lerngruppe Themen aus, woraus sich eine Aufteilung bis hin zu Einzelarbeit ergibt.
- Ausgehend vom Schwerpunkt Sozialisation und Integration werden bestimmte Gruppen gebildet, z. B. nach verschiedenen Lernpräferenzen, geschlechtsspezifische Gruppen, multikulturelle Gruppen bzw. bewusstes Einbeziehen von Behinderten und Außenseitern.

Differenzierung nach Organisation und Zufall
- Lerngruppen, die bewusst von der Lehrkraft gebildet werden.
- Die Schüler bleiben an ihrem Platz sitzen und bilden so arbeitsfähige Gruppen (z. B. organisationstechnische Gründe).
- Es findet eine Aufteilung der Lerngruppe in relativ gleich große Gruppen statt (‚Gleichverteilung' über Abzählen).
- Es werden heterogene Zufallsgruppen gebildet durch Auslosen oder Auswählen bestimmter Farben, Streichhölzer oder Karten.
- Die Gruppenbildung erfolgt nach dem Prinzip von Sympathie und Abneigung (z. B. Bildung von arbeitsfähigen Gruppen aufgrund von Freundschaften).

B. Didaktische Dimension

Differenzierung nach Lerninteresse
- Bei der Differenzierung nach Lerninteresse werden alltagsspezifische Interessen berücksichtigt.
- Bei der Differenzierung nach Lerninteresse werden schülerspezifische Interessen berücksichtigt.
- Bei der Differenzierung nach Lerninteresse werden methodische Präferenzen der einzelnen Schüler berücksichtigt.
- Bei der Differenzierung nach Lerninteresse wird das jeweilige Vorwissen berücksichtigt

Differenzierung nach Motivation
- Auf Alltagserfahrung bezogenes Material für Schüler mit geringer Lernbereitschaft sowie für Schüler, die aufgrund sprachlicher oder anderer Defizite aktuell überfordert wären.
- Schüler mit hoher Motivation erhalten abstrakteres Material.

Differenzierung nach Lerntempo
- Vorbearbeitetes Material für langsam lernende Schüler, sowie für Schüler, die aufgrund sprachlicher oder anderer Defizite mit dem eigentlichen Lerntempo überfordert wären.
- Material mit höherem bzw. zeitintensiverem Schwierigkeitsgrad ist für schneller lernende Schüler vorbereitet.

Differenzierung nach Lernstilen
- Entsprechend den unterschiedlichen Lerntypen (haptisch, auditiv, visuell, kognitiv) wird bestimmtes Material ausgewählt.
- Es wird mehrkanaliges Lernen ermöglicht.

C. Unterrichtsgestaltungsdimension

Individualisierter Unterricht
- Differenzierung erfolgt in individualisierten Unterrichtsformen (wie Freiarbeit, Wochenplanunterricht etc.).
- Die Lehrerlenkung ist sehr gering.
- Die Schüler arbeiten meist in Einzelarbeit und es findet selbstgesteuertes Lernen statt.

Kooperativer Unterricht
- Differenzierung erfolgt in Unterrichtsformen, die kooperativ ausgerichtet sind (wie Partner- oder Gruppenarbeit, Projektarbeit etc.)
- Die Lehrerlenkung ist gering.
- Die Schüler arbeiten kooperativ mit anderen zusammen.

Gemeinsamer Unterricht
- Differenzierung erfolgt in meist frontalen Unterrichtsformen (wie Klassenunterricht, Kursunterricht, Lehrgänge etc.)
- Die Lehrerlenkung ist hoch.
- Die Schüleraktivität ist gering.

Blended Learning
- Es findet durch die Kombination von traditionellem Präsenzlernen und e-learning-Formen „Blended Learning" statt.

D. Kompetenzdimensionen als Differenzierungskonsequenzen

Fachkompetenzen
• Die Schüler erwerben Fachkompetenzen, die Dispositionen, geistig selbst organisiert zu handeln, d.h. mit fachlichen Kenntnissen und fachlichen Fähigkeiten kreativ Probleme zu lösen, das Wissen sinnorientiert einzuordnen und zu bewerten.

Methodenkompetenzen
• Die Schüler erwerben Methodenkompetenz um Tätigkeiten, Aufgaben und Lösungen methodisch kreativ zu gestalten und von daher auch das geistige Vorgehen zu strukturieren.

Sozialkompetenzen
• Die Schüler erwerben Sozialkompetenzen um kommunikativ-kooperativ zu handeln, um sich mit anderen kreativ auseinander- und zusammenzusetzen, sich gruppen- und beziehungsorientiert zu verhalten und um neue Pläne und Ziele zu entwickeln.

Selbstkompetenzen
• Die Schüler erwerben Selbstkompetenzen um sich selbst einzuschätzen, produktive Einstellungen, Werthaltungen, Motive und Selbstbilder zu entwickeln sowie eigene Begabungen, Motivationen, Leistungsvorsätze zu entfalten und sich im Rahmen der Arbeit und außerhalb kreativ zu entwickeln und zu lernen.

Handlungskompetenzen
• Die Schüler erwerben Handlungskompetenzen, um bewusst gesamtheitlich zu handeln.

4.9 Aufgaben

4.9.1 Filmgeleitete Aufgaben
Sehen Sie sich folgende Filmausschnitte an:
• Die erste Sequenz zeigt einen Unterrichtsausschnitt im Rahmen der Kooperation von Stammklasse und Sprachlernklasse in der 1. Jahrgangsstufe einer Grundschule. Grundlage für dieses Unterrichtsbeispiel ist die Geschichte der „Raupe Nimmersatt" von Eric Carle.
• Die zweite Sequenz zeigt einen Mathematikunterricht in der 3. Jahrgangsstufe der Grundschule. Das Thema dieser Stunde ist „Gewichte", gearbeitet wird in einem Lernzirkel.
• In der dritten Sequenz geht es um Musikunterricht in einer 9. Jahrgangsstufe der Realschule. Ziel der Unterrichtsstunde ist das gemeinsame Musizieren mit Keyboards.

- Die vierte Sequenz zeigt einen Ausschnitt aus einem Unterricht in einer Sprachlernklasse der 8. Jahrgangsstufe/Hauptschule, wo Deutsch als Zweitsprache im Rahmen einer Schreibwerkstatt über Freies Schreiben geübt wird.
- In der fünften Sequenz wird ein Ausschnitt aus einer Mathematikstunde in einer Klasse einer Förderschule für Lernbehinderte (6./7. Jahrgangsstufe) gezeigt, in der eine Textaufgabe über ein Rollenspiel erarbeitet wird.

Aufgabenbeschreibung

Erarbeiten Sie sich nun das Prinzip der Differenzierung. Führen Sie eine Analyse für jede einzelne Filmsequenz mit Hilfe der aufgelisteten Aufgaben durch. Verwenden Sie hierfür das oben aufgeführte Modell.

a) Notieren Sie die Maßnahmen des Lehrers, durch die in der jeweiligen Unterrichtssequenz differenziert wird.

b) Ordnen Sie die von Ihnen gefundenen Maßnahmen in das hier vorgestellte Differenzierungsmodell ein.

c) Schauen Sie sich den jeweiligen Film ein zweites Mal an. Suchen Sie weitere Differenzierungsmaßnahmen heraus, die Ihnen bei Ihrer ersten Filmansicht entgangen sind und die Sie durch die Lektüre des hier beschriebenen Modells kennengelernt haben. Schreiben Sie diese auf.

d) Welche alternativen Maßnahmen zur Differenzierung hätten die Lehrer in diesen Filmsequenzen ergreifen können?

e) Welche weiteren Prinzipien entdecken Sie in diesen Filmsequenzen? Notieren Sie Ihre Entdeckungen.

f) Bewerten Sie nun die einzelnen Unterrichtssequenzen, ob die durchgeführten Maßnahmen zur Differenzierung gelungen oder misslungen sind. Begründen Sie Ihre Aussagen.

Aufgabenerläuterung

Sie werden in diesen Filmausschnitten nicht alle Möglichkeiten zur Differenzierung wieder finden, da es im Rahmen einer Unterrichtsstunde weder möglich noch sinnvoll ist, alle zur Anwendung zu bringen. Dennoch soll Ihnen diese Aufgabe die Möglichkeit bieten, anhand des Modells und in Verbindung mit dem Film verschiedene Differenzierungsmaßnahmen kennen zu lernen.

Aufgabenbegründung

Durch die einzelnen Teilaufgaben zur Analyse der Filmsequenzen wird in Verbindung mit den Dimensionen des Modells das Unterrichtsprinzip der Differenzierung schrittweise und vielschichtig erarbeitet. Ziel ist es, durch die Verknüpfung von theoretischer und praktischer Reflexion Anregungen und Handlungsmöglichkeiten hinsichtlich der Anwendung des Prinzips der Differenzierung zu erhalten.

4.9.2 Theoriegeleitete Aufgaben

Aufgabenbeschreibung
Beziehen Sie die beiden Texte *Veranschaulichung* und *Differenzierung* aufeinander und bearbeiten Sie die beiden nachstehenden Aufgaben:

a) Suchen Sie aus den Texten die Aspekte heraus, die die beiden Prinzipien Veranschaulichung und Differenzierung miteinander verbinden.
b) Überlegen Sie sich eine konkrete Unterrichtssequenz wo deutlich wird, wie diese beiden Prinzipien zusammenwirken.

Aufgabenerläuterung
Lesen Sie sich beide Ausführungen kritisch durch. Sie werden viele Überschneidungen der beiden Unterrichtsprinzipien erkennen. In der Planung der Sequenz können Sie die in der ersten Teilaufgabe herausgefundenen Aspekte praktisch anwenden.

Aufgabenbegründung
Unterrichtsprinzipien können nicht immer scharf voneinander getrennt und nicht immer unabhängig voneinander angewendet werden. Im Rahmen des Theorieverbunds, in dem die Unterrichtsprinzipien in Wechselbeziehung zueinander stehen, bedingen sich unter anderem die beiden Prinzipien Veranschaulichung und Differenzierung gegenseitig (Seibert 2003, S. 103 f.).

4.9.3 Zur Vertiefung

Aufgabenbeschreibung
Neben dem hier zugrunde gelegten Modell von Paradies & Linser gibt es bei Klafki & Stöcker ein weiteres Modell zur Differenzierung.
  Klafki, W. & Stöcker, H. (⁵1996). Sechste Studie: Innere Differenzierung des Unterrichts. In W. Klafki (Hrsg.), Neue Studien zur Bildungstheorie und Didaktik (S. 173-208). Weinheim.
a) Lesen Sie sich diese Studie durch.
b) Arbeiten Sie die zentralen Punkte dieses Modells heraus.
c) Analysieren Sie die Filmsequenz mit Hilfe des bei Klafki & Stöcker abgebildeten Kriterienrasters (ebd. S. 188)

Aufgabenerläuterung
Der Text von Klafki & Stöcker geht im ersten Teil auf die theoretische Herleitung und Begründung des Prinzips der Differenzierung ein (S. 173-186), was mit dem ersten Teil des hier vorliegenden Textes korrespondiert. Der zweite Teil

(S. 187-203) beschreibt das von den Autoren konstruierte Modell. So bietet sich der Klafki & Stöcker-Text sowohl zur Erweiterung theoretischer Kenntnisse und zum Vergleich des theoretischen Teils an als auch, wie in der Aufgabe gefordert, für den Modellvergleich.

Aufgabenbegründung
Durch die Arbeit an einem weiteren Modell, das andere Schwerpunkte legt als das von Paradies & Linser, werden Ihre theoretischen Kenntnisse erweitert und Sie erwerben sich zusätzliche Fähigkeiten zur Analyse von Unterricht.

4.10 Literatur

Baumgartner, P. (2003). Didaktik, E-Learning-Strategien, Softwarewerkzeuge und Standards – Wie passt das zusammen? In M. Franzen (Hrsg.), *Mensch und E-Learning. Beiträge zur E-Didaktik und darüber hinaus (S. 9-25)*. Aarau.

Bartnitzky, H. (Hrsg.) (1983). *Auf dem Weg zu einem differenzierenden Schulalltag*. Beiträge zur Reform der Grundschule, Bd. 54. Frankfurt a. M.

Boban. I. & Hinz. A. (Hrsg.) (2003). *Index für Inklusion. Lernen als Teilhabe in der Schule der Vielfalt entwickeln*. Halle-Wittenberg.

Boenicke, R., Gerstner, H.-P. & Tschira, A. (2004). *Lernen und Leistung*. Darmstadt.

Bönsch, M. (1970). *Methodische Aspekte der Differenzierung*. München.

Bönsch, M. (2000). *Intelligente Unterrichtsstrukturen. Eine Einführung in die Differenzierung*. Baltmannsweiler.

Bönsch, M. (2000). Differenzierung als Lernprozessoptimierung. *Erziehung und Unterricht, 150* (9-10), 1136-1152.

Bönsch, M. (2001). Innere Differenzierung. *Lernwelten, 4*, 195-200.

Bönsch, M. (2002). Innere Differenzierung. Prinzipien und Modelle zur Differenzierung des Lernprozesses. *Förderschulmagazin, 24* (5), 5-10.

Brenner, P. J. (2006). *Schule in Deutschland. Ein Zwischenzeugnis*. Stuttgart.

Carle, U. (2005). Leistungsvielfalt im Unterricht. In K. Bräu & U. Schwerdt (Hrsg.), *Heterogenität als Chance. Vom produktiven Umgang mit Gleichheit und Differenz in der Schule (S. 55-70)*. Paderborner Beiträge zur Unterrichtsforschung und Lehrerbildung Bd. 9. Münster.

Cube, F. von (1991). *Fordern statt verwöhnen. Die Erkenntnisse der Verhaltensbiologie in Erziehung und Führung*. Forum FN. Bd. 27. Friedrichshafen.

Czerwanski, A. (2006). Voraussetzungen für Individualisierung schaffen. *Pädagogik, 58* (:), 10-14.

Dumke, J., Häcker, Th. & Schallies, M. (2003). Portfolio als Entwicklungsinstrument für selbstgesteuertes Lernen und schulische Lernumgebungen. In Arbeitskreis Gymnasium Wirtschaft e.V. (Hrsg.), *Nachhaltige Lernmotivation und schulische Bildung, Bd. 6: Motivieren und Evaluieren in Bildung und Unterricht (S. 53-63)*. München.

Egan, K. (1997). *The Educated Mind*. Chicago.

Einsiedler, W. (1988). Innere Differenzierung und offener Unterricht – ein Vergleich. *Grundschule, 20* (11), 20-22.

Erpenbeck, J. & Heyse, V. (1999). *Die Kompetenzbiographie. Strategien der Kompetenzentwicklung durch selbstorganisiertes Lernen und multimediale Kommunikation*. Münster.

Fischer, F. & Neber, H. (2011). Kooperatives und kollaboratives Lernen. In E. Kiel, & K. Zierer, *Basiswissen Unterrichtsgestaltung. Unterrichtsgestaltung als Gegenstand der Wissenschaft*, Bd. 2, (S. 103-112). Baltmannsweiler.

Foucault, M. (1977). *Überwachen und Strafen: die Geburt des Gefängnisses*. Frankfurt a.M.

Gather-Thurler, M. & Schley, W. (2006). Diversität als Chance. *Journal für Schulentwicklung, 10* (1), 21- 31.

Graumann, O. (2002). *Gemeinsamer Unterricht in heterogenen Gruppen. Von lernbehindert bis hochbegabt*. Bad Heilbrunn.

Heimlich, U. (2011). Inklusion und Sonderpädagogik – Die Bedeutung der Behindertenrechtskonvention (BRK) für die Modernisierung sonderpädagogischer Förderung. *Zeitschrift für Heilpädagogik, 62* (2), 44-54.

Helmke, A, (2009). *Unterrichtsqualität und Lehrerprofessionalität: Diagnose, Evaluation und Verbesserung des Unterrichts*. Seelze-Velber.

Hentig, H. von (²1999). *Bildung. Ein Essay*. München.

Hintz, D., Pöppel, K.G. & Rekus, J. (³2001). *Neues schulpädagogisches Wörterbuch*. Weinheim.

Höhmann, K. (2006). Lernverträge und Förderpläne. *Pädagogik, 58* (1), 20-25.

Huber, A. (2005). Verbesserung der Unterrichtsqualität durch „Wechselseitiges Lehren und Lernen" (WELL). In S. Schnebel (Hrsg.), *Schulentwicklung im Spannungsfeld von Bildungssystem und Unterricht* (S. 141-152). Baltmannsweiler.

Jungmann, C. (2008). *Die Gemeinschaftsschule. Konzept und Erfolg eines neuen Schulmodells*. Münster.

Ingenkamp, K. (1971). *Die Fragwürdigkeit der Zensurengebung*. Weinheim.

Keller, F. S. (1968), *Good Bye Teacher*. Journal of applied behavior analysis, 1, 79.89.

Kerres, M. (2002). Wirkungen und Wirksamkeit neuer Medien in der Bildung. In R. Keil-Slawik & M. Kerres (Hrsg.), *Education Quality Forum. Wirkungen und Wirksamkeit neuer Medien* (S. 31-44). Münster.

Klafki, W. & Stöcker, H. (⁵1996). Sechste Studie: Innere Differenzierung des Unterrichts. In W. Klafki (Hrsg), *Neue Studien zur Bildungstheorie und Didaktik* (S. 173-208). Weinheim.

Klafki, W. (1963). Kategoriale Bildung. Zur bildungstheoretischen Deutung der modernen Didaktik. In W. Klafki (¹⁰1975) (Hrsg.), *Studien zur Bildungstheorie und Didaktik* (S. 25-45). Weinheim.

Klein-Landeck, M. (2004). Differenzierung und Individualisierung beim offenen Arbeiten. Beispiel: Englischunterricht. *Pädagogik, 56* (12), 30-33.

Korinek, W. (2000). *Schulprofil im Wandel*. Bad Heilbrunn.

Landesverordnung über Gemeinschaftsschulen (GemVO) vom 12. März 2007. Ministerium für Bildung und Frauen. Schleswig-Holstein.

Langer, C., Blumenthal, S. & Hesse, M. (2006). Das Individuum stärken. *Pädagogik, 58* (1), 15-19.

Mayr, J. (2001). Innere Differenzierung auf der Sekundarstufe I. Eine Bestandsaufnahme. In F. Eder (Hrsg.), *Sekundarstufe I. Probleme, Praxis, Perspektiven* (S. 218-237). Innsbruck.

Meyer-Willner, G. (1979). *Differenzieren und Individualisieren: Begründung und Darstellung des Differenzierungsproblems*. Bad Heilbrunn.

Mönks, F. J. (2002). Differenzierter Lehrplan und differenzierendes Unterrichten. *Pädagogische Führung, 2*, 55-57.

Oelkers, J. (2006). *Gesamtschule in Deutschland*. Weinheim.

Paradies, L. & Linser, H.-J. (2001). *Differenzieren im Unterricht*. Berlin.

Pfeil, S.,Kuntz, A. & Alsdorf, U. (2004). Differenzierung leicht gemacht. *Grundschulunterricht, 51* (2), 40-42.

Prengel, A. (²1995). *Pädagogik der Vielfalt. Verschiedenheit und Gleichberechtigung in Interkultureller, Feministischer und Integrativer Pädagogik.* Opladen.

Reinmann-Rothmeier, G., Vohle, F. & Adler, F. (2003). *Didaktische Innovation durch Blended Learning: Leitlinien anhand eines Beispiels aus der Hochschule.* Bern.

Rheinberg, F. (2004). *Motivation. Grundrisse der Psychologie.* Stuttgart.

Risse, E. (2002). Durch differenziertes und individualisiertes Lernen zu einer neuen Lernkultur. *Pädagogische Führung, 2,* 52-54.

Saalfrank, W.-Th. (2008). Die Vielfalt im Blick haben: Lehrerhandeln im Kontext von Diversity Management. *Pädagogische Rundschau, 62* (3), 335-346.

Saalfrank, W.-Th. (2010a). Der „Einzelne" – Ausgangspunkt pädagogischen Handeln – *Pädagogische Rundschau, 64* (3), 254-268.

Saalfrank, W.-Th. (2010b). Das Individuum im Unterricht – Individualisierten Unterricht vorbereiten und gestalten. *Erziehungswissenschaft und Beruf, 58* (2), 163-175.

Sacher, W. (2005). Deutsche Leistungsdefizite bei PISA. Bedingungsfaktoren in Unterricht, Schule und Gesellschaft. In V. Frederking, H. Heller & A. Scheunpflug (Hrsg.), *Nach PISA. Konsequenzen für Schule und Lehrerbildung nach zwei Studien* (S. 22-50). Wiesbaden.

Sauter, A. & Sauter, W. (2002). *Blended Learning. Effiziente Integration von E-Learning und Präsenztraining.* Neuwied.

Schäfers, B. (⁶1995). *Gesellschaftlicher Wandel in Deutschland. Ein Studienbuch zur Sozialstruktur und Sozialgeschichte der Bundesrepublik.* Stuttgart.

Schiefele, U. (1996). *Motivation und Lernen mit Texten.* Göttingen.

Schimank, U. (2000). Die individualisierte Gesellschaft – differenzierungs- und akteurtheoretisch betrachtet. In Th. Kron (Hrsg.), *Individualisierung und soziologische Theorie* (S. 107-128). Opladen.

Schittko, K. (1975). Vorschläge für eine innere Differenzierung in der Gesamtschule. *Die Deutsche Schule, 67,* 280-287.

Schittko, K. (1984). *Differenzierung in Schule und Unterricht: Ziele – Konzepte – Beispiele.* München.

Schröder, H. (1990). *Lernen und Lehren im Unterricht. Grundlagen und Aspekte der Allgemeinen Didaktik.* München.

Seibert, N. (⁷2003). Das Unterrichtsprinzip der Differenzierung. In N. Seibert & H.J. Serve (Hrsg.), *Prinzipien guten Unterrichts. Kriterien einer zeitgemäßen Unterrichtsgestaltung* (S. 97-126). München.

Stroot, Th (2006). Interessenorientierung, Individualisierung und politisches Lernen. *Pädagogik, 58* (1), 30-33.

Tausch, R. & Tausch, A.-M. (¹¹1998). *Erziehungs-Psychologie. Begegnung von Person zu Person.* Göttingen.

Thurn, S. (2006). Individualisierung kann gelingen. *Pädagogik, 58* (1), 6-9.

Vonken, M. (2005). *Handlung und Kompetenz. Theoretische Perspektiven für die Erwachsenen- und Berufspädagogik.* Wiesbaden.

Weinert, F. E. (1975). Probleme der Unterrichtsdifferenzierung aus unterrichtspsychologischer Sicht. *Neue Sammlung, 15* (1), 53-47.

Wiater, W. (2001). *Unterrichtsprinzipien.* Donauwörth.

Wiepcke, C. (2006). *Computergestützte Lernkonzepte und deren Evaluation in der Weiterbildung Blended Learning zur Förderung von Gender Mainstreaming.* Harnburg.

Wöll, R. (2001). Individualisierung und Differenzierung. Das Konzept individueller Unterschiede. *Erziehung und Unterricht, 151* (1-2), 31-36.

5 Veranschaulichung
Sabine Weiß

Anschauung ist das Fundament der Erkenntnis.
(Johann Heinrich Pestalozzi)

5.1 Einleitung

Intellektuelle Bemühungen wären vergeblich, wenn das Erarbeitete nicht gespeichert, erinnert und bei Bedarf abgerufen werden könnte. Die Sinnesorgane nehmen permanent eine Fülle von Reizen auf, von denen nur ein sehr geringer Teil weiterverarbeitet, in die Sprache des Nervensystems übersetzt und dem sensorischen Register als erste Verarbeitungsinstanz des Gedächtnisses zugeführt wird (Brandl 1997; vgl. Lerche i. d. Bd.). Aus der Erkenntnis heraus, dass Lernen dann nachhaltiger und tiefgreifender erfolgt, wenn Wissensinhalte sinnlich veranschaulicht werden, forderten die Veranschaulichung von Lerninhalten bereits Johann Amos Comenius in seiner „Didactica magna" (1657), ebenso auch Johann Heinrich Pestalozzi, der in seiner Schrift „Wie Gertrud ihre Kinder lehrt" (1801) die Anschauung als das Fundament aller Erkenntnis herausstellt. Wolfgang Klafki betont die zentrale Stellung der Anschauung bei der Begegnung mit dem Objektiven in der kategorialen Bildungstheorie (Klafki 1964). Die Kopflastigkeit, geringe Handlungs- und Kindorientierung der Schule wurde insbesondere in reform- und alternativpädagogischen Ansätzen kritisiert. Heute gehören ganzheitliche, an Anschaulichkeit orientierte Lehrmethoden sowohl in Schule, Studium oder Ausbildung als auch in der allgemeinen und beruflichen Weiterbildung aufgrund ihrer nachweisbar höheren Wirksamkeit und Nachhaltigkeit zum grundlegenden Repertoire guter Lehre (z.B. Gage & Berliner 1996; Klippert 1994). Gleiches gilt auf inhaltlicher Ebene für die Vermittlung von Medienkompetenz, die durch Anschaulichkeit und den selbstverständlichen Einbezug diverser medialer Zugänge in die Unterrichtspraxis erleichtert werden kann.

5.2 Zugänge zum Prinzip der Veranschaulichung

5.2.1 Erkenntnis nach Immanuel Kant

Schaut Catweazle, der aus dem Mittelalter um 900 Jahre in die Jetztzeit kata-
pultierte Zauberer, unter die Motorhaube eines Autos, so sieht er nur ein Gewirr
von Drähten und merkwürdigen Gegenständen ohne Sinn und Zusammenhang.
Drähte? Selbst dieser Begriff fehlt ihm, geschweige denn, dass er versteht, was ein
Motor ist.

– Anschauungen ohne Begriffe sind blind.

Dagegen liest ein jetzt lebender Mensch in einem technischen Anleitungsbuch
und versteht jeden Satz, der dort über die Funktionsweise des Motors geschrieben
steht. Er kennt Begriffe wie Zündkerze *und* Keilriemen, *doch ein Blick auf den*
Motor seines Autos belehrt ihn: Ohne Hilfe eines Mechanikers kann er dennoch
nichts reparieren.

– Gedanken ohne Inhalt sind leer.

Immanuel Kant war derjenige, der zeigte, dass unsere theoretischen Begriffe nur
Hülsen sind, wenn sie sich nicht auf Erfahrung beziehen. *„Gedanken ohne Inhalt*
sind leer. Anschauungen ohne Begriffe sind blind." Demnach ist menschliche Erkenntnis nur zu verstehen als Zusammenwirken von Anschauung und Denken.
Aufgrund ihrer Angewiesenheit auf Sinnliches ist sie grundsätzlich hinzuneh-
mend (rezeptiv). Damit stellt Kant die Notwendigkeit sinnlicher Anschauung für
das Zustandekommen von Erkenntnis heraus.

Wie passiert nun nach Kant Erkenntnis?
Auf den Menschen wirkt eine mannigfaltige, ungeordnete Reizflut ein. Diese
Vielfalt sinnlicher Eindrücke muss durch das Subjekt strukturiert werden, sonst
kommt keine Wahrnehmung, geschweige denn Erkenntnis zustande. Die Ordnung der Reize zu einem Gegenstand ist also Verstandesleistung des Subjekts.

Kant nennt diese vereinheitlichende Kraft, die *Sinnesaffektationen* auf den Begriff
bringt, die *Spontaneität des Verstandes.*

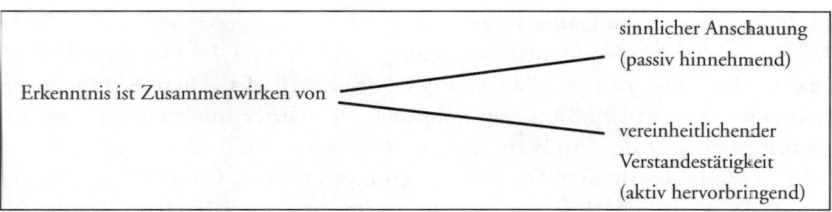

Abb. 1: Erkenntnis nach Kant

Kant stellt eine revolutionäre Wende im philosophischen Denken dar: Nach ihm erfasst Erkenntnis nämlich nicht die Wirklichkeit, wie sie ist, sondern nur, wie sie dem Menschen – als seine Strukturierungsleistung – *erscheint*. Wirklichkeit wird als geistiges Geschehen begriffen. Damit ist Kant einer der Vorreiter des modernen Konstruktivismus.

Johann Friedrich Herbart, der Kants Nachfolger auf dem Lehrstuhl in Königsberg war, kritisiert zwar dessen scharfe Trennung von sinnlicher und intelligibler Welt, doch sein Ausgangspunkt für jegliche Erkenntnis ist ganz derjenige Kants: Die sinnliche Erfahrung. So wie für Kant Erfahrung „die erste Belehrung und im Fortgange (...) unerschöpflich an neuem Unterricht" ist, so bedeutet sie auch für Herbart eine der „Urquellen geistigen Lebens", der „Tag", dessen natürliches Licht alles unterrichtliche Lehren und Lernen erst möglich macht (Herbart 1964, S. 47). Bei Kant strukturiert die Verstandestätigkeit die mannigfaltige Reizflut zu einer Einheit. Dem entspricht Herbarts zentraler Gedanke der „Apperzeption", des notwendigen Anknüpfens von Neuem an vorhandenes Wissen: Bei beiden Denkern ist Lernen also eine Integrationsleistung des Subjekts, eine vereinheitlichende Kraft, die die Vielheit ordnet, indem sie sie auf ein schon bestehendes geistiges System bezieht.

Jean Piaget wird diesen Gedanken der Integration in seine Kognitionstheorie aufnehmen, wenn er Lernen als Konstruktionsleistung, als selbsttätige geistige Verarbeitung konkret anschaulicher Eindrücke ansieht.

Mit der Frage, wie und in welchem Rahmen menschliche Erkenntnis überhaupt möglich ist, wird Kants *Kritik der reinen Vernunft* (1974) zum zentralen Gedanken der Aufklärung, die in der allen Menschen gemeinsamen Vernunft das Prinzip der Einheit, des Friedens und der Befreiung aus jedweder Abhängigkeit sah.

5.2.2 Theorien dualer Codierung

Der Nutzwert einer simultanen Darbietung von Bild und Text wird oft mit der Dual Coding Theory von Allan Paivio (1986) begründet. Diese beschreibt im Kern einen positiven Einfluss von doppelt (en)codierter Informationen auf die kognitive Leistung des Erinnerns aufgrund der sowohl visuell als auch verbalen Repräsentation der Inhalte. Die Forschergruppe um Plass, Chun, Mayer & Leutern (1998) konnte nachweisen, dass insgesamt besser gelernt wird, wenn Lernende *sowohl* visuelles *als auch* verbales Elaborationsmaterial nutzen (allgemeiner Dual-Coding-Effekt).

Eine generelle Überlegenheit gleichzeitig ausgebrachter verbaler und visueller Darbietung kann daraus jedoch nicht abgeleitet werden. Der in diesem Zusammenhang oft genannte Satz „Wer mit allen Sinnen lernt, lernt mehr" ist empirisch nicht haltbar und wird beispielsweise von Weidenmann (2002) als naive Annahme, von Kahlert (2000) als unergiebiger Begriff bezeichnet. Der Glaube, dass Lernen mit allen Sinnen schneller und einfacher geht als die reine Auseinandersetzung mit Texten kann sogar hinderlich für einen erfolgreichen Lernprozess sein. Salomon konnte bereits 1984 nachweisen, dass die aufgebrachte Anstrengung der Lernenden in der Auseinandersetzung mit den Inhalten umso geringer ist, je niedriger die Erwartung an die Anforderungen des Mediums ist (Salomon & Leigh 1984).

Eine deutlich differenziertere Auseinandersetzung mit der dualen Verarbeitung multimodaler Informationen (also mit Informationen, die in verschiedenen Präsentationsmodi dargestellt werden, z.B. als Text und Bild) leisten Mayer (2005) mit seiner *kognitiven Theorie multimedialen Lernens* und Schnotz (2005) mit dem *integrativen Modell des Text- und Bildverständnisses*. Letzteres integriert Paivios Dual Coding Theory mit der Theorie der Mentalen Modelle (Johnson-Laird 1983) und den propositionalen Repräsentationen (van Dijk und Kintsch 1983) und liefert damit das derzeit am Besten untersuchte Model von dualem Text- und Bildverständnis.

Informationen werden bei Schnotz als *externe Repräsentation* von Sachverhalten gesehen. Er unterscheidet hier zwischen *deskriptiven* (Texte, Symbole, Formeln, ...) und *depiktionalen* Repräsentationen (Bilder, Videos, Animationen etc.). Im Verarbeitungsprozess werden die externen Repräsentationen zunächst intern repräsentiert; es wird sich also, in wechselseitiger Auseinandersetzung von Information und Vorwissen, eine eigene Vorstellung von den Inhalten gemacht. Diese internen Repräsentationen werden anschließend in den eigenen Vorwissensstamm integriert. Für die Beschreibung dieses Vorgangs nutzt Schnotz die Theorie der Mentalen Modelle und der propositionalen Repräsentationen.

Der von Johnson-Laird (1983) vorgestellte mentale Modellbegriff beschreibt die Vernetzung von Informationen im Gedächtnis. Dabei gehen sowohl Mayer als auch Schnotz davon aus, dass es mehrere mentale Modelle gibt, exemplarisch

dargestellt am textbasierten und bildbasierten mentalen Modell. Ein mentales Modell beschreibt das gespeicherte Wissen als komplexes kognitives Netzwerk. Im Falle des textbasierten mentalen Models handelt es sich dabei um eine propositionale Repräsentation von Begrifflichkeiten, beim bildbasierten mentalen Modell um vernetzt organisierte bildhafte Vorstellungen. Beide Modelle sind dabei dynamisch, das heißt: Durch eine aktive Auseinandersetzung der neuen Informationen mit dem Vorwissen werden die mentalen Modelle erweitert (siehe Piaget: Akkomodation und Assimilation) und miteinander verknüpft.

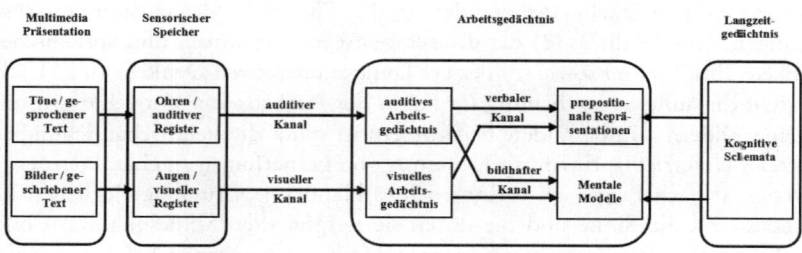

Abb. 2: Integratives Modell des Text- und Bildverständnisses nach Schnotz (2005)

Lerche (2011) betont in Anlehnung an das integrative Modell des Text- und Bildverständnisses die besondere Bedeutung der Vernetzung zwischen dem text- und dem bildbasierten mentalen Modell: Je stärker das text- und bildbasierte System miteinander vernetzt sind, desto reichhaltiger sind die Reaktionsmöglichkeiten des Lernenden in Hinblick auf neue Aufgabenstellungen. In der unterrichtlichen Umsetzung bedeutet dies eine Fokussierung der textbasierten Arbeit mit bildbasierten Medien, also konkret: Das Schaffen von Gesprächs- und Schreibanlässen über die bildbasierten Informationen. Berücksichtigt werden muss in diesem Zusammenhang auch die Bedeutung der aufgebrachten Anstrengung der Lernenden (vgl. Lerche i. d. B., S. 147).

Im Kontext multimodaler Präsentationsformen werden häufig auch unterschiedliche Typen mit einer eindeutigen Präferenz für eine definierte Informationsform genannt (Visualizer, Verbalizer, ...). Diese direkte Zuordnung von Lerntypen über alle Kontexte hinweg kann jedoch empirisch nicht nachgewiesen werden, weswegen aktuell der Terminus „Modalitätspräferenz" gebräuchlich ist. Darunter versteht man eine Vorliebe für eine Präsentationsform von Informationen, der abhängig von Lernstoff, Vorwissen und Erfahrung ist. Hauck (2004) konnte positive Effekte auf die – im Vergleich zur Behaltensleistung – höherwertige Verständnisleistung bei Informationsdarbietung im präferierten Modus nachweisen.

5.2.3 Die Kognitionstheorie Jean Piagets

Grundlegend für die Kognitionstheorie von Jean Piaget ist der Zusammenhang von Handeln und Denken. Zentrale Begriffe hierbei sind *Assimilation* und *Akkomodation*. Unter Akkomodation wird die Anpassung vorhandener kognitiver Schemata an die Umwelt bezeichnet, Assimilation bezieht sich auf die Anpassung von Umweltstimuli. Unter Akkomodation wird die Anpassung vorhandener kognitiver Schemata an bestehende Schemata verstanden. Piaget geht in seiner Kognitionstheorie davon aus, dass die Entwicklung des Denkens in Phasen abläuft (vgl. Abbildung 2), die sich aus dem Zusammenspiel von Akkomodation und Assimilation entwickeln. Insbesondere in den Phasen (1) der sensumotorischen Intelligenz (bis 2 Jahre), (2) der des symbolischen, intuitiven und vorlogischen Denkens (bis 7 Jahre) sowie (3) der des konkret operativen Denkens (bis 11 Jahre) steht die äußere Anschauung im Fokus des Aufbaus von Vorstellungen und inneren Bildern – insbesondere bei Kindern ist somit die Veranschaulichung als zentrales Unterrichtsprinzip zur Sicherung von Lernerfolgen zu charakterisieren. Denken ist nach Piaget ein verinnerlichtes Handeln: „Grundlage jeglichen Erkennens sind die Sinne und die durch sie festgestellten Sinnesqualitäten oder Empfindungen. Wir erwerben Kenntnis durch entsprechende Erfahrungen im Umgang mit dem Erkenntnisobjekt, und keine noch so eindringliche Schilderung kann die konkrete Erfahrung ersetzen" (Kubli 1983, 44f).

(in Anlehnung an Gage & Berliner ⁵1996, S. 104)

Abb. 3: Stufen der geistigen Entwicklung nach Piaget

Konsequenzen für die Veranschaulichung von Lerninhalten im Unterricht

Jean Piagets Theorie hat maßgeblich dazu beigetragen, die Konkretisierung von Lerninhalten im Unterricht durchzusetzen. So fordert Piaget z.B. für den Mathematikunterricht, das Tun in den Mittelpunkt zu stellen. Im Kindergartenalter könne bereits damit begonnen werden, mit Längen, Oberflächen und Zahlen konkret zu üben. Die Abstraktion solle erst allmählich an den Lerner herangetragen werden.

Auch kritisiert Piaget an der gängigen Unterrichtspraxis, dass Anschauungshilfen oftmals als Ersatz für die Eigenaktivität der Schüler herangezogen werden. Gleichwohl sie die Lerninhalte bei richtigem Einsatz besser konkretisieren können als das gesprochene Wort allein, wird das übergeordnete Ziel der Erreichung der Eigenaktivität und Selbsttätigkeit der Schüler oft verfehlt (Piaget 1973).

Kritik an Jean Piagets Stufentheorie

Die Theorie der Entwicklung des Denkens in Stufen wurde häufig kritisiert, in späten Jahren nahm Piaget selbst zögernd Abstand davon (Mietzel 1998). So besteht die Gefahr, dass Schüler überfordert werden – sobald sie in einem Bereich logische Denkleistungen aufweisen, könnte der Schluss gezogen werden, sie seien nun grundsätzlich zu konkreten bzw. formalen Operationen fähig.

Auch ist in der psychologischen Forschung ausführlich belegt worden, dass Piaget die Fähigkeit von Menschen, logisch-abstrakt zu denken, deutlich überschätzt hat.

Zudem bleibt die Frage nach der Differenzierung von Lernprozessen bei unterschiedlichen Lernern in Piagets Theorie ebenso offen (ebd.) wie die nach der Kulturabhängigkeit der Lernprozesse bzw. der Möglichkeit, bestimmte Stufen zu erreichen (Wygotski 1978).

5.2.4 Die Repräsentationsformen des Wissens nach Jerome Bruner

Klassische Experimente zur Entwicklung des Problemlösens führten Jerome Bruner und die Forschergruppe um ihn, beeinflusst von Piaget und seiner Kognitionstheorie, zu der Annahme von drei Repräsentationsformen bei Denken und Begriffsbildung: Der enaktiven, der ikonischen und der sprachlich-symbolischen Repräsentation.

a) Die *enaktive* oder *aktionale Repräsentation* wird bei der Vorstellung motorischer Leistungen aktiviert und dient sowohl der Vorstellung als auch der Ausführung von Bewegungsabläufen. Sie wird in der sensumotorischen Phase entwickelt.

b) Die *ikonische Repräsentation* als zweite Repräsentationsstufe vergegenwärtigt sich die Welt durch Bilder und räumliche Schemata und entspricht auf dem voroperatorischen Niveau der Stufe des anschaulichen Denkens, mit dessen Hilfe Kinder Zusammenhänge wahrnehmen.

c) Die *symbolische Repräsentation* nutzt in erster Linie die Sprache als Medium für Repräsentation, es bedarf keiner bildlichen Vorstellung mehr. Hierbei wird der Gegenstand auf wesentliche Momente reduziert. Die symbolische Repräsentation wird frühestens auf dem späten voroperatorischen Niveau entwickelt.

Die Stufen sind irreversibel und bauen aufeinander auf, wie das Beispiel der Balkenwaage verdeutlichen soll:

> „Schon ein kleines Kind kann nach dem Prinzip der Balkenwaage handeln: es zeigt dies dadurch, daß es sich auf einer Wippe richtig verhält. Es weiß, daß es sich weiter nach außen setzen muß, damit die Wippe auf seiner Seite nach unten geht. Ein etwas älteres Kind kann sich das Funktionieren einer Balkenwaage entweder an einem Modell klar machen, an dem man Ringe anhängen und ausbalancieren kann, oder an einer Zeichnung. Das ‚Bild' der Balkenwaage kann in verschiedener Weise auf das Wesentliche beschränkt werden, so daß immer mehr irrelevante Dinge wegfallen, wie bei einer typischen Schemazeichnung in einem Physikbuch für Anfänger. Schließlich kann eine Balkenwaage einfach sprachlich beschrieben werden, ohne Zuhilfenahme von Zeichnungen oder sogar noch besser mathematisch mit Hilfe des Newtonschen Gesetzes über das Trägheitsmoment. Selbstverständlich sind Handlungen, Bilder und Symbole als Ausdrucksmittel verschieden schwierig und verschieden brauchbar, je nach dem Alter, den Vorkenntnissen oder dem Lernstil der Schüler..." (Bruner 1974, S. 49).

Wie in dem Stufenmodell Piagets zeigt sich die hohe Bedeutung der Veranschaulichung insbesondere beim Lernen von kleineren Kindern.

5.2.5 Exkurs: Der Umgang mit Beispielen

Das Beispiel als flankierende Unterrichtsmaßnahme findet sich in den Theoretikadidaktiken von Comenius über Kerschensteiner bis eben hin zu Bruner. Beispiele tragen wesentlich zur Umsetzung der Veranschaulichung im Unterricht bei. Sie zielen auf die von Jerome Bruner beschriebenen enaktiven, ikonischen und symbolischen Repräsentationsformen des Denkens ab. Bei Fleming & Bednar (1993) sowie Tennyson & Cocciarella (1986) lassen sich eine Reihe von Anweisungen zum Umgang mit Beispielen entnehmen:

Die besten Beispiele zuerst behandeln: Hier geht es in Anlehnung an die Prototypentheorie darum, typische Beispiele auszuwählen, mit denen ein Begriff eingeführt oder illustriert wird. Das typische Beispiel hat Vorrang vor einem Gegenbeispiel oder einem weniger typischen Beispiel, weil die Präsentation des Nichttypischen bei der Einführung eines neuen Begriffs leicht zu Fehlkonzeptionen führen kann oder zumindest die Denkaktivität der Lerner erschwert. Die Typikalität eines besten Beispiels ist nicht notwendigerweise dadurch gekennzeichnet, dass für einen Begriff ein bestes Beispiel gegeben wird, welches sich durch eine möglichst große Anzahl von Merkmalen auszeichnet, die den Begriff charakterisieren. Typikalität ergibt sich auch durch die Nutzung einer mittleren Abstraktionsebene (Schnotz 1994). Eine Reihe von Untersuchungsbefunden weist darauf hin, dass z.B. Personen, die konkrete Objekte benennen sollen, nicht den abstrakten Ausdruck „Möbel" oder den konkreten Ausdruck „Küchenstuhl" bevorzugt nennen, sondern „Stuhl" sagen. Solche Exemplare auf einem mittleren Abstraktionsniveau haben wahrscheinlich eine bevorzugte Stellung in der kognitiven Verarbeitung, weil sie im Verhältnis zu ihrem Abstraktionsgrad durch einen besonders „reichen Begriffsinhalt" gekennzeichnet sind.

Variabilität der Beispiele gewährleisten: Hier geht es besonders um die Diskrimination von Begriffsmerkmalen. Die Präsentation vieler unterschiedlicher Beispiele macht den Begriffsumfang deutlich und vermeidet Übergeneralisierungen und Untergeneralisierungen. Variabilität bedeutet auch, dass Beispiele eines unterschiedlichen Elaborationsgrades gewählt werden, um die Komplexität oder die Grenzen der Komplexität eines Begriffs deutlich zu machen.

Beispiele und Gegenbeispiele verwenden: Dies ist eine Spezifikation des Prinzips der Variabilität. Gegenbeispiele helfen gerade bei schlecht definierten Begriffen, deren Umfang nicht deutlich ist, Übergeneralisierungen zu vermeiden. Allerdings sollten die Gegenbeispiele – wie schon erwähnt – niemals die ersten Beispiele sein.

Bei den Gegenbeispielen sollten auch viele Beispiele verwendet werden, die viele Merkmale mit einem treffenden Beispiel gemeinsam haben und sich nur in wenigen, aber entscheidenden Merkmalen von einem treffenden Beispiel unterscheiden und deswegen aus der Kategorie eines Beispiels herausfallen: Auch dieses Prinzip dient dazu, die Grenzen gerade von ähnlichen Begriffen zu bestimmen und damit Übergeneralisierungen zu vermeiden. Die Verwendung nur beinahe zutreffender Beispiele hilft vor allem, die besonders kritischen Merkmale zu bestimmen. Vor dem Hintergrund der Überlegungen zur Typikalität von Merkmalen sollen Lerner hier vor allem erkennen, dass *nicht* alleine die Masse der gemeinsamen Merkmale wichtig ist, sondern dass die wenigen unterscheidenden Merkmale von Bedeutung sind.

Je weiter fortgeschritten die Lernenden sind, desto günstiger ist es, Beispiele zu verwenden, die Unterschiede und Abstufungen von Begriffen innerhalb eines Kontextes oder in verschiedenen Kontexten betonen: Dieses Prinzip kann durch unterschiedliche Repräsentationen für einen Begriff oder durch den Gebrauch verschiedener Analogien für einen Begriff umgesetzt werden. Hierdurch werden dem Lerner subtile Beurteilungen und Abgrenzungen ermöglicht.

Visuell elaborierte und möglichst realistische beste Beispiele sind vorzuziehen, weil dies zu elaborierten und besseren Prototypen führt: Von besonderer Bedeutung für die Verwirklichung dieses Prinzips ist zum einen, dass Beispiele innerhalb des Kontextes präsentiert werden, in dem sie vorkommen. Zum anderen gilt es, zu starke Vereinfachungen und zu starke Betonung von Regularitäten zu vermeiden, weil dies zu einem Wissen führen kann, welches nur im Klassenzimmer angewendet wird und sonst nutzlos ist.

Beispiele sind am besten in engem Zusammenhang mit der Erklärung oder gleichzeitig in kleinen Gruppen zu präsentieren. Es ist möglichst dafür zu sorgen, dass der

Lerner vorangegangene Beispiele nicht vergisst, wenn andere hinzugefügt werden: Auch hier geht es darum, den Lernern die Möglichkeit zu schaffen, durch den Vergleich von Beispielen den Umfang von Begriffen differenziert zu erkennen. Dabei sollen einmal eingeführte Beispiele immer wieder präsent gemacht werden oder präsent erhalten werden (z.B. durch einen Tafelanschrieb, damit das Beispiel im Arbeitsgedächtnis bereitgehalten wird).

Kontinuierlich den einmal gewählten Namen für einen Begriff verwenden, wenn Beispiele des Begriffs präsentiert werden: Wenn etwa im Geschichtsunterricht definiert wird, was eine Revolution ist, dann sollte die Lehrerkraft konsequent dieses Lexem „Revolution" verwenden und nicht einmal von „Aufstand" oder ein anderes Mal von „Rebellion" reden, wenn sie „Revolution" meint. Auch der Wechsel zwischen eindeutigen Synonymen kann verwirren, etwa wenn im Physikunterricht abwechselnd von „Hygrometer" oder „Feuchtigkeitsmesser" geredet wird.

5.2.6 Exkurs: Der Umgang mit Analogien

Neben Beispielen sind Metaphern und Analogien ein häufiges Mittel der Veranschaulichung. Nach Metzig & Schuster (1996) vollzieht sich das menschliche Weltverständnis „ganz grundlegend durch Analogiebildung, durch den ständigen Bezug zu Ähnlichem, bereits Bekanntem. [...] Will man einen Sachverhalt erklären, bedient man sich der Analogie." (S. 175) Durch eine Analogie wird ein Wissensbereich mit einem anderen Wissensbereich bezüglich seiner Funktion, seiner Struktur oder seiner Elemente in eine Ähnlichkeitsbeziehung gesetzt. Selten wird der Begriff *Modell* synonym verwendet, meist ist das Modell aber eine verkleinerte oder vereinfachte Abbildung. Durch Analogiebildung wird das Verständnis für einen Wissensbereich verbessert, zusätzlich werden Lernprozesse angeregt und gefördert (z.B. erhöhte Lesezeiten, Simons 1984). Das Finden geeigneter Analogie verlangt einige Kreativität und Geschicklichkeit. Metzig & Schuster (1996) empfehlen, zu einem Begriff oder Ablauf gleiche oder ähnliche Sachverhalte zu suchen. Sie führen – besonders für Gruppen – auch die Möglichkeit des Brainstormings an: In einem ersten Schritt werden so viele Ideen wie möglich gesucht und aufgeschrieben. Jeder Beitragende kann dann die Ideen anderer nutzen und darauf aufbauen. Im zweiten Schritt werden diese dann auf ihre Brauchbarkeit als Analogie überprüft. Glynn, Andre & Britton (1989) schlagen vor, Analogien über den Weg zum Oberbegriff für den relevanten Wissensbereich zu suchen und verdeutlichen dies an einem Beispiel: Wird eine Analogie für den elektrischen Stromkreislauf gesucht, so kann der Oberbegriff *Kreislauf* herangezogen werden, um andere Beispiele zu finden, wie z.B. Blutkreislauf, Wärmekreislauf, Verkehrsfluss usw. Nachdem Beispiele zum Oberbegriff gefunden wurden, wird überprüft, welche sich zur näheren Beschreibung und somit zur Analogiebildung eignen.

Aus den Überlegungen von Kenneth E. Boulding und J. S. Bois lässt sich eine Taxonomie von Analogien entwickeln. Es lassen sich 7 Stufen unterscheiden, die sich durch einen steigenden Komplexitätsgrad auszeichnen (siehe Kiel 2004). Diese Taxonomie kann als Grundlage dienen, um eigene Analogien zu entwickeln.

1. Statische Analogien: Dabei werden zwei Dinge miteinander in Beziehung gesetzt, von denen das eine statisch ist. Als Beispiel dient die populäre Analogie des Menschen als tabula rasa, die der Erzieher nur beschreiben müsse – der Zögling ist somit das statische Element, das durch ein aktives Element gestaltet wird.

2. Mechanistische Analogien/Uhrwerkanalogien: Die Ausgangsidee hierbei ist, dass das zu Erklärende wie das Werk einer mechanischen Uhr funktioniere. Räder greifen ineinander, haben einen wechselseitigen Einfluss und eine Funktion füreinander. Eine äußere Quelle hält das Uhrwerk in Bewegung. Uhrwerkanalogien zeichnen sich häufig durch die Erwähnung zyklischer Komponenten aus.

3. Homöostatische Analogien/Thermostatanalogien: Eine Thermostatanalogie, eine Weiterentwicklung der Uhrwerkanalogie, beschreibt ein selbstregulierendes System. Über einen Feedbackmechanismus wird ein Regler darüber informiert, wie niedrig oder hoch die gegenwärtige Temperatur zum Messzeitpunkt ist. Wesentlich ist, dass von außen ein bestimmter Zustand vorgegeben wird, das Erreichen dieses Zustandes wird kontrolliert und nötigenfalls reguliert. Auch der Mensch ist ein homöostatisches System, das etwas unternimmt, um seine Bedürfnisse zu stillen, wenn diese nicht erfüllt werden.

4. Biologische Analogien: Diese gehen aus von einem System, das sich – über homöostatische Analogien hinaus – ohne Einwirkung von außen selbst erhält und die Fähigkeit zur Reproduktion besitzt. Zellen stellen das Urbild biologischer Analogien dar: sie nehmen Nahrung auf, verdauen, scheiden Substanzen aus, wachsen, können aber auch sterben.

5. Organische Analogien/Pflanzenanalogien: Für diese gilt, was über biologische Analogien gesagt wurde. Darüber hinaus zeichnen sich Pflanzen durch komplexere Strukturen aus als einzelne Zellen. Sie sind Gesellschaften von Zellen, die sich im Laufe der Entwicklung ausdifferenzieren und dabei vielfältig beeinflusst werden. Berühmte Beispiele sind die Gärtneranalogien in der Erziehungswissenschaft: der Zögling ist wie eine Pflanze, die ab und zu beschnitten werden muss, damit kein Wildwuchs entsteht.

6. Tieranalogien: Diese gehen über Pflanzenanalogien hinaus, da sie nicht an einen bestimmten Ort gebunden sind. Tiere haben ein Bewusstsein ihrer selbst, verfügen über ein entwickelteres Warnungssystem und können Bedürfnisse und Stimmungen ausdrücken.

7. Mensch als Modell für Analogien: Auch Menschen können Ausgangspunkte für Analogien sein, denn Attribute aus dem menschlichen Bereich werden z.B. dem nicht lebendigen Bereich zugeschrieben. Bei der Bildung von Analogien mit dem Menschen als Modell sollten seine Zeitgebundenheit, seine Fähigkeit, Zeit zu berücksichtigen und seine Fähigkeiten, sein Tun zu reflektieren und es intentional zu gestalten, berücksichtigt werden.

5.2.7 Das genetische Lernen nach Martin Wagenschein

„Mit realer Anschauung, nicht mit wortreicher Beschreibung der Dinge muss der Unterricht beginnen. Aus solcher Anschauung entwickelt sich ein sicheres Wissen."

Ausgehend von der Ansicht, die Aufgaben der Welt würden einen produktiv denkenden und kritisch prüfenden Menschen verlangen, begründete Wagenschein das *genetische Lehren*, eine Didaktik, in der *genetische*, *sokratische* und *exemplarische* Elemente des Unterrichts verschmelzen (Wagenschein 1991, 1995). Im Unterricht soll ein authentisches Bild der Wissenschaft gelehrt werden. Das Lehren von produktivem Suchen, Problemlösen und kritischem Prüfen soll es ermöglichen, bekannte Schemata hinter sich zulassen, sich für neue Gestalten zu öffnen und aus sich selbst zu lernen (genetisches Element) (vgl. dazu auch Wertheimer 1957). Fragen und Antworten werden dabei nicht von der Lehrkraft, sondern von den Schülern ausgesprochen (sokratisches Element). Der Unterricht soll keine lückenlose und systematische Summation des Lehrstoffs sein, sondern so gestaltet werden, dass ausgehend von einem Einzelproblem konstruktive Verbindungslinien eines Fachs erspürt werden und so ein Schließen von konkreten Einzelproblemen auf abstrakte Allgemeinbegriffe erfolgen kann (exemplarisches Element). Das folgende Beispiel – der Ablauf einer Physikstunde zur Funktion eines Magneten – zeigt die auf Wagenscheins Didaktik des genetischen Lehrens basierende Vorstellung von Veranschaulichung im Unterricht auf:

> „Ohne etwas zu sagen, und ohne Eile, zeigte ich Lichtbilder in großer Zahl, auf denen zu sehen waren: Geröllhalden, Felsstürze, Lawinen, Gletscher, Moränen, Flusstäler, Wasserfälle, Brandungen, Deltas und so fort; und zwar hintereinander. Die Schüler konnten dazu sagen, was ihnen einfiel, auch Fragen stellen; die ich aber nicht beantwortete.
> Nach einiger Zeit konvergierten diese Fragen auf eine, umfassende, alle Bilder betreffende, Frage, die nicht in die Vergangenheit, die in die Zukunft blickt, nämlich: „Wie soll das enden? Alles geht zu Tal. Wird eine Zeit ohne Berge kommen?" (Wagenschein 1991, S. 80f)

Wagenschein plädiert für eine Natürlichkeit der Veranschaulichung (vgl. dazu Bruner und Piaget; vgl. auch Merrill 2002 und Kiel i. d. Bd., S. 25f.). Die hierfür verwendeten Mittel dürfen das Naturphänomen selbst nicht überdecken (gekünstelt erscheinende Apparaturen als Beispiel für den Physikunterricht). Das eigene selbsttätige Entdecken, das *Nacherfinden* von Phänomenen steht im Mittelpunkt. Der Schüler soll staunen über diese Phänomene und so angeregt und ermutigt werden, das Wissen zu erweitern (vgl. dazu auch Haeffner 2006). Dabei werden nicht nur Anknüpfungspunkte an die Repräsentationsformen von Bruner

deutlich, ebenso sind Parallelen zu dem im vorhergehenden Kapitel beschriebenen Bilden und Einsetzen von Analogien zu erkennen. Wagenschein greift im folgenden Beispiel auf eine Darstellung des Physikers Sir Lawrence Bragg (1951) zurück:

> „Ich möchte nun ein *gedankliches Bild einführen*, das es uns ermöglicht, in *anschaulicher* Weise das Verhalten eines jeden elektrischen Systems zu *verfolgen*. Es ist das berühmte *Bild* der Kraftlinien, von dem berühmten Forscher Faraday vor hundert Jahren entwickelt. Wenn wir diesen Kraftlinien*begriff* benutzen, können wir alle in diesem Kapitel beschriebenen Versuche sehr einfach *deuten* ...
> *Es ist, als wären* unsichtbare elastische Fäden zwischen den ungleichnamigen Ladungen gespannt, die sich ausdehnen, wenn man die Ladung trennt, und sich entspannen, wenn man sie zusammenbringt ...
> *Natürlich existieren* diese elastischen Fäden nicht „*wirklich*", sie dienen uns lediglich als *Symbole*. Wenn wir aber bestimmte Regeln für das Verhalten der elastischen Fäden festlegen, ist das *Bild* gleichwohl ein *wahres* in dem Sinn, dass es die *richtige* Antwort auf jedes Problem gibt. [...] Ein [...] *Hilfsmittel* sind die Kraftlinien: sie haben die Richtung und Stärke des elektrischen Kraftfeldes darzustellen. (S. 15f)

5.3 Die Umsetzung von Veranschaulichung im Unterricht

5.3.1 Die Bedeutung der Prinzipien von Veranschaulichung

Grundlegende Prinzipien
Basierend auf den Theorien von Paivio und Bruner ist die Vermittlung von Lernstoff im Unterricht dann besonders erfolgreich, wenn der Lernstoff so aufbereitet ist, dass eine vielfältige Codierung erfolgt. Als vielfältige Codierung kann im Sinne Paivios verstanden werden, wenn durch die Aufbereitung des Lernstoffs beide Gehirnhälften angesprochen werden, also auf eine Einbeziehung von Emotion und Verstand geachtet wird. Von Lernenden sollte dazu sowohl visuelles als auch verbales Elaborationsmaterial genutzt werden. Aus der Perspektive Bruners ist vielfältige Codierung durch eine Anregung der enaktiven, ikonischen und symbolischen Repräsentationsformen von Denken und Begriffsbildung zu begreifen.

Umsetzung im Unterricht
Vielfältige Codierung findet sich besonders ausgeprägt in Simulationen und Spielen wieder. Die Simulationen und Spiele können dabei so gewählt werden, dass ihre Durchführung von den Schülern motorische Aktivitäten und Leistungen erfordert und somit die enaktive und aktionale Repräsentation aktiviert wird. Zudem können sie visuelle Elemente, z.B. Bilder oder anderes Anschauungsmaterial, enthalten, die auf die von Bruner ausgeführte ikonische Repräsentation abzielen. Ebenso können Spiele und Simulationen eine sprachliche Komponente

aufweisen, wie Bruner dies in der dritten Repräsentationsstufe, der symbolischen, beschreibt.

Darüber hinaus lässt sich Veranschaulichung besonders eindrucksvoll durch Beispiele und Analogien verwirklichen. Bei der Erstellung von Beispielen und Analogien sollte auf die Richtlinien zurückgegriffen werden, die zuvor in 2.4 und 2.5 beschrieben wurden. Darüber hinaus empfehlen Gage & Berliner (1996), bei der Erklärung von Beispielen auf Bekanntes zurückzugreifen und auf Begriffe, Vorstellungen, Zitate usw. zu verzichten, die den Schülern nicht vertraut sind.

5.3.2 Mittel der Veranschaulichung

Das Erfassen und Begreifen von Sachverhalten lässt sich zudem durch verschiedene Mittel der Veranschaulichung unterstützen. Jedem Mittel kommt dabei sein spezifisch didaktisch-methodischer Platz im Unterricht zu. Die häufigsten Mittel sind in der folgenden tabellarischen Darstellung in Anlehnung an Grunder, Ruthemann, Scherer, Singer & Vettinger (2007) mit eigenen Ergänzungen aufgelistet.

Medium	Eignung	Vorteile	Nachtteile	Tipps
Flipchart	• Stichwortsammlung • kurze Texte • einfache Zeichnungen • schematische Darstellungen	• schrittweise Entwicklung möglich • angepasstes Tempo • meist überall vorhanden • Aufbewahrung von Produkten möglich • preiswert	• Rücken zur Klasse • Sichtkontakt beim Anschreiben erschwert	• rechtzeitig bereitstellen • auf Lesbarkeit achten (Größe, Sichtkontakt der Schüler, Farben) • Vorbereitung zu Hause möglich
Hellraum-Projektor	• Stichwortsammlung • kurze Texte • Zeichnungen • schematische Darstellungen • professionelle Folien	• schrittweise Entwicklung möglich • angepasstes Tempo • wiederholter Einsatz von Folien • (spontane) Veränderung der Folien im Unterricht möglich • Sichtkontakt zur Klasse • einfache Herstellung	• oft schlechte Lesbarkeit	• Sichtkontakt kontrollieren • Funktion überprüfen (Strom, Einstellungen, Distanz) • Lesbarkeit kontrollieren (Schriftgröße, Format, Licht)

Beamer	• Grafiken • Schematische Darstellung • Animationen • Filme • Präsentationen	• professionelle Präsentation möglich • Schnelle Änderungen möglich • Lesbarkeit • kombinierbar mit anderen Medien		• Sichtkontakt kontrollieren • Funktion überprüfen (Strom, Einstellungen, Distanz • Lesbarkeit kontrollieren (Schriftgröße, Format, Licht)
CD	• Hörspiele • Musikbeispiele • Rezitation von Texten und Gedichten durch professionelle Sprecher	• Eigenaufnahmen • unkomplizierter Einsatz	• Verschleiß durch unsachgemäße Bedienung	
Film/ DVD	• Darstellung von Abläufen, Handlungen, Stimmungen • Darstellung komplizierter Sachverhalte • Verdeutlichung von Sachverhalten • Sequenz als Startimpuls	• Bild und Ton, bewegte Bilder • Technik (Zeitraffer, Zeitlupe, Tricks) • Gefühle werden geweckt • Vergrößerungsmöglichkeit • Wiederholungen und Unterbrechungen möglich • Überspringen von Szenen möglich • Schneiden möglich • selbst herstellbar	• Flimmern • oft zu kleiner Bildschirm	• mit Inhalten und Technik vertraut machen • Einführung/ Auswertung planen • Sichtkontakt organisieren • evtl. Pausen dazwischenschalten • rechtzeitig Filme reservieren, bestellen
Computer	• Mechanisierende Übung • Plan- und Simulationsspiele • Interaktive Lernprogramme • Verarbeitung von Informationen • Herstellung von Blättern, Grafiken, Übungsmaterialien • Informationssuche (Internetrecherche) • Herstellung von Filmen und Präsentationen	• Selbsttätigkeit • Eigenes Tempo • Wiederholbarkeit • logischer Aufbau • Erfolgschancen • Kontrollmöglichkeit	• Bildschirm oft zu klein • Ermüdung • komplizierte Systeme	• Vor dem Einsatz selbst testen (Technik, Inhalt der Programme) • Einführung überlegen

5.3.3 Zum Umgang mit Medien im Unterricht

Tulodziecki (2011) unterscheidet hinsichtlich der Verwendung von Medien zwei Handlungsfelder: das Auswählen und Nutzen vorhandener Medienangebote und die Gestaltung und Verbreitung eigener medialer Beiträge. Er führt im Folgenden fünf Aufgabengebiete der Medienbildung aus (S. 209f). Diese stellen Felder der Medienbildung dar, die Bezüge zueinander aufweisen.

- Auswählen und Nutzen vorhandener Medienangebote: Medien sollen in Unterrichtseinheiten und Projekten in reflektierter Weise ausgewählt und genutzt werden. Unterschiedliche Nutzungsfunktionen können als Teilaufgaben gewählt werden, so zum Beispiel die Auswahl und Nutzung zur Information, zum Lernen, zu Unterhaltung und Spiel, zu Analyse und Simulation, zu Austausch und Kooperation. Tulodziecki schlägt vor, ein schulisch relevantes Thema, möglichst mit Situationsbezug, in den Mittelpunkt zu stellen und dann dazu Informationen aus verschiedenen medialen Angeboten zu nutzen, also beispielsweise Informationsquellen wie Erkundungen, Broschüren, Filme und das Internet hinzuzuziehen und diese hinsichtlich ihrer Vorzüge und Grenzen zu vergleichen.
- Gestalten und Verbreiten eigener medialer Beiträge: Hier lassen sich als Teilaufgaben In Unterrichtseinheiten und Projekten die Gestaltung und Verbreitung von eigenen Fotos und Bildern, Druckerzeugnissen, Hörmedien, Videobeiträgen oder computergebundenen Produkten denken. Ein zuvor abgesprochenes Thema kann medial umgesetzt werden, zum Beispiel als Comic, Hörspiel, Videoclip oder Hypertext im Internet. Dies kann auch in Gruppen geschehen. Die verschiedenen medialen Umsetzungen können dann miteinander verglichen und bewertet werden.
- Verstehen und Bewerten von Mediengestaltung: Tulodziecki verweist hier auf Unterrichtseinheiten und Projekte, die darauf abzielen, verschiedene mediale Gestaltungsmittel in differenzierter Form zu erfassen und diese bezüglich Möglichkeiten und Grenzen zu bewerten. Er führt folgende Gestaltungsmittel an: Darstellungsformen (z.B. Bild, gesprochener Text, Film), Gestaltungstechniken (z.B. Kameraeinstellungen oder Montage beim Film), Gestaltungsformen (z.B. Bericht, Spielszene, Reportage), Ablaufstrukturen (z.B. lineare bei einem Hörspiel oder interaktive bei einer Website) und Gestaltungsarten (z.B. Radiomagazin, Videoclip, Lernprogramm). Als Beispiel kann die Darstellung eines bestimmten Ereignisses in verschiedenen Medien hinsichtlich der eingesetzten Gestaltungsmittel analysiert und bewertet werden.
- Erkennen und Aufarbeiten von Medieneinflüssen: Hierzu muss in Unterrichtseinheiten und Projekten zunächst die Wirkung von Medien auf Individuum und Gesellschaft verdeutlicht werden. Teilaufgaben können die Einflüsse auf Gefühle, Realitätsvorstellungen, auf Verhaltens- und Wertorientierungen so-

wie auf soziale Zusammenhänge sein. Falls erforderlich können hemmende Gefühle, irreführende Vorstellungen, problematische Verhaltensmuster und Wertvorstellungen aufgearbeitet sowie Möglichkeiten der Gegensteuerung entwickelt werden. Dies kann zum Beispiel durch Gespräche und Reflexionen zu verschiedenen Problemstellungen erfolgen.

- Durchschauen und Beurteilen von Bedingungen der Medienproduktion und Medienverbreitung: Die Unterrichtseinheiten und Projekte in diesem Aufgabenbereich zielen darauf ab, Bedingungen von Medienproduktion und Medienverbreitung zu erfassen und zu bewerten, ebenso Einflussmöglichkeiten zu erkennen und zu nutzen. Als inhaltliche Teilaspekte bieten sich unter anderem technische, ökonomische, rechtliche, politische, personale oder gesellschaftliche Bedingungen an.

Entsprechende Unterrichtseinheiten und Projekte können im Fachunterricht, in fachkooperativer Weise oder beispielsweise an Projekttagen durchgeführt werden. Die Aufgabenbereiche und Teilaufgaben stellen eine Möglichkeit dar, verschiedene Aktivitäten zur Medienbildung aus einer fächerübergreifenden Perspektive zu beleuchten.

5.3.4 Handlungskonsequenzen für den Unterricht
Damit eine vielfältige Codierung wirksam werden kann, bedarf es einer Reihe flankierender Maßnahmen, die im Folgenden in Form von Handlungsanweisungen dargestellt werden. Folgende Zusammenstellung erfolgt in Anlehnung an Gage & Berliner (1996) und an Kubli (1983), der aus der Kognitionstheorie von Piaget folgende Schlussfolgerungen für die Umsetzung der Veranschaulichung zog. Deutlich wird dabei auch die enge Anbindung an das Unterrichtsprinzip der Motivation, insbesondere an Keller (2010) (vgl. Braune i. d. Bd., S. 49ff.).

Nutzen Sie die epistemische Neugier der Schüler:
Stimuli, die neu, überraschend, komplex, widersprüchlich oder mehrdeutig sind, tragen oftmals zur Entstehung einer kognitiven Wachheit bei, die als epistemische Neugier bezeichnet wird. Wird diese geweckt, sind Schüler motiviert, sich mit einer Thematik intensiver zu befassen bzw. Aufgabenstellungen zu lösen. Dies lässt sich z.B. durch das Einbringen geeigneter Beispiele oder Analogien verwirklichen.

Tun Sie hin und wieder etwas Unerwartetes:
Wenn etwas alltäglich oder gewöhnlich geworden ist, sollten Lehrkräfte Ungewöhnliches einbringen und mit neuartigen Aspekten ihres Lehrverhaltens, der Veranschaulichung oder der Thematik, überraschen. Dabei sollten möglichst viele Sinne der Schüler aktiviert werden, denn das erhöht den Anteil dessen, was über einen längeren Zeitraum behalten wird.

Verwenden Sie einen einmaligen und unerwarteten Kontext, wenn Sie die Anwendung von Konzepten und Prinzipien darstellen:
Anders als beim Erlernen von Neuem, wo Vertrautes angeboten werden sollte, geht es bei der Anwendung von bereits Gelerntem darum, Unerwartetes einzubringen, um Interesse und Transfervermögen der Schüler zu fördern. So empfiehlt sich z.B. ein widersprüchliches Beispiel, bei dem die richtige Lösung zu erarbeiten ist. Auch der Einsatz neuer und noch unbekannter Medien kann bereits Gelerntes und somit Bekanntes wieder interessant gestalten und neue Blickwinkel ermöglichen.

Nutzen Sie die verschiedenen Mittel der Veranschaulichung:
Um Sachverhalte verständlich und greifbar zu machen, verwenden Sie die in 3.2 beschriebenen Veranschaulichungsmittel wie zum Beispiel Wandtafel, Modell oder Film. Nicht jedes dieser Mittel eignet sich dabei für jedes Unterrichtsthema gleich gut, es ist eine genaue Betrachtung der Eignung sowie der Vor- und Nachteile erforderlich, um ein Thema passend zu veranschaulichen.

Setzen Sie die Veranschaulichung gezielt ein:
Es sind verschiedene Gesichtspunkte möglich, unter denen dem Schüler Anschauung vermittelt werden kann. Wecken Sie dabei bei den Schülern Freude an der Thematik, indem Sie Veranschaulichung gezielt dazu einsetzen.

Steuern Sie die Veranschaulichung durch Aufträge:
Um der Zersplitterung der Aufmerksamkeit vorzubeugen, bietet es sich an, die Ziele einer Veranschaulichung schon vorzubereiten, bevor der sinnliche Kontakt stattfindet. Schüler wissen, dass sie im Anschluss Fragen und/oder Arbeitsaufträge zu bearbeiten haben. Eine Möglichkeit, dies zu erreichen, ist die Umkehrung der von Didaktikern vorgeschlagenen Abstraktionskette *Wirklicher Gegenstand → Modell → Bild*. Die Diskrepanz aus der Fantasie, die sich aus den zuvor gestellten Aufträgen ergibt, und der Wirklichkeit kann sehr reizvoll sein.

Verhelfen Sie zur Assimilation:
Geben Sie den Schülern Zeit, um die Realität nach ihrem eigenen, dem Alter entsprechenden Begriffssystem zu ordnen. So können Fragestellungen vertieft und Antworten darauf diskutiert werden. Schüler sollten auch genügend Zeit haben, ihre eigenen Gedanken und Auffassungen in Worte zu fassen, denn Material zur Veranschaulichung von Inhalten wird von ihnen oft in einer völlig eigenen und für den Lehrenden unerwarteten Art und Weise wahrgenommen.

Geben Sie Hilfestellungen zur Beobachtung:
Leisten Sie Hilfestellung bei der Beobachtung, wenn die konkrete Realität komplex ist. Ziehen Sie dazu z.B. Vergleiche heran, die Schüler darin unterstützen, Neues und Unbekanntes zu erkennen und zu verstehen.

Begrenzen Sie die Veranschaulichung:
Setzen Sie die Veranschaulichung sparsam, aber dafür langsam und vertieft ein. Eine Veranschaulichung kann vor allem dann begrifflich erfasst werden, wenn nicht zu viele Reize gleichzeitig auf den Schüler einströmen. Vermeiden Sie unbedingt Reiz- und Informationsüberflutung.

Schaffen Sie zu Beginn der Stunde einen anschaulichen Einstieg:
Ein anschaulicher, motivierender Einstieg, der das Interesse der Schüler zu wecken vermag und Auskunft über die Wichtigkeit des zu erlernenden Stoffes gibt, gibt entscheidenden Ausschlag über den Erfolg der Lerneinheit. Meistens werden Relevanz und Interessensgehalt neuer Aufgaben von der Lehrkraft nicht herausgestellt, sondern mit neutralen oder sogar negativen Hinweisen versehen.

5.4 Typische Fehler beim Veranschaulichen

Hinsichtlich der Veranschaulichung als Unterrichtsprinzip ergeben sich neben den Ressourcen auch Begrenzungen ihrer Umsetzung. So eignen sich zum einen nicht alle Unterrichtsinhalte zur Veranschaulichung. Es sind solche zu bevorzugen, die sich auf Wesentliches reduzieren lassen, das sich in exemplarischer, typischer, repräsentativer und elementarer Form darstellen lässt (Klafki 1964). Die Veranschaulichung von Lerninhalten verfehlt dann ihren Zweck, wenn

- es an Schülergemäßheit mangelt, diese also über- bzw. unterfordert sind;
- wenn der Lerngegenstand verfälscht oder verzerrt dargestellt wird;
- wenn es an Aktivierung mangelt; die Schüler also passiv und rezeptiv bleiben sowie nicht zur Problemlösung angeregt werden;
- wenn im Unterricht statt Medienvielfalt eine Medienüberflutung stattfindet;
- wenn die den Schülern vertrauten Stile der Mediennutzung nicht in die Planung und Umsetzung einbezogen werden (Walcher 1974; Wiater 2001).

5.5 Aufgaben

5.5.1 Filmgeleitete Aufgaben
Sehen Sie sich folgende Filmausschnitte an:
- Biologie *Blut und Blutsysteme* (Realschule 8. Jahrgangsstufe)
- Englisch 1. Lernjahr *Entwicklung von Sprachbewusstsein am Beispiel „Five Little Soldiers"* (Grundschule 3. Jahrgangsstufe)

Aufgabenbeschreibung
Gehen Sie bei der Betrachtung der angeführten Filmausschnitte folgendermaßen vor:

a) Beschreiben Sie zunächst, welche Mittel der Veranschaulichung Sie in den Unterrichtsszenen erkennen können.

b) Werden durch die von Ihnen beobachteten Mittel der Veranschaulichungen die Forderungen und Richtlinien von Bruner und Paivio verwirklicht?

Sehen Sie sich nun den Filmausschnitt Geografie *Küstenformen an der Ostsee* (Gymnasium 7. Jahrgangsstufe) an:

c) Welche weiteren Mittel der Veranschaulichung würden Sie vorschlagen, die sich in dieser Unterrichtsszene noch einsetzen lassen könnten?

Aufgabenerläuterung
Sehen Sie sich die angeführten Filmausschnitte an. Darin finden sich viele in den vorhergehenden Kapiteln beschriebene Mittel der Veranschaulichung wieder. Diese lassen sich auch in Hinblick auf die Ausführungen und Richtlinien von Bruner und Paivio diskutieren.

Aufgabenbegründung
Veranschaulichung stellt ein wichtiges Unterrichtsprinzip dar. Diese Aufgabe ermöglicht eine Verknüpfung von theoretischen Konzepten und praktischer Umsetzung. Die Filmausschnitte stellen zudem ein Beispiel für die Kombination verschiedener Veranschaulichungsformen im Unterricht dar.

5.5.2 Theoriegeleitete Aufgaben

Aufgabenbeschreibung
Diskutieren Sie im Hinblick auf die Richtlinien von Paivio und Bruner, welchen Platz die Veranschaulichung innerhalb der Unterrichtsprinzipien einnimmt.

Aufgabenerläuterung
Setzen Sie sich noch einmal mit Paivio und Bruner auseinander. Verschaffen Sie sich so noch einmal Klarheit über deren Darstellung der Wissensrepräsentation.

Aufgabenbegründung
Diese Aufgabe ermöglicht eine Diskussion der Bedeutung von Veranschaulichung im Bezug auf andere Unterrichtsprinzipien.

5.5.3 Zur Vertiefung

Aufgabenbeschreibung
Setzen Sie das Unterrichtprinzip der Veranschaulichung in Bezug zum Unterrichtsprinzip der Motivation. Diskutieren Sie dabei, wie und inwieweit sich durch eine Verknüpfung von Veranschaulichung und Motivation die Vermittlung von Lernstoff im Unterricht noch effektiver gestalten lässt.

Aufgabenerläuterung
Lesen Sie sich die Ausführungen zu Veranschaulichung und Motivation durch. Sie werden bei beiden Prinzipien viele Aspekte erkennen, die als Ansatzpunkte für das jeweils andere Unterrichtsprinzip herangezogen werden können.

Aufgabenbegründung
Verschiedene Unterrichtsprinzipien lassen sich nicht immer unabhängig von einander anwenden. Dies kann von Vorteil sein, da die Verknüpfung mehrerer Prinzipien den Lernerfolg im Unterricht verstärken kann.

5.6 Literatur

Becker, N. (2005). *Die neurowissenschaftliche Herausforderung der Pädagogik.* Bad Heilbrunn.

Bragg, L. (1951). *Elektrizität. Eine gemeinverständliche Einführung in die Elektrophysik und deren technische Anwendung.* Wien.

Brandl, W. (1997). Versprachlichung im Unterricht: Lern- und gedächtnis-psychologische Aspekte. *Schulmagazin 5-10, 12* (3), 77-80.

Bruner, J. (1974). *Entwurf einer Unterrichtstheorie* (Original erschienen 1966). Berlin.

Comenius, J.A. (1992). *Große Didaktik* (hrsg. von A. Flitner) (Original erschienen 1657). Stuttgart.

Fleming, M. & Bednar, A. (²1993). Concept-Learning Principles. In M. Fleming & W.H. Levie (Eds.), *Instructional Message Design. Principles from the Behavioral and Cognitive Sciences* (S. 233-252). Englewood Cliffs.

Gage, N.L. & Berliner, D.C. (⁵1996). *Pädagogische Psychologie.* Weinheim.

Glynn, S.M., Andre, T. & Britton, B.K. (1989). The design of instructional text: introduction to the special issue. *Educational Psychologist, 21,* 245-251.

Grunder, H.-U., Ruthemann, U., Scherer, S., Singer, P. & Vettiger, H. (2007). *Unterricht verstehen – planen – gestalten – auswerten.* Hohengehren.

Haeffner, G. (2006). *Wege in die Freiheit. Philosophische Meditationen über das Menschsein.* Stuttgart.

Hauck, G. (2004). *Effekte von Modalitätspräferenzen beim Wissenserwerb mit multimedialen Lernsystemen.* Berlin.

Herbart, J.F. (1964). *Sämtliche Werke, II.* Aalen.

Johnson-Laird, P.N. (1983). *Mental models: towards a cognitive science of language, inference and consciousness.* Cambridge, UK: Cambridge University Press.

Kahlert, J. (2000). Ganzheitlich Lernen mit allen Sinnen? Plädoyer für einen Abschied von unergiebigen Begriffen. *Grundschulmagazin, 12,* 37-40.

Kant, I. (1998). *Kritik an der reinen Vernunft.* (hrsg. von J. Timmermann) (Original erschienen 1794). Hamburg.

Keller, J.M. (2010). *Motivational design for learning and performance: The ARCS model approach.* Berlin.

Kiel, E. (2004). *Anleitung zum Bilden von Analogien.* Verfügbar unter: http://cyberbildung.uni-duisburg.de/gruppen/themen/175.0/2549.0/2005-11-24.7205524602/view (05.02.07).

Klafki, W. (⁴1964). *Das pädagogische Problem des Elementaren und die Theorie der kategorialen Bildung.* Weinheim.

Klippert, H. (¹⁴1994). *Methoden-Training. Übungsbausteine für den Unterricht.* Weinheim, Basel.

Kubri, F. (1983). *Erkenntnis und Didaktik. Piaget und die Schule.* München, Basel.

Lerche, T. (2011). Virtuelle Lernplattformen. In E. Kiel & K. Zierer (Hrsg.), *Basiswissen Unterrichtsgestaltung. Band 1:* (S. 87-102). Baltmannsweiler.

Mayer, R. E. (2005). Cognitive theory of multimedia learning. In R. E. Mayer (Hrsg.), *The Cambridge Handbook of Multimedia Learning* (pp. 31-48). Cambridge/MA.

Merrill, D. (2002). First Principles of Instruction. *Educational Technology Research and Development, 50* (3), 43-59.

Metzig, W. & Schuster, W. (^{3}1996). *Lernen zu lernen. Lernstrategien wirkungsvoll einsetzen.* Berlin u.a.

Mietzel, G. (^{5}1998). *Pädagogische Psychologie des Lernens und Lehrens.* Göttingen u.a.

Paivio, A. (1986). *Mental representations. A dual coding approach.* New York.

Pestalozzi, J.H. (1961). *Wie Gertrud ihre Kinder lehrt* (Original erschienen 1801). Paderborn.

Piaget, J. (1973). *To understand is to invent: The future of education.* New York.

Plass, J.L., Chun, D., Mayer, R.E. & Leutner, D. (1998). Supporting visualizer and verbalizer learning preferences in a second language multimedia learning environment. *Journal of Educational Psychology, 90,* 25-36.

Salomon, G. & Leigh, T. (1984). Predispositions about learning from print and television. *Journal of Communication,* 34 (2), 119-135.

Simons, P.R. (1984). Instructing with analogies. *Journal of Educational Psychology, 76,* 513-527.

Schnotz, W. (1994). *Aufbau von Wissensstrukturen.* Tübingen.

Schnotz, W. (2005). An integrated model of text and picture comprehension. In R. E. Mayer (Hrsg.), *The Cambridge Handbook of Multimedia Learning* (pp. 49-69). Cambridge, MA: Cambridge University Press.

Tennyson, R.D. & Cocchiarella, M.J. (1986). An Empirically Based Instructional Design Theory for Teaching Concepts. *Review of Educational Research, 56* (1), 40-71.

Tulodziecki, G. (2011). Medien im Unterricht. In E. Kiel & K. Zierer (Hrsg.), *Basiswissen Unterrichtsgestaltung. Band 2: Unterrichtsgestaltung als Gegenstand der Wissenschaft* (S. 199-212). Baltmannsweiler.

van Dijk, T. & Kintsch, W. (1983). *Strategies of discourse comprehension.* San Diego/CA.

Wagenschein, M. (1991). *Verstehen lehren. Genetisch – Sokratisch – Exemplarisch.* Weinheim.

Wagenschein, M. (^{3}1995). *Naturphänomene sehen und verstehen: genetische Lehrgänge.* Stuttgart u.a.

Walcher, K.P. (1974). *Eine psychologische Untersuchung der Begriffe Anschauung, Anschaulichkeit und Veranschaulichung.* Kiel.

Weidenmann, B. (2002). Multicodierung und Multimedia im Lernprozess. In L.J. Issing & P. Klimsa (Hrsg.), *Information und Lernen mit Multimedia* (S. 45-61). Weinheim.

Wertheimer, M. (1957). *Produktives Denken.* Frankfurt a.M.

Wiater, W. (2001). *Unterrichtsprinzipien.* Donauwörth.

Wygotski, L.S. (1978). *Mind in society: The development of higher psychological processes.* Cambridge.

Für die Unterstützung bei Kant bedanke ich mich bei Dr. Eva Steinherr, bei den Theorien dualer Codierung bei Dr. Thomas Lerche.

6 Kreativitätsförderung
Sabine Weiß

Die Fantasie ist bedeutender als das Wissen.
(Albert Einstein)

6.1 Einleitung

Wenige Begriffe üben eine so anziehende Wirkung aus wie der Begriff der Kreativität. Dieser ist in den letzten Jahren und Jahrzehnten zu einem Modewort geworden, das Eingang gefunden hat in viele Bereiche des gesellschaftlichen Lebens. Kreativität hat seinen Platz nicht länger nur im Besonderen, wie in der Kunst und der Musik oder in herausragenden Leistungen von Erfindern und Wissenschaftlern, sondern spiegelt sich in verschiedenen Ausdrucksformen und Facetten in Gesellschaft und Alltag wider. Sie bleibt nicht nur einzelnen Persönlichkeiten vorbehalten, sondern wird als etwas angesehen, das dem persönlichen Erleben jedes Einzelnen Sinn und Struktur verleiht. Diese Betrachtungsweise ist nicht ganz neu, hatte doch schon 1958 John Dewey in *Art as Experience* angemerkt, dass eine Vernachlässigung kreativer Gestaltung im Alltag zu einer Verkümmerung sämtlicher Lebensbereiche führe. Kreativität solle deshalb ein alltäglicher Begleiter sein, der die Sinne für die persönlich erlebte Welt öffne.

Heute gilt Kreativität als zukunftsfähige Strategie zur Sicherung des Standorts Deutschland und Europa. „Für die Bewältigung der gesellschaftlichen Zukunft wird es immer wichtiger, über eine hochentwickelte emotionale Kreativität zu verfügen. So genügt nur ein Blick auf unsere informationstechnologisch geprägte Gesellschaft, um uns erkennen zu lassen, dass rein kognitive Prozesse in Zukunft kaum noch einen direkten Bezug auf humane Arbeit besitzen werden" (Dombrowski 1998, S. 8). Ebenso beschreibt Hartmut von Hentig in seinem Buch *Kreativität. Hohe Erwartungen an einen schwachen Begriff* (1998), dass Kreativität ein notwendiges Korrektiv einer Gesellschaft sei, die dazu neige, alles durchzurationalisieren und die Spontaneität zu unterdrücken. Sie sei deshalb eine der größten Herausforderungen moderner Gesellschaften. Dem kann sich auch die Bildungspolitik nicht entziehen, auch sie muss sich zunehmend mit innovativen Konzepten und kreativen Ansätzen und Strategien befassen (Zehetmair 1998). So ist Kreativitätsförderung längst auch eine (schul)pädagogische Aufgabe geworden. „Die schöpferischen Kräfte des Einzelnen fördern zu wollen, ist traditionell ein Anliegen pädagogischen Handelns [...] und lässt sich mit dem modernen schulischen Bildungsbegriff rechtfertigen" (Kahlert 2000, S. 76). Kreativität hat Eingang gefunden in die Lehrpläne verschiedener Schularten und Bundesländer, sie ist in unterschiedlichen Unterrichts- und Arbeitsformen zu finden und spiegelt sich in einer Vielzahl schulpädagogischer Publikationen wider. Sie stellt ein Unterrichtsprinzip dar, das es in Unterricht und Schule zu fördern gilt.

6.2 Der Begriff der Kreativität

6.2.1 Definition und Beschreibung

Wenige Begriffe, die eine so anziehende Wirkung ausüben, sind gleichzeitig so unscharf, was ihre Beschreibung und Definition betrifft. Dies ist eigentlich verwunderlich, schließlich handelt es sich bei Kreativität nicht um etwas gänzlich Neuartiges und Unbekanntes, sondern um ein Phänomen, das seit Jahrhunderten und Jahrtausenden bekannt ist. Seit Beginn des menschlichen Lebens gibt es Dokumente des elementaren Bedürfnisses des Menschen, „sich über seine Position in der Welt kreativ zu verständigen" (Holm-Hadulla 2003, S. 2). Zeugnisse hierfür finden sich in allen archaischen Hochkulturen, in mittelalterlichen Darstellungen und in allen Weltreligionen. Jean-Jacques Rousseau ging von einer naturgegebenen Schöpferkraft des Kindes aus, seinen Höhepunkt findet dieses Denken in der Reformpädagogik des ausgehenden 19. und frühen 20. Jahrhunderts. Dabei wurde Kreativität über Jahrhunderte als etwas angesehen, das eine Person wie ein Blitz überkommt und keine weitere, schon gar keine wissenschaftliche Erklärung hierfür erlaubt. Diese Ansicht änderte sich erst durch den Beginn der naturwissenschaftlichen Psychologie Ende des 19. Jahrhunderts.

Geburtsstunde der modernen Kreativitätsforschung ist die Antrittsrede des Psychologen J. P. Guilford auf dem Kongress der amerikanischen Psychologenvereinigung (APA) 1950. Hierin macht Guilford die Fachwelt aufmerksam auf die Kreativität als eine Vielzahl geistiger Fähigkeiten, die in herkömmlichen Intelligenztests keine Rolle spielen und deshalb keinerlei Beachtung finden. Er wurde zum Initiator der empirischen Kreativitätsforschung. Die von ihm beschriebenen Hauptmerkmale der Kreativität, *Flexibilität im Denken, Originalität, Problemsensitivität* und *Praktikabilität*, haben bis heute Geltung.

Der heutige Begriff der Kreativität ist eine Übertragung des englischen Begriffs *creativity* von J. P. Guilford. Er geht zurück auf das lateinische *creare*, das mit *erschaffen, erzeugen, gestalten* übersetzt wird. Holm-Hadulla (2003) weist auf die enge Wortverwandtschaft mit *crescere, werden, gedeihen, wachsen lassen*, hin und lässt somit auch die Bedeutung des *Wachsens-Lassens noch unbewusster Potentiale* in die Begriffserklärung einfließen. Eine eindeutige Definition von Kreativität ist schwierig, denn dieser liegen unterschiedliche Zugangsweisen, Grundannahmen und Zielvorstellungen zugrunde, die eine diffuse Vorstellung und Verwendung des Begriffs zur Folge haben. Von Hentig (1998) weist jedoch deutlich darauf hin, dass nicht die Schwäche des Begriffs die Zugänglichkeit erschwert, sondern die Komplexität. Kreativität ist kein einheitlich verstandenes Konzept, sondern

es gibt verschiedene Definitionen und Erklärungsansätze. Jede Fachrichtung wiederum hat ihr eigenes Verständnis. Eine Möglichkeit der Definition richtet sich auf Kreativität als eine *Fähigkeit des Menschen*. Urban (2004) beschreibt Kreativität als „Fähigkeit zum selbstbestimmten schöpferischen Denken und Handeln" (S. 67). Holm-Hadulla & Jansen (2003) sprechen von der „Fähigkeit, neue und sinnfällige Zusammenhänge zu entdecken, zu erfinden oder sogar zu erschaffen" (S. 5). Andere Definitionen sehen Kreativität mehr als eine *Eigenschaft*, ein *Persönlichkeitsmerkmal eines Menschen*: „Ausgangspunkt aller Überlegungen ist dabei die Grundannahme, dass jeder Mensch über ein zwar individuell verschiedenes, aber faktisch vorhandenes schöpferisches Potential verfügt und Kreativität somit ein Persönlichkeitsmerkmal darstellt" (Buchinger 2000, S. 29). Eine ausführliche Erklärung der kreativen Persönlichkeit wird an späterer Stelle folgen.

Allen Definitionen und Beschreibungsansätzen ist gemeinsam, dass allen Dimensionen menschlichen Handelns, Denkens und Fühlens eine Bedeutung zugeschrieben wird: Kreativität umfasst kognitive, emotionale, motorische, ästhetische und soziale Komponenten. Übereinstimmend wird auch die Rolle der Motivation betrachtet, die dem – in Folgenden noch ausführlich dargestellten – kreativen Prozess zugrunde liegt.

Die steigende Wertschätzung von Kreativität ist auch wesentlich mit der Gestaltpsychologie verknüpft, besonders mit Max Wertheimer (1967) und Karl Duncker (1963, 1973). Beide gingen von der Kritik am assoziativen und traditionellen logischen Denken aus. Aus heutiger Sicht besteht die Bedeutung der Gestalttheorie für die Kreativität vor allem in der Erkenntnis, dass bei der Lösung von Problemen eine Umstrukturierung des Denkens von Nutzen sein kann, durch die aktuelle Situationsvariablen berücksichtigt werden. Letztendlich versucht die Gestalttheorie, Kreativität über den dorthin führenden Prozess zu definieren, der als besonderer, eine neue Idee oder Einsicht hervorbringender Denkvorgang charakterisiert ist (Beitz 1996).

6.2.2 Die Bedeutung von Entwicklung und Intelligenz

Art und Stärke des Zusammenhangs zwischen Kreativität und Intelligenz sind umstritten. Die Ansichten und Ergebnisse, die dazu bis heute vorliegen, lassen keine eindeutige Klärung dieses Zusammenhangs zu. J. P. Guilford, Initiator der modernen Kreativitätsforschung, sah das *divergente Denken* als maßgebliches Element für die kreative Leistung an. Divergent – als das Gegenteil von konvergent, die Art des Problemlösens, die zu eindeutigen Richtiglösungen vorgegebener Aufgaben führt – ist die Art des Denkens, die auf fluide und flexible Weise originelle Ideen produziert. Die von Guilford vertretene Struktur kognitiver Fähigkeiten weist der Kreativität eindeutig einen Platz innerhalb der Intelligenz zu (Guilford 1950). Einige moderne Forschungen und Tests weisen zudem Ergebnisse auf, wonach Personen mit einem höheren Intelligenzquotienten bessere Chancen haben, kreative Leistungen zu vollbringen (Schuler & Görlich 2007). Sternberg & O'Hara (1999) stellen einen schwachen bis mäßigen Zusammenhang zwischen beiden Maßen bis zu einem IQ von 120 hin fest; jenseits davon schwindet die Korrelation. Perkins (1988) schlägt den Mittelweg ein, indem er davon ausgeht, dass „Intelligenz die Kreativität zu einem gewissen Maß ermöglicht, aber nicht fördert" (S. 319). Kreativität wird zudem häufig mit Hochbegabung assoziiert. Für Hochbegabung gibt es verschiedene, voneinander divergierende, Definitionen, unter anderem auch die Kreativitätsdefinition, der zufolge bei der Hochbegabung auf Leistungen und Ergebnisse fokussiert wird, die innerhalb einer Vergleichsgruppe herausragend sein müssen und sich durch Originalität auszeichnen (vgl. Holling & Kanning 1999). Joe Renzulli (1986) postuliert in seinem Drei-Ringe-Modell die Schnittmenge der Persönlichkeitsmerkmale Motivation, überdurchschnittliche intellektuelle Fähigkeiten und Kreativität als entscheidend für Begabung – wirken diese Merkmale optimal zusammen, können sich hohe Leistungen zeigen. Renzulli zielte mit dieser Konzeption von Hochbegabung darauf ab, vor allem die kreativ-produktiv Begabten zu entdecken. Ebenso stellen kreative Fähigkeiten in Robert Gagnès Differenziertem Begabungs- und Talentmodell einen Fähigkeitsbereich der Begabung dar. Im Münchner multifaktoriellen Hochbegabungsmodell benennen Heller, Perleth und Hany neben intellektuellen Fähigkeiten, sozialer Kompetenz, Musikalität und Psychomotorik Kreativität als einen Begabungsfaktor, der im Zusammenspiel mit nichtkognitiven Persönlichkeitsmerkmalen und Umweltfaktoren zu Leistung auf verschiedenen Gebieten führt (Heller, 1992).

Was die Testverfahren zur Kreativität betrifft, zeigen Zimbardo & Gehrig (2005) auf, dass sich die meisten Ansätze zur Messung und Beurteilung auf das *divergente Denken* konzentrieren. Durch verschiedene Fragestellungen wird Probanden die Möglichkeit gegeben, eine Vielzahl ungewöhnlicher Lösungen für ein Problem zu finden. Die Antworten werden anhand von Dimensionen wie *Flüssigkeit* (die Gesamtzahl unterscheidbarer Ideen), *Einzigartigkeit* (die Anzahl der Ideen, die keine andere Person innerhalb der Stichprobe hatte) und *Ungewöhnlichkeit* (die Anzahl der Ideen, die beispielsweise nur weniger als fünf Prozent der Stichprobe hatten) bewertet (Runco 1991). Ein wesentlicher Kritikpunkt dieser Testverfahren liegt in der engen Anknüpfung an die Intelligenzdiagnostik (Lubart 1994). Ein alternativer Zugang zur Messung von Kreativität liegt darin, Personen ein kreatives Produkt schaffen zu lassen, das dann von Beurteilern bewertet wird. Die Übereinstimmung verschiedener Beurteilungen erweist sich dabei als hoch. Damit könnte auch einem weiteren Kritikpunkt an den von Zimbardo & Gehrig angeführten Messverfahren begegnet werden, nämlich der Frage nach der *gesellschaftlichen Akzeptanz* von Lösungsvorschlägen. Denn nicht jede einzigartige und ungewöhnliche Lösung, die kreativ ist, findet auch Anerkennung und Akzeptanz. Es ist jedoch gerade das Kriterium der Akzeptanz, der *Angemessenheit* einer kreativen Leistung, durch die sich die Kreativität von der reinen Produktivität abgren-

zen lässt (Kronfeldner 2002). Dennoch bleibt es schwierig, Kreativität zu erfassen bzw. zu bewerten. Dies ist zum einen bedingt durch das Fehlen einer verbindlichen Definition, darüber hinaus steht die Validität von Kreativitätstests in Frage: Ein isoliertes Testverfahren misst möglicherweise andere Probleme als sich in der Praxis ergeben. Zusätzlich bleibt zweifelhaft, oft sich jede kreative Persönlichkeit unter Testbedingungen (z.B. Zeitdruck, „Laborbedingungen") entfalten kann.

Mehr Einigkeit besteht hingegen, was den Zusammenhang zwischen Entwicklung und Kreativität betrifft. Kreativität und kreatives Handeln werden oft (ausschließlich) mit Kindern verbunden. Schon D. H. Russel hatte 1956 in *Childrens thinking* geschrieben, dass Kindheit und Kreativität voneinander nicht zu trennen wären. Tatsächlich erfinden Kinder neue Wörter, erproben spielerisch neue Verwendungsweisen von Materialen und Gegenständen und entwickeln eigene Vorstellungen und Ideen von der Welt. Die Fähigkeit zur Kreativität bleibt zwar nicht auf Kindheit und Jugend beschränkt, dennoch wird die Basis vor allem in der frühen Kindheit gelegt. Mit großer Übereinstimmung wird Kreativität als das Produkt eines Zusammenspiels zwischen Anlage und Umwelt bezeichnet. Angeborene Merkmale grenzen einerseits die Entwicklungsmöglichkeiten ein, andererseits stecken sie den Rahmen für Veränderungspotentiale ab. Eine Weiterentwicklung dieser Möglichkeiten und Potentiale ist während des gesamten Lebens möglich. Kahlert (2000) beschreibt Kreativität als eine Entwicklungsaufgabe in der Kindheit: Kinder sind noch nicht auf Gewohnheiten und Kenntnisse festgelegt, sie begegnen anderen Menschen und Gegenständen nicht mit bewährten, eingefahrenen Verhaltensweisen und Routinen. Sie probieren aus und nutzen ihre eigenen – oft offeneren, wacheren, spontaneren, risikofreudigeren, neugierigeren – Herangehensweisen aus. Fudikar (1985) bezeichnet Kreativität als ein Persönlichkeitsmerkmal, das jeder Mensch in individuell stärkerer oder schwächerer Ausprägung besitzt, und das sich weiter ausbilden kann, wenn im Laufe der Entwicklung eine entsprechende Förderung geschieht, allem voran durch die Erziehung in Familie und Schule. Auch nach Urban (2000) ist „die Entwicklung der angelegten kreativen Wurzeln in Richtung auf kreatives Denken und Handeln in hohem Maß abhängig von den Bedingungen der Umwelt einschließlich der erzieherischen Institutionen und deren Wirkung" (S. 73). Darauf wird nun in den beiden folgenden Kapiteln näher eingegangen.

6.3 Der kreative Prozess

Übereinstimmend wird Kreativität als ein Prozess mit verschiedenen Elementen und Einflussfaktoren beschrieben. Dabei wird neben dem kreativen Prozess selbst von den Einflussgrößen *Person/Persönlichkeit*, *Problem/Problemstellung* ausgegangen, meist wird noch *(soziale) Umwelt/Problemumfeld* hinzugenommen. Ergebnis ist das kreative Produkt (Brodbeck 1995; Eggert 1996; Fudikar 1985;

Funke 2001; Preiser & Buchholz 2004). Folgendes Modell von Preiser & Buchholz (2004) verdeutlicht das Zusammenwirken dieser Bezugsgrößen:

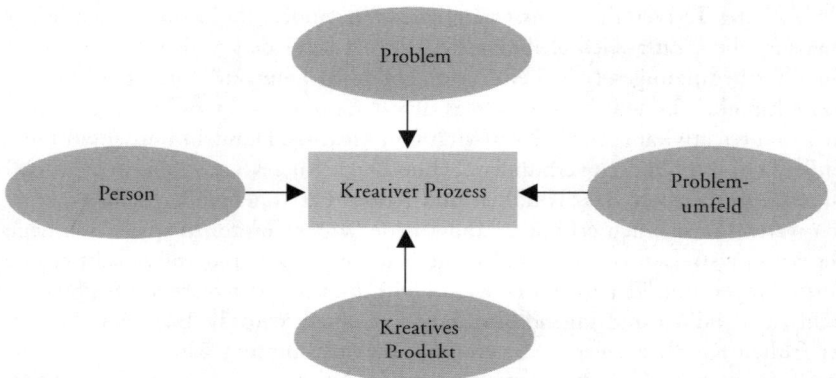

Abb. 1: Der kreative Prozess und seine Bezugsgrößen (Preiser & Buchholz 2004, S. 18)

Ein *kreativer Prozess* wird durch ein *Problem*, einen Problemdruck oder einen Anreiz, initiiert. *Personen* mit ihren (individuellen) Merkmalen und das *Problemumfeld* wirken förderlich oder hemmend darauf ein. Es entsteht ein *Produkt*. Diese Bezugsgrößen werden nun im Folgenden ausführlich beschrieben. Ein ausdifferenziertes Modell findet sich als Abbildung im Anhang wieder.

6.3.1 Die kreative Person
In Anlehnung an das oben angeführte Modell schreiben Preiser & Buchholz (2004) der kreativen Person besondere Fähigkeiten, Denkstile und Denkstrategien sowie besondere Persönlichkeitsmerkmale zu:

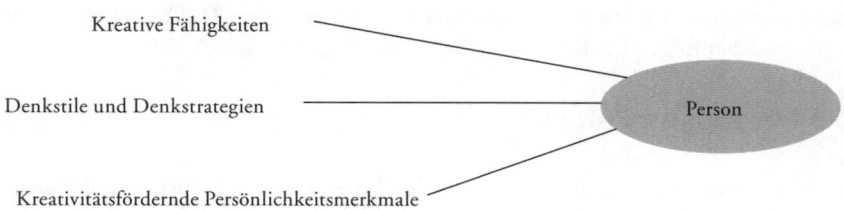

Abb. 2: Die kreative Person (Preiser & Buchholz 2004, S. 31)

Diese übergeordneten Merkmalskategorien lassen sich weiter ausdifferenzieren. *Kreative Fähigkeiten* umfassen dabei individuelle Fähigkeiten, die Kreativität ermöglichen oder zumindest begünstigen:
- *Problemsensibilität*: Fähigkeit, durch eine offene und kritische Haltung und eine Aufgeschlossenheit gegenüber Veränderungen in der Umgebung Widersprüche, Unstimmigkeiten, Probleme und Verbesserungsmöglichkeiten zu erkennen,
- *Einfalls- und Denkflüssigkeit*: Fähigkeit, zu einem Thema in kurzer Zeit durch divergente Denkoperationen möglichst viele Ideen und Gedanken zu produzieren,
- *Flexibilität*: Fähigkeit, in unterschiedliche Richtungen zu denken, unterschiedliche Kategorien nutzen und ein Problem aus unterschiedlichen Perspektiven zu betrachten,
- *Originalität*: Fähigkeit, ungewöhnliche Einfälle und Lösungsansätze zu entwickeln,
- *Umstrukturierung*: Fähigkeit, Gegenstände, Informationen und Ideen in völlig neuer Weise zu sehen, anzuordnen und zu nutzen, neue Zusammenhänge herzustellen,
- *Ausarbeitung*: Fähigkeit, von einer Idee zu einem konkreten und realistischen Plan übergehen zu können, Ideen auszugestalten und auszuschmücken,
- *Durchdringung*: Fähigkeit, ein Problemgebiet in Gedanken zu durchdringen.

Denkstile und Denkstrategien beschreiben kognitive Fähigkeiten, zum Beispiel Wahrnehmungs- und Problemlösestrategien, die Kreativität begünstigen. Die wichtigsten sind im Folgenden aufgeführt:
- *Kognitive Komplexität*: Bereitschaft, vielseitige und unterschiedliche Informationen aufzunehmen und in eigene Erfahrungen zu integrieren,
- *Impulsivität und Reflexivität*: Bereitschaft, spontan, ohne Verzögerung und längeres Nachdenken zu reagieren, zu urteilen oder zu entscheiden; Bereitschaft, ein Problem vor einer Beurteilung, Entscheidung oder Reaktion zu überdenken und mögliche Konsequenzen abzuwägen,
- *Feldunabhängigkeit*: Bereitschaft, Sinneseindrücke unabhängig von ihrem Umfeld wahrzunehmen und zu analysieren; so können Einzelheiten vom Gesamteindruck gelöst werden, der Prozess der gedanklichen Umstrukturierung eines Problemgebietes und das Herstellen einer neuen Ordnung wird möglich,
- *Funktionale Offenheit*: Bereitschaft, Gegenstände von ihrer üblichen Funktion zu trennen und zu anderen Zwecken zu gebrauchen; Einstellungsschranken und Erstarrung überwinden,
- *Komplexe und variable Denkstrategien*: Beherrschen von systematischen und logischen Analysen und Ableitungen ebenso wie von intuitiv gewonnenen Analogien; konvergente und divergente Denkstrategien nutzen.

Dazu kommen weitere *kreativitätsfördernde Persönlichkeitsmerkmale*:
- *Vitalität*: Zielorientiertes und motiviertes Handeln, Erfolgsorientierung, Ausdauer,
- *Psychische Stabilität*: Ich-Stärke, Belastbarkeit und Durchhaltevermögen bis hin zur praktischen Umsetzung einer Idee,
- *Neugier*: aktive geistige und handelnde Auseinandersetzung mit der Umwelt, Vorliebe für neue und abwechslungsreiche Erfahrungen,
- *Kontrollierte Spontaneität*,
- *Konflikt- und Frustrationstoleranz*: Überwindung von Widerständen und Barrieren, keine Resignation bei Konflikten und Enttäuschungen,
- *Komplexität*: Nutzung vielschichtiger Informationen, keine Festlegung auf einen Lösungsansatz,
- *Unabhängigkeit*: Überwindung konventioneller Karrieren und Sackgassen.

Schuler & Görlich (2007) entwarfen auf Basis der Darstellungen von Barron & Harrington (1981) und Mansfield & Busse (1981) eine Gruppierung kreativitätsbedingender und kreativitätsbegünstigender Eigenschaften, die einige weitere, bisher noch nicht erfasste Merkmale einer kreativen Person enthält:
- *Intelligenz:* Komplexität, Intuition, Einsicht, Fantasie, Bildung, Vorstellungskraft, Integrationsfähigkeit,
- *Intrinsische Motivation:* Ehrgeiz, Ausdauer, Konzentration, Leistungsmotivation, Individualismus, Unabhängigkeit des Urteils, Eigenwilligkeit,
- *Nonkonformität:* Originalität, Unkonventionalität, Autonomiestreben, Individualismus, Unabhängigkeit des Urteils, Eigenwilligkeit,
- *Selbstvertrauen* (fähigkeits- und zielbezogen): Emotionale Stabilität, Selbstbild „kreativ", Risikobereitschaft,
- *Offenheit:* Neugierde, Freude an Neuem, ästhetische Ansprüche, intellektuelle Werte, Bedürfnis nach Komplexität, breite Interessen, Flexibilität, Ambiguitätstoleranz,
- *Erfahrung:* Wissen, Einstellungen und Werthaltungen, meta-kognitive Fertigkeiten (Planung, Monitoring, Feedback, Selbststeuerung, Selbstbeurteilung).

Dem fügen Schuler & Görlich (2007) noch Eigenschaften wie Überzeugungskraft, Kontakt- und Kommunikationsfähigkeit, die Fähigkeit, Probleme antizipieren und Ressourcen mobilisieren zu können sowie Empathie hinzu.

6.3.2 Das Problem
Nach Preiser & Buchholz (2004) sollte ein Problem bzw. eine Problem- oder Aufgabenstellung bestimmte Merkmale aufweisen, die einen kreativen Lösungsprozess anstoßen. Probleme müssen dabei nicht immer gegeben sein, sie können auch erfunden werden. Ein *Problemdruck* ist notwendig, um einen inneren An-

trieb zu erzeugen. Dies kann ein Anreiz, zum Beispiel eine zu Beginn unlösbar erscheinende Aufgabe sein. Die *Offenheit für Neues* bewirkt, dass nicht nur bekannte Lösungen und Routinen herangezogen werden, sondern nach neuen, unbekannten und unkonventionellen Lösungsansätzen gesucht wird.

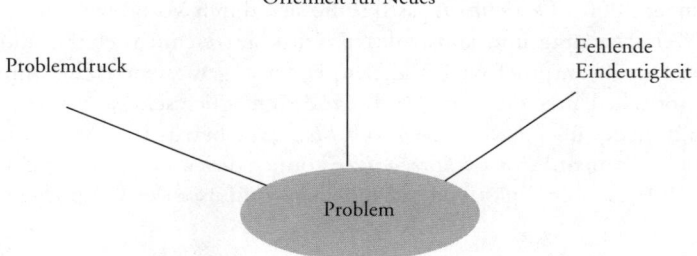

Abb. 3: Merkmale eines Problems im kreativen Prozess (Preiser & Buchholz 2004, S. 18)

Dazu muss eine *Fehlende Eindeutigkeit* oder Unklarheit über den Prozess hin zur Entstehung eines Produkts bestehen, denn nur dann wird überhaupt eine kreative Lösung benötigt. Beitz (2000) ergänzt als ein weiteres Merkmal die *Komplexität einer Aufgabe*, denn eine hohe Aufgabenkomplexität sowie neuartige Problemstrukturen stellen besondere Anforderungen an das Fähigkeitspotential und das bisher zur Verfügung stehende Repertoire an Handlungskonsequenz und Orientierung.

6.3.3 Das Problemumfeld

„Kreativität ist die Fähigkeit, Neues zu schaffen. Zur Entfaltung dieser Fähigkeit bedarf [...] das Individuum der Umwelt" (Zaloudek 1978, zit. nach Funke 2001, S. 47). Das Problemumfeld bzw. die situativen Bedingungen, im Folgenden charakterisiert durch Preiser & Buchholz (2004), wirken fördernd auf den kreativen Prozess ein:

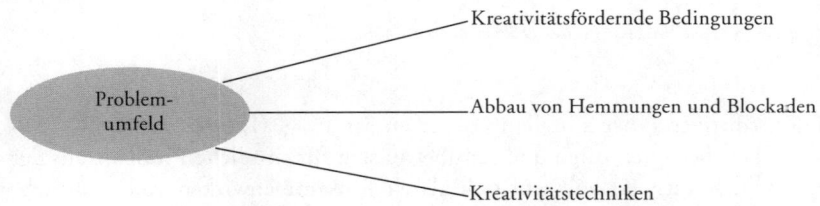

Abb. 4: Das Problemumfeld im kreativen Prozess (Preiser & Buchholz 2004, S. 21)

Beispiele für *kreativitätsfördernde Umweltbedingungen* sind ein anregendes und ermutigendes Lern- und Arbeitsklima sowie ein angemessener Erziehungs- und Führungsstil durch die Führungs- bzw. Lehrperson. Das bereitgestellte Materialangebot muss selbständiges Lernen initiieren, Neugierverhalten hervorrufen und zu erfahrungsoffener und aktiv-entdeckender Sacherschließung herausfordern (Buchinger 2000). Der Führungsstil sollte sich durch Vorbildwirkung, Ermutigung, Wertschätzung und konstruktive Kritik auszeichnen, ebenso durch das Vereinbaren von anspruchsvollen Zielen, einen angemessenen Zeitrahmen und informatorische Unterstützung. Es sollte zudem möglich sein, sich innerhalb des Problemumfeldes über *Hemmungen und Blockaden* bewusst zu werden und diese abbauen zu können. *Kreativitätstechniken* können dies unterstützen. Schuler & Görlich (2007) weisen ergänzend auf mögliche Einflüsse der Gruppendynamik hin.

6.3.4 Der kreative Prozess

Der kreative Prozess nach Preiser & Buchholz (2004) vollzieht sich in mehreren aufeinanderaufbauenden Stufen:

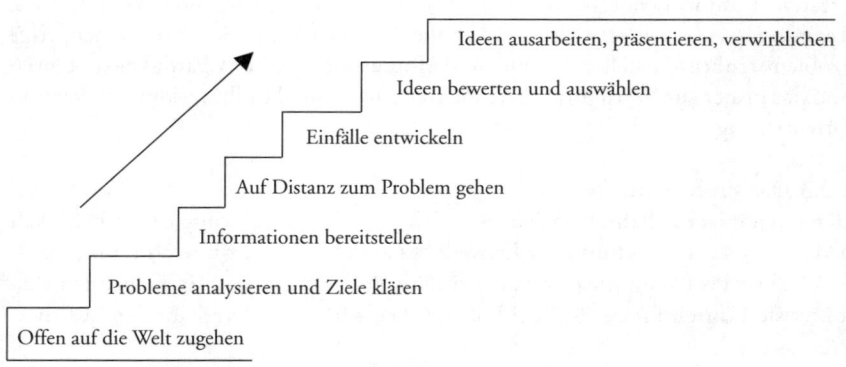

Abb. 5: Der kreative Prozess (Preiser & Buchholz 2004, S. 23)

Um den kreativen Prozess in Gang zu setzen, ist nötig, (1) *offen auf die Welt zuzugehen*. Das bedeutet, offen und sensibel zu sein für sinnliche Einflüsse aus der Umgebung. Kreativität vollzieht sich als ein Zusammenwirken von Wahrnehmungen und kognitiven Vorgängen, zur Informationsaufnahme sollten alle zur Verfügung stehenden Sinneskanäle genutzt werden. Es sollten auch die Bereitschaft und das Interesse gegeben sein, sich mit Neuem auseinander zu setzen und abzuweichen von schon bekannten Lösungswegen und eingefahrenen Routinen.

Im nächsten Schritt erfolgt eine Betrachtung dahingehend, (2) was überhaupt erreicht werden soll. Dabei sollte eine *realistische Zielklärung erfolgen*, denn nur erfüllbare Vorgaben schaffen Raum für eine kreative Lösung, die auch umgesetzt werden kann. Darauf folgend (3) müssen die *Informationen aktiviert, ergänzt und erarbeitet werden*, die für die Lösung eines Problems erforderlich sind. Der folgende Schritt ist von großer Bedeutung, denn (4) *auf Distanz zu einem bestehenden Problem oder einer Aufgabe zu gehen*, ermöglicht es, die Perspektive zu wechseln, das eigene Blickfeld zu erweitern und neue unbewusste Denkvorgänge und Fantasien zu aktivieren und zu nutzen. So wird Raum abseits von eingeschliffenen Routinen und eingefahrenen Denk- und Handlungsstrukturen geschaffen. Dies ist Grundlage für (5) die *Entwicklung von Lösungs- und Bewältigungsideen*. Diese müssen in einem nächsten Schritt (6) *bewertet und ausgewählt werden*. Dabei sollte die Realisierung einer Idee betrachtet und der Frage nachgegangen werden, ob die Anwendung und Durchführung einer Idee auch zum Erfolg führen kann. Zuletzt (7) werden die so entstandenen *Ideen ausgearbeitet, präsentiert und verwirklicht*. Eventuell auftretende Hindernisse und Probleme bei der Realisierung müssen angegangen und überwunden werden.

6.3.5 Das kreative Produkt

Das Ergebnis eines solchen Prozesses ist ein kreatives Produkt. Während die Kreativität als Eigenschaft nicht immer zu erkennen ist, fällt dies bei der kreativen Leistung – dem Produkt – leichter. Um von einem kreativen Produkt sprechen zu können, sollten nach Preiser & Buchholz (2004) folgende Bedingungen erfüllt sein:

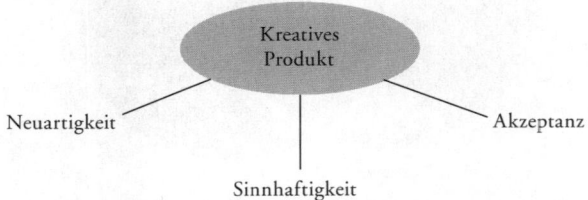

Abb. 6: Merkmale eines kreativen Produkts (Preiser & Buchholz 2004, S. 16)

Ein kreatives Produkt muss gekennzeichnet sein durch *Neuartigkeit*. Das bedeutet, eine Idee muss neu sein oder zumindest neuartige Elemente enthalten. Eine einfache Wiederholung von etwas Bekanntem ist nie kreativ, allerdings muss die Idee nicht einmalig sein, es kann auch etwas Bekanntes auf neuen Wegen beschritten, neu durchdacht oder bearbeitet werden. Entdeckt ein Kind etwas schon Bekanntes (zum Beispiel ein physikalisches Gesetz) durch einen eigenständigen Denkvorgang, dann vollbringt es ebenfalls eine kreative Leistung. Es muss zudem *Sinnhaftigkeit* gegeben sein. Eine kreative Idee muss sinnvoll sein und in irgendeiner Weise wertvoll sein: Sie kann zum Beispiel einen ästhetischen, künstlerischen, gesellschaftlichen, wirtschaftlichen, technischen oder wissenschaftlichen Fortschritt oder Beitrag zur Problemlösung beinhalten, eine Spannung klären, etwas in Bewegung setzen oder zum Nachdenken anregen. Somit muss die Idee auch auf *Akzeptanz* stoßen, denn erst wenn ein Produkt auch von seinem sozialen Umfeld anerkannt wird, kann es seine Wirkung entfalten. Gardner (1999) fasst dies zusammen: „Menschen sind schöpferisch, wenn sie bei der Lösung von Problemen, bei der Herstellung von Produkten oder bei Aufgaben innerhalb einer Disziplin auf eine Art vorgehen, die zwar grundlegend neu ist, schließlich jedoch in einer oder mehreren Kulturen akzeptiert wird. Dementsprechend ist eine Arbeit schöpferisch, wenn sie anfangs als neuartig auffällt, mit der Zeit aber in einer Domäne Zustimmung findet" (S. 142f).

Ähnlich wird der Zusammenhang zwischen der Neuartigkeit und der Wirkung bzw. dem Wert eines Produkts auch in anderen Modellen dargestellt. Brodbeck (2003) beschreibt das Kreative, das kreative Produkt ebenso als den Bereich, in dem sich die *Neuartigkeit* und der *Wert* einer Idee oder einer Leistung treffen.

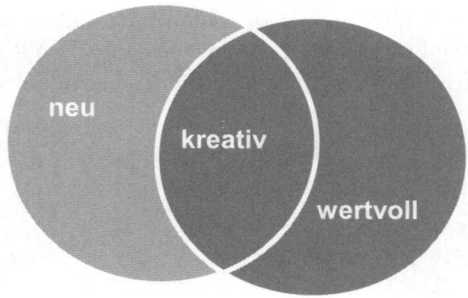

Abb. 7: Die Dimensionen des kreativen Prozesses/der Kreativität (Brodbeck 2003, S. 11)

Er widerspricht jedoch der Bewertung und Akzeptanz eines Produkts rein durch das soziale Umfeld. Auch ein Einzelner, zum Beispiel ein Schüler, kann eine eigene Leistung bewerten und für wertvoll und kreativ befinden, selbst wenn sie durch die Umwelt keine Anerkennung findet. So finden beispielsweise künstlerische oder musikalische Werke häufig nur eingeschränkte Anerkennung bzw. diese nur bei bestimmten Personengruppen, können aber trotzdem subjektiv als wertvoll und sinnhaft empfunden werden.

6.4 Kreativitätsförderung in Unterricht und Schule

„Der Beginn einer Erfolg versprechenden Kreativitätsförderung kann darin bestehen, einerseits hemmende Lern- und Arbeitsbedingungen abzubauen, andererseits den Menschen zu helfen, ihre eigenen Handlungsspielräume zu erweitern und äußere Kreativitätsbarrieren aktiv zu überwinden" (Preiser & Buchholz 2004, S. 12). Diese Definition einer effektiven Kreativitätsförderung macht die Bedeutung des in Kapitel 3 beschriebenen Modells des kreativen Prozesses und seiner Bezugsgrößen deutlich. Die Förderung von Kreativität kann sich nicht alleine auf ein Element des kreativen Prozesses beziehen, sondern muss alle im Modell angeführten Einflussfaktoren berücksichtigen – also Person, Problem, Problemumfeld und den kreativen Prozess selbst. Nur so kann auch ein kreatives Produkt entstehen. Somit handelt es sich bei der Kreativitätsförderung in der Schule um eine komplexe Aufgabenstellung, die sich auf alle Bereiche des Lehrens und Lernens in Schule und Unterricht bezieht. Sie sollte an dem Schüler selbst, der Lehrperson, der Unterrichtsgestaltung sowie an der Lehr- und Lernumgebung ansetzen. Einige Möglichkeiten der Förderung werden im Folgenden näher beschrieben und in Form von Handlungsanweisungen noch einmal zusammengefasst.

6.4.1 Gestaltung der Lehr- und Lernumgebung

Die Gestaltung einer kreativitätsfördernden Lehr- und Lernumgebung zielt sowohl auf die äußeren schulischen Bedingungen und das Materialangebot als auch auf das Klima in einer Klasse sowie die Gruppendynamik ab.

Die Einrichtung einer Kreativität ermöglichenden Umgebung beginnt mit einer Gestaltung von Klassenzimmer, Schulgebäude und -gelände, die folgenden Bedingungen entsprechen sollte:

– Es sollte genug Raum für jeden einzelnen Schüler vorhanden sein.

– Die Durchführung gemeinsamer Projekte, Initiativen und kooperativer Lernformen sollte möglich sein.

– Es sollte eine anregungsreiche Umgebung zur Verfügung stehen, denn diese initiiert überhaupt erst kreative Denk- und Handlungsprozesse: Vielfältiges Material stellt die Basis für die Entstehung und Weiterentwicklung von Ideen dar und führt zu einer offenen Auseinandersetzung mit Umwelt, Problem- und Aufgabenstellungen und Herausforderungen. So wird Schülern die Gelegenheit verschafft, mit Materialien und Werkzeugen umgehen zu lernen und verschiedene Möglichkeiten der Nutzung und Anwendung auszutesten, die dann zu neuen Ideen der Handhabung und zur Ausarbeitung kreativer Produkte führen können. Alle Sinneskanäle sollten angesprochen werden, so dass nicht nur visuelle und auditive, sondern auch motorische und haptische Erfahrungen gemacht werden.

– Verschiedenste und vielfältige Medien zur und Methoden der Veranschaulichung sollten eingesetzt werden (vgl. Weiß i. d. Bd., S. 112ff.).
– Kreativitätstechniken, auf die in Kapitel 4.3 noch näher eingegangen wird, sollten geübt und in ihrer Anwendung weiterentwickelt werden.

> Gestalten Sie mit Hilfe vielfältiger Materialien und Medien eine anregungsreiche Lehr- und Lernumgebung, durch die alle Sinnenskanäle der Schüler aktiviert werden! Nutzen Sie dabei Methoden zur Veranschaulichung!

Kreatives Arbeiten ist nur in einem Lehr- und Lernklima möglich, das von den Schülern als angenehm und unterstützend empfunden wird. Die Lehrkraft sollte für eine offene und vertrauensvolle Atmosphäre sorgen. Dies trägt zu einer Verringerung von Konformitätsdruck bei, so dass Hemmungen und Blockaden abgebaut werden, Neues auszuprobieren und Veränderungen in Gang zu setzen. Dazu gehört eine Wertschätzung des Schülers und seiner Arbeit, auch wenn dieser bisher unbekannte Wege geht. Eine Rückmeldung dieser Wertschätzung, zum Beispiel in Form eines Lobes, stärkt die Bereitschaft zu weiterem kreativem Austesten. Auch die Schulklimaforschung betont die Bedeutung einer „nichtbedrohlichen Umwelt" (Jenkel 2004, S. 9) als Voraussetzung für kreatives Lernen. Sowohl die (nicht nur zu ihrer Zeit) herausragende Studie von Rutter, Maughan, Mortimore & Ouston (1979) als auch die Untersuchung von Fend (1998) betonen die Bedeutung einer *schülerzentrierten Atmosphäre*, in der sich Schüler als Personen akzeptiert fühlen, die Möglichkeit der Mitsprache und Übernahme von Verantwortung haben und in der das Verhältnis zwischen Schülern und Lehrpersonen nicht durch Gleichgültigkeit und Anonymität geprägt ist. Darüber hinaus ist eine schöpferische Gruppenatmosphäre, in der angstfrei und ohne Furcht vor Sanktionen gearbeitet werden kann, Voraussetzung für die Entwicklung kreativer Ideen und Handlungen (Urban 2004). Gruppendruck und Konkurrenzneid bedeuten immer Nivellierung und Gleichschaltung und verhindern somit innovatives Denken und Handeln. Soziale Konflikte und Aggressionen sollten vermieden oder geklärt werden, ebenso sollte Ablenkung durch andere Personen auf ein Minimum reduziert werden. Ein Klima des gegenseitigen Wohlwollens und Vertrauens in einer Klasse, in dem jeder Einzelne mit seinen Ideen und Gedanken ernst genommen und respektiert wird, schafft Raum für ständiges Lernen und kreatives Hinterfragen sowie für Mut zu Originalität und Innovation.

> Sorgen Sie für eine angstfreie und vertrauensvolle Atmosphäre! Räumen Sie den Schülern Möglichkeiten zur Verantwortungsübernahme und Mitsprache ein! Fördern Sie gegenseitigen Respekt und Akzeptanz!

Bedeutsam ist ebenfalls der Umgang von Seiten der Lehrperson mit Fehlern. Nach Oser, Hascher & Spychiger (1999) sollten diese im Sinne einer positiven

Fehlerkultur toleriert und den Schülern zugleich deutlich gemacht werden, dass Fehler ein normaler Bestandteil eines jeden Lernprozesses sind. Es darf keine Angst oder Scham vor der Publikmachung eines Fehlers bestehen, denn gerade durch die öffentliche Besprechung kann das Lernpotential erst ausgeschöpft werden. Fehler können dann einen positiven Effekt haben und so Weiterentwicklung und neue Anregungen möglich machen, wenn durch das Fehlermachen „das Verbessern, Richtigstellen, Nochmals-Tun, Reflektieren über Fehler ein wichtiger Teil des Lernablaufs wird" (Oser, Hascher & Spychiger 1999, S. 23).

Lassen Sie Fehler als Möglichkeit der Lernerfahrung zu und regen Sie zum Reflektieren, Verbessern und Richtigstellen an!

6.4.2 Gestaltung von Problem- und Aufgabenstellung

Eine Problem- oder Aufgabenstellung sollte einige Voraussetzungen und Bedingungen erfüllen, die den kreativen Prozess initiieren und fördern. Diese beziehen sich auf die Erstellung und Konstruktion der Aufgaben und Probleme selbst, aber auch auf die damit verbundenen Ziele sowie den Zeitrahmen.

Eine notwendige Voraussetzung ist die Aufgaben- und Problemvielfalt (Kahlert 2000; siehe auch Modell von Preiser & Buchholz in Kapitel 3.2). Diese muss variieren, um bei den Schülern auch einen Antrieb zu erzeugen, sich damit zu befassen. Dieses Interesse sollte dabei nicht nur kurzfristig anhalten, sondern es sollte ein längerfristiges Interesse geweckt werden, um einen voranschreitenden Lernprozess zu garantieren. Dies kann geschehen, indem Aufgaben und Probleme so gestellt sind, dass sie kontinuierlich als wichtig und herausfordernd erfahren werden, denn gerade so besteht ein gewisser *Problemdruck* und somit die Bereitschaft, sich aktiv mit einer Aufgabe auseinanderzusetzen. Problem- und Aufgabenstellungen sollten zudem durch eine *fehlende Eindeutigkeit der Lösung* gekennzeichnet sein. Die Lösung bzw. der Lösungsweg darf weder sofort ersichtlich sein, noch darf es nur eine mögliche (festgelegte) Lösungs- oder Antwortmöglichkeit geben. Verschiedene, auch neuartige und bisher unbekannte Lösungsansätze sollten zu einem Erfolg führen können. Es muss Raum und *Offenheit* für originelle Ideen und neue Denkmuster vorhanden sein. Durch eine Variation der Zugangsweise und Perspektivenwechsel wird es dann möglich, die Beobachtungsposition zu ändern und sich bewusst von schon bekannten Erfahrungen zu entfernen. Dies lässt sich auch als eine Förderung und Schulung der *Problemsensitivität* sowie der *Flexibilität* und *Fluidität des Denkens* bezeichnen.

Gestalten Sie Probleme und Aufgaben vielfältig und variabel, so dass sie als wichtig und herausfordernd erfahren werden! Achten Sie darauf, dass mehrere verschiedene, auch neuartige Lösungswege zum Ziel führen!

Die Ziele, die es dabei zu erreichen gilt, sollten den Fähigkeiten und Potentialen der Schüler angemessen sein. Diese dürfen sich weder überfordert noch unterfordert fühlen. Dennoch sollten Aufgaben- und Problemstellungen eine Herausforderung darstellen, in die Zeit und Arbeit investiert werden muss. Die Leistungsziele dürfen also durchaus hoch und anspruchsvoll sein, solange sie im Bereich des Möglichen liegen (Schuler & Görlich 2007).

Setzen Sie hohe und herausfordernde, aber angemessene Leistungsziele! Vermeiden Sie Über- und Unterforderung der Schüler!

Die Bearbeitung von Problem- und Aufgabenstellungen erfordert die Erstellung und Beachtung eines Zeitrahmens. Dieser sollte sowohl den Aufgaben und Problemen als auch den Fähigkeiten der Schüler angemessen sein, denn auch die zur Verfügung stehende Zeit kann einen Faktor darstellen, der den kreativen Prozess begünstigen und hemmen kann. Auch Zeitvorgaben können innovative Lösungen unterstützen, wenn zum Beispiel knappe Vorgaben ein Abstandnehmen von eingefahrenen komplizierten Lösungswegen erfordern. Es sollte jedoch beachtet werden, dass es auch im Sinne der Förderung von Kreativität sein kann, sich mit einem Sachverhalt gründlich und zunächst ohne Erfolgszwang auseinandersetzen und ihn probeweise aus verschiedenen Perspektiven betrachten zu dürfen. Urban (2004) empfiehlt daher einen angemessenen Wechsel zwischen aktiven, aber auch ruhigen, Muße ermöglichenden Perioden im Unterricht.

Setzen Sie angemessene zeitliche Vorgaben zur Bewältigung der Problem- und Aufgabenstellungen! Lassen Sie auch Raum für Muße und Zeiträume ohne Erfolgszwang!

6.4.3 Förderung der Persönlichkeit des Schülers durch die Gestaltung des Unterrichts

Die Förderung der kreativen Persönlichkeit eines Schülers stellt verschiedene Voraussetzungen und Anforderungen an den Unterricht. Im Vordergrund stehen die Stärkung der kreativen Fähigkeiten und Persönlichkeitsmerkmale sowie der Ausbau kreativitätsbegünstigender kognitiver Strategien.

Die Initiierung eines kreativen Prozesses im Unterricht setzt ein möglichst breites, sachlogisch aufgebautes, flexibel und kompetent nutzbares inhaltliches und methodisches Wissen voraus. Eggert (1996) beschreibt als eines der wesentlichsten Merkmale einer kreativen Lehrperson, dass diese über eine reiche, variabel organisierte, flexibel abrufbare Wissensbasis verfügt. Gleiches gilt für die den Schüler: Je reichhaltiger sein Wissen ist, desto leichter können neue Informationen verarbeitet, Assoziationen hergestellt und Transferleistungen erbracht werden (Buchinger 2000). Bei der Vermittlung von Inhalten sollten jedoch keine Lösungswege vorgegeben werden, sondern schrittweise Informationen präsentiert

werden, die zu selbstständigem Weiterdenken anregen. Dies kann unter anderem durch die Verwendung von veranschaulichenden Elementen wie Bildern und Analogien, aber auch durch Verfremdung oder Zufallsanregungen erreicht werden.

Legen Sie den Grundstein für kreative Prozesse durch eine stabile und flexibel abrufbare Wissensbasis! Regen Sie zur Weiterentwicklung und zum Ausbau dieser Wissensgrundlage an!

Kreative Fähigkeiten und Persönlichkeitsmerkmale eines Schülers sollten geachtet und gefördert werden. Originalität, Neugier und Spontaneität haben ihren Platz in Lernen und Unterricht sowie in der Einzel- und Gruppenarbeit. Konflikt- und Frustrationstoleranz helfen, Widerstände und Barrieren zu überwinden, und beugen einer Resignation bei Enttäuschungen vor. Auch die geistige Durchdringung eines Problems oder einer Aufgabe und die Fähigkeit, auf Basis einer Idee einen konkreten und realistischen Plan zu entwerfen, sollten unterstützt werden. Dies geschieht zum Beispiel dadurch, dass eine Lehrkraft zum einen Toleranz und Wertschätzung für ungewöhnliche Gedanken, originelle Ideen und kreative Produkte zeigt. Zum anderen sollte Wert gelegt werden auf eine volle Ausarbeitung und Verwirklichung aller Ideen (Urban 2004).

Geben Sie kreativen Persönlichkeitsmerkmalen und Fähigkeiten einen Platz in Unterricht und Lernen! Bestehen Sie auf der Ausarbeitung von Ideen in einen Plan und eine reale Umsetzung!

Zur Initiierung eines kreativen Prozesses bieten sich bestimmte Unterrichts- und Arbeitsformen an (Buchinger 2000; Pagany 2000): Dies sind vor allem offene Unterrichtsformen, Projektunterricht, Frei- und Wochenplanarbeit sowie Lernen an Stationen. Diese sind nach Buchinger (2000) durch frei wählbare Bewältigungssituationen mit größtmöglicher Offenheit charakterisiert. Offene und flexible Unterrichts- und Arbeitsformen ermöglichen entdeckendes Lernen. Schüler geben ihren individuellen Vorstellungen Gestalt und Form und können darüber hinaus auch experimentieren, ausprobieren und austesten. Verschiedene Lösungs- und Bearbeitungsmöglichkeiten für eine Problem- oder Aufgabenstellung können durchgespielt werden. Divergentes Denken und Perspektivenwechsel lassen neue Lösungen und Blickwinkel zu, es kann von Bekanntem und schon Erprobtem Abstand genommen werden. Pagany (2000) schlägt in diesem Zusammenhang vor, sich von der *Einmaligkeit* von Schülerarbeiten abzuwenden und diese mehrmals wieder aufzugreifen, zum Beispiel schriftliche Arbeit unter verschiedenen Gesichtspunkten zu gestalten, zu erweitern oder in Form von Collagen neu aufzugreifen. Entdeckendes Lernen in offenen Lehr- und LernProzessen bedeutet zudem eine stärkere Selbststeuerung durch den Schüler. Interessen können entwickelt, Begabungen entdeckt, aber auch eigene Schwächen und Defizite wahrgenommen werden. Offene Unterrichts- und Arbeitsformen begünstigen selbstinitiiertes und selbstständiges Lernen. Dies wiederum ermutigt die Schüler, sich zu exponieren und auf Experimentieren einzulassen und schafft die Möglichkeit zu vernetztem Lernen.

Ermöglichen Sie durch offene Unterrichts- und Arbeitsformen entdeckendes und selbstinitiiertes Lernen! Schaffen Sie Freiraum für Experimentieren und das Austesten verschiedener Lösungsansätze!

Dazu lassen sich auch Kreativitätstechniken nutzen, die die Entwicklung möglichst zahlreicher und unterschiedlicher Ideen unterstützen und das Blickfeld erweitern. Sie tragen zur Gestaltung kreativer Arbeitssituationen, zu Motivierung und Aktivierung bei. Beispiele sind Brainstorming, Brainwriting, Mind Mapping und kreatives Schreiben (Preiser & Buchholz 2004; Schuler & Görlich 2007). Diese sind nicht auf einzelne Fächer beschränkt, sondern lassen in sich in jedem Fach, aber auch fächerübergreifend in komplexen Projekten einsetzen. Neben Kreativitätstechniken können weitere kreative Elemente in den Unterricht eingebracht werden. Dies sind zum einen künstlerische, musische und handwerkliche Elemente, die vor allem in den entsprechenden Fächern Anwendung finden, darüber hinaus aber auch eine Möglichkeit darstellen, kognitiven, emotionalen und manuellen Eindrücken Gestalt zu verleihen. Zum anderen sollten Spiele und Simulationen eingesetzt werden. Pagany (2000) weist auf das kreative Element des *Erfindens* hin, wonach Schüler selbst Spiele, Simulationen oder Rätsel erfinden können. Auch das Einstreuen von überraschenden und unerwarteten Elementen kann Neugier und Interesse wecken und kreative Prozesse in Gang setzen.

Nutzen Sie im Unterricht Kreativitätstechniken wie Brainstorming oder Mind Mapping! Setzen Sie künstlerische, musische und handwerkliche Elemente sowie Spiele und Simulationen ein! Tun Sie hin und wieder etwas Überraschendes und Unerwartetes!

Um entdeckendes und selbstinitiiertes Lernen zu ermöglichen, ist es zudem notwendig, dem Schüler ein gewisses Maß an Autonomie einzuräumen. Dies muss keine uneingeschränkte Freiheit sein. Besonders zu Beginn bietet es sich an, durch einige klare Instruktionen und Spielregeln eine grundlegende Sicherheit zu schaffen, auf der sich aufbauen lässt. Brodbeck (2003) betont, dass kreatives und instruktives Lernen keine Gegensätze sind, sondern sich ergänzen können: Wird die Instruktion nicht als unveränderlich eingeführt, dann enthält die Instruktion an sich schon kreative Elemente, die zu Ideen und Weiterentwicklung anregen. Der Unterricht sollte didaktisch und methodisch so gestaltet sein, dass freiheitliche Arbeitsbedingungen entstehen, die Eigeninitiative, Spontaneität und Experimentieren erlauben. Autonomie des Schülers bedeutet, frei zu sein von Konformitätsdruck und gängelnden Lehrer-Schüler-Aktivitäten. Autonomie

und Individualität sollten so weit reichen, dass Schüler und Lehrkraft gemeinsam die Verantwortung dafür übernehmen, mit welchen Gestaltungs-, Ausdrucks-, Lehr- und Lernmitteln ein Lerngegenstand internalisiert wird (Pagany 2000). Dazu gehört auch, Interesse an der individuellen Umsetzung einer Aufgabe oder eines Problems durch den Schüler zu zeigen, und ihn zu freier Assoziation zu ermutigen: Das Unerwartete und individuell Neue muss frei und unzensiert geäußert werden dürfen, einzigartige und originelle Ansätze, Kombinationen und gedankliche Strukturen gewürdigt werden. Es bietet sich ein nicht-autoritärer, möglichst autoritativer Führungsstil der Lehrkraft an (Buchinger 2000; Fudikar 1985). Lewin beschreibt verschiedene Führungsstile des Lehrers im Unterricht, die durch die Kriterien *emotionale Wärme und Wertschätzung* sowie *Kontrolle und Lenkung* charakterisiert sind (siehe Tausch & Tausch 1970). Als Idealform betrachtet er den *demokratischen Erziehungsstil* (in der Reanalyse von Tausch & Tausch später als *sozial-integrativ* bezeichnet), der sich durch ein hohes Maß an emotionaler Wärme und Wertschätzung sowie durch eine mittlere Kontrolle und Lenkung auszeichnet.

Gewähren Sie den Schülern Autonomie zur Umsetzung eigener Ideen! Unterstützen Sie Mitbestimmung und Verantwortungsübernahme im Unterricht! Wenden Sie bevorzugt einen Erziehungsstil mit hoher Wertschätzung und mittlerer Kontrolle und Lenkung an!

Die beschriebenen Handlungsanweisungen zum Prinzip der Kreativität deuten schon auf die enge Verknüpfung mit der Motivation hin. Ohne Motivation kann innovatives Denken und Kreativität nicht stattfinden (vgl. Modell von Keller 2010; vgl. Braune i. d. Bd., S. 49ff.). Viele Elemente der Motivation wurden schon genannt und beschrieben. So wurde intrinsische Motivation in Zusammenhang mit Ehrgeiz, Ausdauer, Konzentration, Leistungsmotivation, Individualismus, Unabhängigkeit des Urteils und Eigenwilligkeit bereits als ein Merkmal angeführt, das kreativitätsbegünstigende Funktion hat. Dem kreativen Prozess muss eine intrinsische Motivation zugrunde liegen, aus der Person selbst heraus, aus Begeisterung am Thema oder aus Freude an der Bewältigung des Problems (vgl. Braune i. d. Bd., S. 43ff.). Äußere Reize wie Druck, Wettbewerb oder Belohnung können dabei unterstützend wirken, aber auch stören. Motivation kann dazu beitragen, Freude an der Tätigkeit zu fördern, an bestehende Interessen anzuknüpfen, Spannung aufzubauen und Selbstkontrolle zu initiieren. Zudem lassen sich die Erfolgszuversicht der Schüler stärken sowie der Erfolg der geleisteten Arbeit verdeutlichen.

Motivieren Sie gelegentlich auch durch äußere Reize wie zum Beispiel Wettbewerb und steigern Sie so die Bereitschaft zur kreativen Tätigkeit und die Erfolgszuversicht!

6.5 Aufgaben

6.5.1 Filmgeleitete Aufgaben
Sehen Sie sich folgende Filmausschnitte an:
• Deutsch Literarische Texte erschließen durch Umsetzung in Bewegung *„Baiabong" von Peter Härtling* (Hauptschule 8. Jahrgangsstufe)
• Freiwillige Arbeitsgruppe Physik: *Wir bauen ein Solarmobil* (Hauptschule 8. Jahrgangsstufe)

Aufgabenbeschreibung
Gehen Sie bei der Betrachtung der angeführten Filmausschnitte folgendermaßen vor:
a) Wie sind die Problem- und Aufgabenstellung sowie das Problem-/Lernumfeld charakterisiert? Ziehen Sie dazu die in Kapitel 3.2 und 3.3 beschriebenen Merkmale heran und treffen Sie Aussagen, soweit dies möglich ist!
b) Beschreiben Sie den Ablauf des kreativen Prozesses! Nutzen Sie dazu das in Kapitel 3.4 ausgeführte Stufenmodell!
c) Welche Aussagen zum kreativen Produkt sind möglich?

Sehen Sie sich nun folgenden Filmausschnitt an:
• Deutsch: Unterrichtsspiel: *„102 Gespensterchen"* von James Krüss (Grundschule 4. Jahrgangsstufe)

a) Wie könnte der kreative Prozess aussehen, der den kreativen Produkten zugrunde liegt, die in diesem Filmausschnitt gezeigt werden? Ziehen Sie auch hier zur Beschreibung das Stufenmodell aus Kapitel 3.4 heran!

Aufgabenerläuterung
Sehen Sie sich die angeführten Filmausschnitte an. Achten Sie dabei auf den Ablauf des kreativen Prozesses. Dazu lässt sich das beschriebene Stufenmodell des kreativen Prozesses verwenden. Auch die Problem- bzw. Aufgabenstellung, das Problemumfeld sowie das kreative Produkt lassen sich anhand des angeführten Modells charakterisieren und näher erklären.

Aufgabenbegründung
Kreativitätsförderung stellt ein wichtiges Unterrichtsprinzip dar. Sie ermöglicht die Entstehung und Weiterentwicklung von neuartigen und originellen Ideen über bekannte und festgelegte Muster und Routinen hinaus. Die Arbeit mit den aufgeführten Filmausschnitten zeigt die praktische Anwendung des theoretischen Modells des kreativen Prozesses auf.

6.5.2 Theoriegeleitete Aufgaben

Aufgabenbeschreibung

Welche Hindernisse könnten die Förderung von Kreativität beeinflussen und welche Grenzen hat dieses Unterrichtsprinzip?

a) Betrachten Sie dazu sowohl das Modell von Preiser & Buchholz (2004) als auch die in Kapitel 4 ausgeführten Handlungsanweisungen! Welche Schwierigkeiten könnten möglicherweise im Unterricht auftreten? Notieren Sie diese in Form eines Mind Maps!

b) Welche Lösungsansätze würden Ihnen spontan für diese Hindernisse einfallen? Machen Sie dazu ein kurzes Brainstorming! Geben Sie dabei auch Gedanken und Vorschlägen Raum, die Ihnen zuerst ungewöhnlich erscheinen!

Aufgabenerläuterung

Jedes Unterrichtsprinzip wird durch Grenzen und Hindernisse eingeschränkt. Eine Auseinandersetzung mit dem theoretischen Modell auf der einen Seite sowie den Handlungsanweisungen für die Praxis auf der anderen Seite macht einige dieser Schwierigkeiten deutlich und regt zu einem Weiterdenken an.

Aufgabenbegründung

Grenzen und Hindernisse sind kein Grund für Enttäuschung und Resignation. Im Gegenteil, sie können, wie beschrieben, Ausgangspunkt einer kreativen Weiterentwicklung sein. Ein Brainstorming kann Grundlage einer solchen Weiterentwicklung sein und stellt zugleich eine Möglichkeit dar, eine Kreativitätstechnik zu üben.

6.5.3 Zur Vertiefung

Aufgabenbeschreibung

Setzen Sie das Unterrichtsprinzip der Kreativitätsförderung in Bezug zum Unterrichtsprinzip der Veranschaulichung. Erarbeiten Sie, mit welchen Mitteln der Veranschaulichung der kreative Prozess initiiert und unterstützt werden könnte.

Aufgabenerläuterung

Lesen Sie sich das Unterrichtsprinzip der Veranschaulichung durch. Darin sind einige Möglichkeiten der Unterrichtsgestaltung beschrieben, die auch zu einer effektiven Kreativitätsförderung herangezogen werden können.

Aufgabenbegründung

Kreativitätsförderung ist nicht nur mit dem Unterrichtsprinzip der Motivation verknüpft, sondern auch mit dem der Veranschaulichung. Es steht eine Vielzahl von Möglichkeiten und Mitteln zur Verfügung, durch die sich Kreativitätsförderung im Unterricht anschaulich umsetzen lässt.

6.6 Literatur

Barron, F. & Harrington, D. (1981). Creativity, intelligence, and personality. *Annual Review of Psychology, 32*, 439-476.

Beitz, L.-E. (1996). *Schlüsselqualifikation Kreativität.* Hamburg.

Brodbeck, K.-H. (1995). *Entscheidung zur Kreativität.* Darmstadt.

Brodbeck, K.-H. (2003). Kreativität und Fantasie im schulischen Lernen. *Schulmagazin 5 bis 10, 71* (4), 9-12.

Buchinger, H. (2000). Kreativität in der Grundschule. In H.J. Serve (Hrsg.), *Kreativitätsförderung* (S. 27-48). Basiswissen Grundschule, Band 3. Hohengehren.

Dewey, J. (1958). *Art as experience.* New York.

Dombrowski, S. (1998). Spielerische Kreativität im Unterricht. Impulse für die Sekundarstufe I. *Schulmagazin 5 bis 10, 13* (4), 8-11.

Dunker, K. (1963). *Zur Psychologie des produktiven Denkens* (Original erschienen 1935). Berlin u.a.

Dunker, K. (1973). Über Lösungsprozesse bei praktisch-technischen Problemen (Original erschienen 1935). In G. Ulmann (Hrsg.), *Kreativitätsforschung* (S. 335-349). Köln.

Eggert, S. (1996). Kreativität – Traum eines jeden Lehrers. *Deutsch als Fremdsprache, 33* (1), 23-27.

Fend, H. (1998). *Qualität im Bildungswesen. Schulforschung zu Systembedingungen, Schulprofilen und Lehrerleistungen.* Weinheim.

Fudikar, M. (1985). *Kreativitätstraining in der Schule. Erfolgreiche Methoden zur Steigerung der Kreativität am Beispiel eines Unterrichtsversuchs.* Essen.

Funke, J. (2001). Kreatives Denken als Interaktionsprozeß. *Forschung & Lehre, 8* (5), 246-249.

Gagne, F. (1985). Giftedness and talent: Reexamining a reexamination of the definitions. *Gifted Child Quarterly, 29*, 103-112.

Gardner, H. (1999). *Kreative Intelligenz.* Frankfurt a.M., New York.

Guilford, J.P. (1950). Creativity. *American Psychologist, 5*, 444-454.

Heller, K. (1992). *Hochbegabung im Kindes- und Jugendalter.* Göttingen.

Hentig, H. von (1998). *Kreativität. Hohe Erwartungen an einen schwachen Begriff.* München, Wien.

Holling, H. & Kanning, U.P. (1999). *Hochbegabung – Forschungsergebnisse und Fördermöglichkeiten.* Göttingen.

Holm-Hadulla, R.M. (2003). *Kreativität – Ein Lebensthema.* Vortrag am 26. April 2003 bei den 53. Lindauer Psychotherapiewochen 2003. Verfügbar unter: www.lptw.de/archiv/vortrag/2003/hadulla.pdf (20.03.2007)

Holm-Hadulla, R.M. & Jansen, P. (2003). Kreativität. Pädagogische Forderung und schulische Förderung. *Schulmagazin 5 bis 10, 71* (4), 5-8.

Jenkel, D. (2004). Studien und Verfahren. In Bundesministerium für Bildung und Forschung (Hrsg.), *Unsere Schule ... Soziale Schulqualität aus Schülersicht.* Verfügbar unter: www.ibbw.de/projekte/unsere_schule (30.04.07)

Kahlert, J. (2000). Methodische Überlegungen zur Kreativitätsförderung im fächerübergreifenden Unterricht der Grundschule. In H.J. Serve (Hrsg.), *Kreativitätsförderung* (S. 75-95). Basiswissen Grundschule, Band 3. Hohengehren.

Keller, J.M. (2010). *Motivational design for learning and performance: The ARCS model approach.* Berlin.

Kronfeldner, M.E. (2002). Der Kreativität des Denkens auf der Spur. Bericht über eine Spurensuche anlässlich der Verleihung des 2. Preises des Altdorfer Leibniz-Preises 2002. Verfügbar unter: www.uni-regensburg.de/Fakultaeten/phil_Fak_I/Philosophie/theo_neu/Kronfeldner_HP/Downloads/VortragLiebnizPreis.pdf (30.04.07)

Lubart, T.I. (1994). Creativity. In R.J. Sternberg (ed.), *Handbook of perception and cognition* (pp. 289-332). Orlando.

Mansfield, R.S. & Busse, T.V. (1981). *The psychology of creativity and discovery*. Chicago.

Oser, F., Hascher, T. & Spychiger, M. (1999). Lernen aus Fehlern. Zur Psychologie des „negativen" Wissens. In W. Althof (Hrsg.), *Fehlerwelten. Vom Fehlermachen und Lernen aus Fehlern* (S. 11-42). Opladen.

Pagany, D. (2000). Möglichkeiten und Grenzen der Kreativitätsförderung in der Unterrichtspraxis der Grundschule. In H.J. Serve (Hrsg.), *Kreativitätsförderung* (S. 96-112). Basiswissen Grundschule, Band 3. Hohengehren.

Perkins, D.N. (1988). Creativity and the quest for mechanism. In R.J. Sternberg & E.E. Smith (Eds.), *The psychology of human thoughts* (pp. 309-336). Cambridge.

Preiser, S. & Buchholz, N. (2004). *Kreativität. Ein Trainingsprogramm für Alltag und Beruf*. Heidelberg, Kröning.

Renzulli, J.S. (1986). The three ring conception of giftedness. A development model for creative productivity. In R. Sternberg & E. Davidson (Eds.), *Conception of giftedness* (pp. 53-92). Cambridge.

Runco, M.A. (1991). *Divergent thinking*. Norwood.

Russel, D.H. (1956). *Childrens thinking*. Berkeley.

Rutter, M., Maughan, B., Mortimore, P. & Ouston, J. (1979). *Fifteen thousand hours: Secondary schools and their effects on children*. London.

Schuler, H. & Görlich, Y. (2007). *Kreativität. Ursachen, Messung, Förderung und Umsetzung in Innovation*. Göttingen u.a.

Sternberg, R.J. & O'Hara, L.A. (1999). Creativity and intelligence. In R.J. Sternberg (ed), *Handbook of creativity* (pp. 251-272). Cambridge.

Tausch, R. & Tausch, A.-M. (1970). *Erziehungspsychologie* (5., gänzl. neugestaltete Aufl.). Göttingen.

Urban, K.K. (2004). *Kreativität – Herausforderung für Schule, Wissenschaft und Gesellschaft*. Münster.

Wertheimer, M. (1967). *Drei Abhandlungen zur Gestalttheorie* (Original erschienen 1925). Darmstadt.

Zehetmair, H. (1998). Hochbegabtenförderung – ein notwendiger Dienst an einer demokratischen Gesellschaft. In BMW AG & Bayerisches Staatsministerium für Unterricht und Kultus (Hrsg.), *Dokumentation. Kongress Hochbegabtenförderung* (S. 15-24). München.

Zimbardo, P.G. & Gerrig, R.J. (2005). *Psychologie* (16., aktualisierte Aufl.). München u.a.

6.7 Anhang

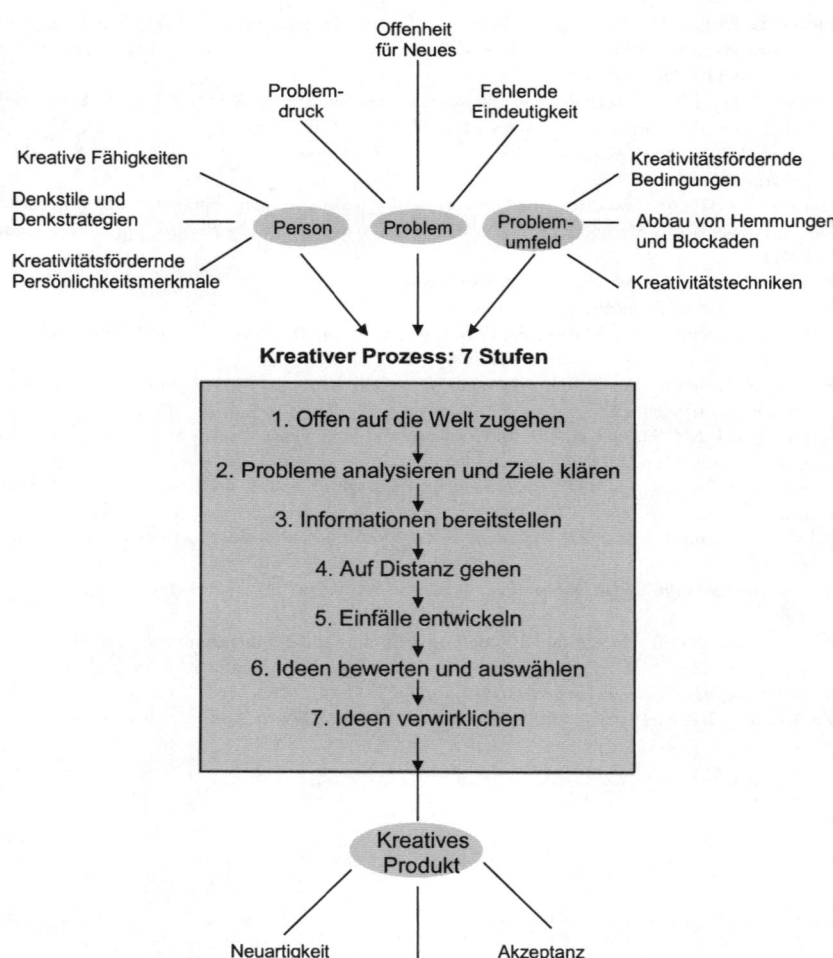

Abb. 9: Der kreatives Prozess und seine Bezugsgrößen (Preiser & Buchholz 2004, S. 30)

7 ÜBUNG
Thomas Lerche

7.1 Üben hilft leider

Das letzte Kapitel dieses Buches behandelt das Unterrichtsprinzip der Übung. Es bildet auch inhaltlich den Abschluss der Thematik „Unterrichtsprinzipien", da die Herausforderungen, welche die Gestaltung von Übungen im Unterricht mit sich bringt, vor allem mit Hilfe der theoretischen Aspekte der vorangegangenen Kapitel gelöst werden sollten. Dabei ist das Thema *Üben* im Schulkontext ein durchaus schwieriges Thema.

Ein Blick in die pädagogische Literatur zeigt, dass Erfolgssicherung durch verschiedene Übungsformen wie Wiederholen, Anwenden und Transfer unbestritten ist und es zu keinen großen Diskussionen über Für und Wider kommt. Dieses Verständnis des Übens kann auf Herbart (1982, vgl. Kiel i.d.Bd.) zurückgeführt werden, der in seinem Artikulationsschema als vierte Phase mit dem Begriff „Methode" vor allem das Üben beschreibt. Exemplarisch für die Pädagogik der Spätherbartianer hob Willmann (1839-1920) die besondere Bedeutung des Übens heraus als *Einprägen* durch Aufgaben, *Einüben* durch Fragen sowie eine dauernde *Kontrolle* im Sinne einer Erfolgssicherung (Willmann 1904). Eine solche Idee der Erfolgssicherung wird auch durch die frühe psychologische und neurologische Lernforschung untermauert (z.B. die Vergessenskurve nach Ebbinghaus, das Multi-Speicher-Modell von Atkinson und Shiffrin oder die Lernpyramide von Green & Green), aus welcher unterschiedliche, meist aber dekontextualisierte Empfehlungen zum Üben resultierten.

Der aktuelle pädagogische Forschungsstand hingegen muss als relativ gering eingeschätzt werden. So stammt die diesbezügliche Literatur meist aus den Jahren 1980 bis 1990 (Weiss & Lerche 2008, S. 143). Theorie und Praxis sind sich aber einig, dass sich unterrichtlicher Erfolg nur dann einstellt, wenn das Wissen oder Tun durch Übung oder Anwendung auch gesichert wird (Arnold & Schreiner 2006).

Zusammenfassend kann festgestellt werden: Obwohl in diesem Band, wie auch in der gegenwärtigen Diskussion der Lehr-Lern-Forschung, der Schüler als aktives und selbstgesteuertes Wesen gesehen wird, der im Schulalltag durchaus über Lerninhalte mitbestimmen sollte (vgl. Kiel i.d.Bd., S. 22), wird Lernen und Üben in der Regelschule gemeinhin als Pflicht angesehen (z.B. BayEUG, Art. 56 (4), Satz 2): Die Handlungen der Kinder im Unterricht werden weitestgehend fremdbestimmt und entsprechen nicht immer den Gewohnheiten und Wünschen der Lernenden. Übung kann aus dieser Perspektive wie folgt definiert werden:

> „Um den Lernerfolg einer Unterrichtseinheit längere Zeit aufrecht zu erhalten, müssen die aufgenommenen Kenntnisse, Fertigkeiten und Verhaltensweisen gesichert, d.h. sinnvoll wiederholt, angewendet und transferiert werden, um diese für neue Lernsituationen verfügbar zu machen. Ziel jeglicher Übung ist die Verbesserung und Steigerung des bereits Erreichten" (Weiss & Lerche 2008, S. 144)

Diese – eher outputorientierte – Definition beschreibt den Begriff „Üben" unter dem Aspekt der Erfolgssicherung. Schülerinnen und Schüler sollen durch Wiederholung, Anwendung und Transfer das Gelernte festigen, die praxisbezogene Nutzung des Wissens erlernen und die Fähigkeit erlangen, es auf neue Situationen zu übertragen. Mit dieser Zieldefinition wird allerdings der eigentliche Übungsprozess nur unzureichend angesprochen. Dessen Ausgestaltung wird in der Pädagogischen Literatur vorwiegend als erzieherische Herausforderung für den Lehrenden dargestellt, was in der Praxis oft zu dem bekannten Problem führt: Üben macht in der Regel keinen Spaß, da hierfür hohe mentale oder physische Anstrengung notwendig ist (Ericsson, Krampe & Tesch-Römer 1993). Wo man bei Lehrer- oder Schülervorträgen noch die Möglichkeit hat, die angebotenen Informationen zu ignorieren, so verlangen die Übungseinheiten Aktivität in Form von eigenständigen Lernprozessen und Bearbeitung vorgegebener Aufgabenstellungen bei oft vorhandener Eintönigkeit, Langeweile, Drill, Beschränkung von Freiheit und Behinderung kreativer Entfaltung. Dennoch gehören Phasen des Übens als eigenständige Beschäftigung mit Herausforderungen und Aufgaben des Lernstoffes zu den elementaren Bereichen guten Unterrichts.

Jedoch gibt es in der heutigen modernen Informationsgesellschaft keine eindeutige Fokussierung mehr auf Behaltens- und Verständnisleistungen. Erfolgreiches Lernen bedeutet nicht nur die Wiedergabe von isolierten Wissenseinheiten, sondern die selbstgesteuerte Kombination von Faktenwissen und Handlungskompetenzen zur Lösung von Problemen. Lernen und auch Üben können damit nicht als Selbstzweck geplant, durchgeführt und analysiert werden, sondern müssen verstärkt unter dem Aspekt des Kompetenzerwerbs betrachtet werden. Dabei leitet sich die aktuelle Kompetenz eines Individuums daraus ab, inwieweit man in der Lage ist, die Problemstellungen dieser Wissensdomäne eigenständig und erfolgreich zu lösen. Als Bezugsnorm kann dabei die so genannte domänenspezifische Expertise gelten.

Einen Experten zeichnet in erster Linie die sichere und erfolgreiche Anwendung von Wissen aus (Lehmann & Gruber 2006). Differenzierter betrachtet definiert einen Experten (Gruber & Stöger 2011)

- ein hohes Maß an Faktenwissen, welches, im Gegensatz zu Novizen, nach inhaltlicher Bedeutung organisiert ist (Bessere Organisation von Wissen),
- reichhaltige Erfahrungen mit Problemstellungen der Wissensbasis, wodurch die Fähigkeit entwickelt wird, große und bedeutungsvolle Muster wahrzunehmen und zu erinnern (Bessere Problemrepräsentation),
- hohe Sicherheit in der Anwendung von Lösungsstrategien und Heuristiken (Schnellerer Zugriff auf gespeicherte Lösungsmuster) und
- große Flexibilität gegenüber neuen Problemsituationen durch hohen Erfahrungsschatz in der Domäne (Bessere Zugänglichkeit von Wissen) und
- überdurchschnittlicher und stabil wiederholbarer Erfolg bei der Diagnose und der Bearbeitung von Problemen der Expertendomäne (Bessere Leistung bei domänenspezifischen Herausforderungen).

Neuere Erkenntnisse der Expertiseforschung sehen im Gegensatz zu früheren Meinungen die Begabung oder das Talent nicht mehr als eine der stärksten Prädispositionen für den Expertiseerwerb. So fassen Lehmann und Gruber (2006) in einer Analyse unterschiedlicher wissenschaftlicher Studien zum Thema Talent vs. Anstrengung zusammen, dass, ungeachtet der aktuellen Begabungsdiskussion, ein konkreter Hinweis auf den Lernerfolg lediglich dank angeborenen Talents oder ererbter Begabung nicht nachweisbar ist. Ericsson, Krampe und Tesch-Römer führten 1993 als wesentliches Erfolgskriterium für den Lernerfolg den Begriff der „bewussten Übung" (deliberate practice) ein. Dabei handelt es sich um Aufgaben, die mit dem Ziel gestellt werden, definierte Kompetenzbereiche der Schüler effektiv zu verbessern. Ericsson konnte nachweisen, dass eine konsequente, längerfristige und wohldurchdachte Auseinandersetzung des Individuums mit dem Gegenstandsbereich den stärksten Faktor für erfolgreichen Kompetenzerwerb darstellt. Oder anders gesagt: Dauer und Intensität der Anstrengung beim bewussten Üben hängen stark mit dem Grad der Expertise in den verschiedensten Domänen zusammen (Ericsson et al. 1993.).

Interessant ist unter diesem Gesichtspunkt folgender Aspekt: Auch wenn das Memorieren von Inhalten nicht zu den wichtigen Punkten beim Expertiseerwerb zählt, zeigen doch Experten eine herausragende Behaltensleistung für domänenspezifisches Wissen (Ericsson & Lehmann 1996). Üben an authentischen und komplexen Problemfällen, wie es für die Unterstützung des Kompetenzerwerbs empfohlen wird, fördert durch die Notwendigkeit der Wissensanwendung damit auch das Behalten von Informationen im Langzeitgedächtnis und insbesondere den schnellen Zugriff auf Informationen und die Fähigkeit zur Kommunikation von Inhalten. Die Antinomie zwischen Notwendigkeit und Anstrengung bei der schulischen Übung wird von Hans Gruber prägnant mit dem Satz „Üben hilft leider" (Zitat aus einem persönlichen Gespräch) zusammengefasst.

7.2 Üben als zentraler Aspekt selbstgesteuerten Lernens

Die für den Expertiseerwerb notwendigen kognitiven Leistungen gehen damit über reine Behaltens- und Verständnisleistungen hinaus. Wichtig für die domänenspezifische Expertise sind daneben auch Transfer, Analyse- und Diskussionsfähigkeiten sowie die Kompetenz der Evaluation von Prozessen und Strukturen. Damit muss auch die Definition des Lernbegriffs einen stärkeren Fokus auf diese Aspekte setzen. Hierzu wurden in den letzten Jahren – neben den bekannten kognitivistischen Lehr-Lern-Theorien – auch neue, konstruktivistisch geprägte Ansätze zur Vermeidung von trägem Wissen bzw. zur Förderung kognitiver Kompetenz untersucht. Dabei spielt das Üben an authentischen und komplexen Problemstellungen eine zentrale Rolle.

Traditionelle Ansätze zum Lehren und Lernen besagen, dass Wissen und Fähigkeiten in verschiedene kleine Teile unterteilt werden und diese dann von Anfang an aufeinander aufbauend gelehrt werden müssen. Lernen wird hier gesehen als Prozess im Organismus, der bedingt durch Handlung, Erfahrung und Übung zu relativ dauerhaften inneren und äußeren Verhaltensänderungen und -verbesserungen führt (Roth 1969). Hingegen besagt die zentrale Grundannahme des Konstruktivismus, dass Wissen und damit auch das Lernen immer in einem sozialen Kontext situiert sind (Resnick 1987). Das heißt: Wissen erhält für den einzelnen nur in dem Kontext Bedeutung, in welchem es erworben wurde. Würden beispielsweise die Grundrechenarten nur dekontextualisiert geübt, so würde es den Schülerinnen und Schülern schwer fallen, mathematische Problemstellungen des Alltags (z.B. beim Einkaufen mit begrenztem Budget) unter Zuhilfenahme der Grundrechenarten zu lösen, da die Anwendung des Wissens auf diese Probleme nicht geübt wurde. Konstruktivistische Annahmen des Lehrens und Lernens gehen aus diesem Grund davon aus, dass neues Wissen immer auch in authentischen und komplexen Problemstellungen angewendet werden muss, um neue Fähigkeiten und Wissen in die Umwelt einzubinden und diese Fähigkeiten bei neuen Problemstellungen anwenden zu können (kontextualisiertes Üben).

Wie bei allen bislang vorgestellten Unterrichtsprinzipien, so gilt auch und besonders für das Unterrichtsprinzip der Übung das Ziel, Lernprozess und Lernerfolg der Schülerinnen und Schüler zu unterstützen. Da diese Aspekte allerdings vor allem bei der Gestaltung von Übungen von zentraler Bedeutung sind, ist es für das Verständnis der Prozesse beim selbstständigen Lernen und Arbeiten wichtig, an dieser Stelle die zugrundeliegende Theorie des Lernens als Konstruktionsprozess anzunehmen. Diese Theorie orientiert sich an

- dem Modell der genetischen Entwicklung von Piaget (1981),
- der Theorie des Konstruktivismus von Glaserfeld (1996) und
- der Theorie des situierten Lernens von Collins, Brown & Newmann (1989)

Schritt 1: Bedeutungszumessung

Neue Inhalte werden über die Sinneskanäle aufgenommen. Der erste Schritt der kognitiven Verarbeitung ist dabei die Entscheidung, ob sich der Lernende mit den Inhalten weiter beschäftigt oder nicht. Dabei wird in der pädagogischen Literatur zwischen der Aufmerksamkeit und der Wahrnehmung unterschieden.

Grundsätzlich ist *Aufmerksamkeit* immer dann notwendig, wenn Aufgaben jenseits der Automatisierung zu erledigen sind. In der pädagogischen Situation werden Aspekte wie physiologische Bedürfnisse, Sozialnormen, Neugier, Leistungsmotivation und Selbstverwirklichung als intrinsische Faktoren für die Steuerung von Aufmerksamkeit beschrieben (Hofer, Pekrun & Zielinski 1994). Selbstverständlich kann die Aufmerksamkeit auch von außen angestoßen werden, beispielsweise durch die Unterrichtsgestaltung. In beiden Fällen bleibt es jedoch eine selbstreflexive Entscheidung des Lernenden, ob er dem Lerngegenstand Aufmerksamkeit zuwendet oder nicht.

Die aktuelle *Wahrnehmung* eines Phänomens ist die triviale Voraussetzung für erfolgreiches Lernen; Lerntheorien sollten daher auf Wahrnehmungstheorien aufbauen (Foppa & Groner 1990). Piaget definiert den Begriff der Wahrnehmung als perzeptive Aktivität, also als einen fortlaufenden Konstruktionsvorgang („zirkuläre Assimilation"), mit dem die sinnlichen Eindrücke eines Phänomens fortlaufend mit dem eigenen Vorwissen verglichen und mit subjektiver Bedeutung versehen werden (Piaget 1972, S. 176). Trivial betrachtet fällt der Lernende bereits zu diesem Zeitpunkt des Lernens die Entscheidung, ob er sich mit dem Phänomen weiter beschäftigt oder nicht. Wenn das (vorläufige) Ergebnis der Perzeption lautet „Das ist jetzt nicht wichtig", so wird der Lernende seine Aufmerksamkeit auf andere Informationen lenken.

Analog zur Aufmerksamkeit wird auch die Wahrnehmung primär intrinsisch – insbesondere vom Vorwissen – angestoßen. Eine extrinsische Steuerung der Wahrnehmung kann, konstruktivistisch betrachtet, nur durch die Bereitstellung von Informationen geschehen, welche im Perzeptionsprozess Vorwissensbereiche aktivieren, die für den Lernenden subjektiv von Bedeutung sind und die zur neuen Information passen. Genau aus diesem Grund ist die Bedeutungsdarstellung neuer Lerngegenstände so wichtig („Begründungsproblematik", Klafki 2007, S. 271ff.).

Ein Beispiel soll den Perzeptionsprozess bzw. die Steuerung der Aufmerksamkeit illustrieren:

> Angenommen, Sie sitzen gerade im Hörsaal und hören dem Vortrag zu. Aus Ihrer Erfahrung wissen Sie, dass in einer Vorlesung Dinge gesagt werden, die für Ihr Verständnis der Studieninhalte wichtig sind. In der Regel werden Sie also den Worten des Vortragenden Bedeutung zumessen und diese unter dem

Aspekt des eigenen Wissenszuwachses weiter verarbeiten. Auch Ihre Folien und Mitschriften haben in dem geschilderten Moment für Sie Bedeutung, da Sie wissen, dass Sie diese als Quelle für den späteren Lernprozess nutzen können. Dass an der Decke des Raumes ein grauer Kasten hängt, der leise Geräusche und Lichtstrahlen emittiert, nehmen Sie wahr, wissen aber aus Ihrer Erfahrung, dass dieser Beamer in erster Linie dazu dient, die Folien des Vortragenden an die Leinwand zu werfen. Sie können und werden dieses Gerät also ignorieren. Anders wäre es, wenn das Gerät Funken und seltsame Gerüche emittieren würde; in diesem Falle wäre Ihre Aufmerksamkeit sehr schnell bei dieser Information, insbesondere dann, wenn Sie genau unter dem Gerät sitzen. Ab diesem Zeitpunkt verarbeiten Sie alle aufgenommenen Informationen unter dem Aspekt des Fluchtgedankens weiter, wodurch die Worte des Vortragenden für Sie an Bedeutung verlieren.

Was bedeutet dies für die Gestaltung von Übung im Unterricht? Folgt man Heckhausen & Rheinberg (1980), wird der Lernende Übungsaufgaben bzw. der Ankündigung einer Übungsphase umso mehr Bedeutung schenken, je höher er die Wahrscheinlichkeit für den Erfolg in der Übung ansieht und je bedeutsamer Üben im Unterricht für ihn ist. Ersteres lässt sich über die Gestaltung der Übungsphasen und der Aufgabenstellungen moderieren, letzteres ist in erster Linie eine selbstreflexive Entscheidung, die vom individuellen Leistungsgedanken bzw. der Etablierung von Leistung und (schulischem) Erfolg im eigenen Wertekanon angestoßen wird. Dies zu ändern ist im unterrichtlichen Kontext nicht einfach und muss daher in Punkt 7.4 noch weiter thematisiert werden.

Schritt 2: Vergleich der neuen Informationen mit dem Vorwissen

Der zweite Schritt im Prozess der kognitiven Erfahrung ist die Auseinandersetzung der bedeutsamen Inhalte mit dem Vorwissen. Piaget (1981) nennt diesen Schritt Repräsentation. Hierbei geht es nicht in erster Linie um das Verstehen der neuen Informationen, sondern vor allem darum, das wahrgenommene Phänomen über das eigene kognitive (enaktive/symbolische/verbale) System abzubilden und zu entscheiden, welche Aspekte der neuen Information bereits gut repräsentiert werden und welche neu konstruiert werden müssen. Dieser Schritt determiniert im Weiteren die Verarbeitung der neuen Informationen im eigenen kognitiven Netzwerk: Bekannte Wissensinhalte können assimiliert werden (also dem eigenen kognitiven Netzwerk beispielsweise als zusätzlicher Beleg für bekannte Zusammenhänge hinzugefügt werden), unbekannte Aspekte müssen akkommodiert werden (das bedeutet: In einem Konstruktionsprozess müssen in einer fortlaufenden Auseinandersetzung zwischen Information und Vorwissen neue Verständnisstrukturen, beispielsweise Differenzierungen bekannter Heuristiken, erworben werden). Auch hierzu soll ein Beispiel Klarheit schaffen:

Angenommen, Sie sind ein dreijähriges Kind und kennen das Konstrukt „Hund": Ein Hund ist ein Ding, welches kleiner ist als Sie, auf vier Pfoten läuft, ein Fell hat, einen Kopf und, als wesentliches Merkmal, einen Schwanz. Wenn dieser Schwanz wedelt, dann ist dieser Hund gut gelaunt und Sie können mit ihm spielen. Wenn Sie nun auf Ihrem Weg einem Tier begegnen und diesem Bedeutung zumessen – was Sie als dreijähriges Kind in der Regel tun – werden Sie die oben genannten Aspekte prüfen und anhand des Schwanzwedelns entscheiden, ob Sie sich dem Hund nähern, oder nicht. Plötzlich erhalten Sie allerdings eine bedeutsame, für Sie bislang unbekannte Information: Das Tier, welchem Sie sich nähern, weil es mit dem Schwanz gewedelt hat, beginnt plötzlich zu fauchen, seine Krallen zu zeigen und seine Ohren anzulegen. Diese Information stimmt nicht mit Ihrem Vorwissen überein, Sie müssen also akkommodieren, beispielsweise, indem Sie weitere Informationen über das Phänomen einholen, welche Ihnen helfen, diese unbekannte Reaktion besser zu verstehen. Also fragen Sie Ihre Eltern. In dieser Auseinandersetzung lernen Sie: Es gibt auch Katzen, und wenn diese mit dem Schwanz wedeln, sollte man sich lieber nicht nähern.

Was bedeutet dies für die Gestaltung von Übung im Unterricht? Assimilation und Akkommodation sind nach Piaget keine isolierten Prozesse sondern greifen beim Lernen ineinander. Das bedeutet in der Praxis, dass der Lernende fortwährend versucht, die neuen Aspekte einer Übungsaufgabe intern zu repräsentieren und möglichst viel davon zu assimilieren. Hierin liegt einerseits die Gefahr einer Übersimplifizierung von Übungsaufgaben („Das habe ich schon x-mal gemacht, das brauch ich nicht zu üben!"), andererseits droht bei zu viel neuen Inhalten, dass der Lernprozess scheitert, da für den Lernenden in der Übungsaufgabe keine Ähnlichkeiten mit bereits Bekanntem zu entdecken sind („Das versteh ich nie!"). Dagegen hilft zum einen eine angemessene Aufgabenschwierigkeit (was bei heterogenen Klassenverbänden sicherlich nicht einfach zu bewerkstelligen ist), zum anderen die Hervorhebung von bereits bekannten Heuristiken und neuen Anforderungen. Dies gilt insbesondere für die Instruktion: Bekanntes muss verknüpft und damit aktiviert werden, neue Herausforderungen sollten möglichst präzise formuliert werden.

Schritt 3: Bereitschaft und Verarbeitung

Der eigentliche Lernprozess hat nach Piaget (1981) das Ziel, Äquilibration zu erreichen. Mit anderen Worten ausgedrückt: Menschen streben an, ihr kognitives Netzwerk so zu organisieren, dass kein Widerspruch zwischen dem eigenen Wissen und den Informationen aus der Umwelt besteht (vgl. Theorie der kognitiven Dissonanz, Festinger 1957). Sie möchten also auf die Herausforderungen des Alltags reagieren können. Um diese Äquilibration zu erreichen, greifen im Verarbeitungsprozess die beschriebenen Prozesse der Assimilation und der Akkommodation. Gerade für letzteres ist allerdings die Bereitschaft nötig, sich auch die Inhalte, Ideen und Aufgaben konstruktiv zu erarbeiten, die zunächst nicht bekannt sind und keinen einfachen Lösungsweg nahelegen. Denn im Gegensatz zur Assimilation ist die Akkommodation durchaus anstrengend, denn es müssen

- vertraute und brauchbare Einstellungen und Konzepte verworfen
- die neuen Informationen internal repräsentiert und
- die Vorwissensstruktur erweitert und neu vernetzt werden.

Bei nicht-vorhandener Bereitschaft wird die Information, trotz vorhandener Bedeutung, verworfen – oder, um es trivial zu sagen: Um die mühevollen Prozesse des Akkommodierens zu umgehen, gibt es eine Reihe von Ausweichmöglichkeiten, die es dem Schüler auch ohne Konstruktionsprozesse ermöglichen, Äquilibration zu erreichen, beispielsweise „Die Information ist falsch" oder „Dieses Problem werde ich niemals haben". Auch hierzu ein Unterrichtsbeispiel, welches im Original von Watson und Kopnicek (1990) berichtet und an dieser Stelle kurz zusammengefasst wird:

> Neun Winter lang funktioniert das aus eigener Erfahrung gewonnene Konzept „Wärme" für den kleinen Jürgen sehr gut: Er zieht den warmen Pulli an und ihm ist nicht mehr kalt. Ein Pulli macht also warm. Nun kommt das Thema „Wärme" im Unterricht dran. Die Lehrerin stellt die Eingangsfrage: Was ist denn alles warm? Neben der Sonne und dem Feuer werden natürlich auch diverse Kleidungsstücke genannt – nicht nur von Jürgen. Auch eine Wolldecke ist „verdammt warm". Angenommen, die Lehrerin gibt nun die bedeutsame Information: „Nein, Pullis, Mützen und Wolldecken sind nicht warm", so werden dennoch nicht alle Schüler unmittelbar damit beginnen, zu akkommodieren, also ihr eigenes Wissenskonstrukt auf die neue Information anpassen, erkennen, dass es einen Unterschied zwischen „warm sein" und „warm machen" gibt um damit Äquilibration zu erreichen. Diese kann man auch einfacher erreichen: Man entscheidet: Die Lehrerin redet Unsinn, die Information, dass ein Pulli nicht warm ist, ist falsch! Denn es hat ja neun Winter lang bei mir hervorragend funktioniert – warum sollte es jetzt anders sein?

Was bedeutet dies für die Gestaltung von Übung im Unterricht? Lernende werden den anstrengenden Prozess des Übens nicht oder nur oberflächlich aufnehmen, wenn sie dazu nicht bereit sind. Wenn die Äquilibration auch ohne Übung erreicht werden kann, ist die Gefahr groß, dass von vielen Schülern die angebotenen Übungsaufgaben nicht mit der notwendigen Intensität bearbeitet werden.

Genauer gesagt: Erzeugt die Übung keinen Problemdruck im Schüler, locken einfachere Wege der Übungsvermeidung. Dieser Problemdruck kann extrinsisch erzeugt werden (z.B. über den bekannten Notendruck), besser ist es allerdings, mit Hilfe einer adäquaten Gestaltung der Übungsphasen den Wunsch auszulösen, die Inhalte und Heuristiken zu verstehen.

Im Kern geht es bei diesen Überlegungen um die Frage, wie man Schülerinnen und Schüler dazu bringt, langandauernd, wohldurchdacht und mit einem hohen Maß an Anstrengung zu üben. Hierbei spielen, neben den individuellen Voraussetzungen und dem gemeinsam erworbenen Kontext, Unterrichtsprinzipien eine wichtige Rolle.

7.3 Unterrichtsprinzipien als Basis des wohldurchdachten Übens

Grundsätzlich sind alle Unterrichtsprinzipien geeignet, das eigenständige Arbeiten der Kinder zu fördern. Abbildung 7.1 fasst die wesentlichen Aspekte der bereits bekannten Unterrichtsprinzipien zusammen, welche dazu beitragen können, eigenständiges und wohldurchdachtes Üben zu fördern. Diese Aspekte werden unter dem Kontext „Üben in der Schule" im Folgenden genauer analysiert.

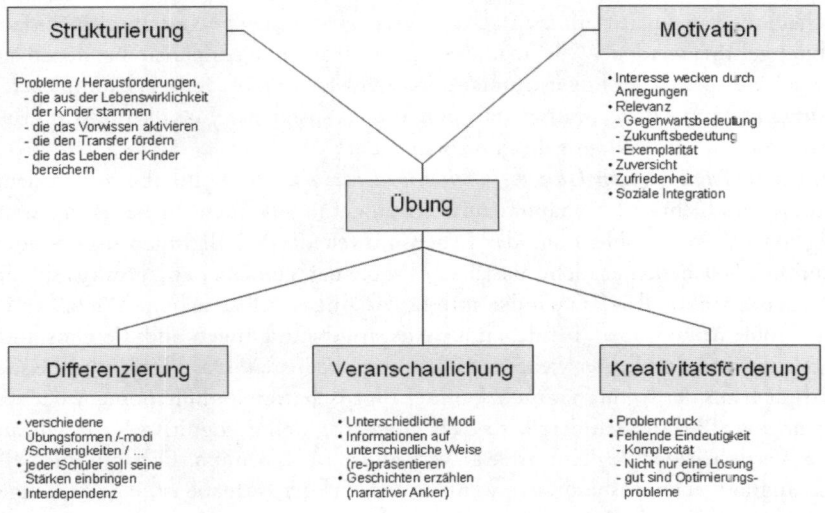

Abb. 1: Wesentliche Aspekte der bislang bekannten Unterrichtsprinzipien unter dem Gesichtspunkt der Unterstützung wohldurchdachten Übens.

7.3.1 Strukturierung

David Merrills *First Principles of Instruction* wie auch das AVIVA-Schema betonen beide die wichtige Rolle der Aktivierung von Vorwissen (vgl. Kiel i.d.Bd.). Zum einen lenken die vorhandenen Vorwissenskonstrukte die Aufmerksamkeit der Lernenden auf neue Informationen und bestimmen den Bewertungsprozess von neuen Inhalten. Zum anderen formt das Vorwissen die Verarbeitung der Inhalte, indem es kognitive Schemata für die Assimilation und Akkommodation von Phänomenen schafft (vgl. Weiß i.d.Bd.). Um mit Merrills Worten zu sprechen: Lernen wird unterstützt, wenn Herausforderungen aus der Lebenswirklichkeit der Lernenden gestellt werden, welche an das Vorwissen anknüpfen, Aktivität erfordern und individuelle Bedeutung haben. Auch Kellers Metatheorie der Motivation (ARCS-Modell, Keller 1983, vgl Braune i.d.Bd.) nennt neben der bereits oben thematisierten Aktivierung die Relevanz als wichtiges Instrument der Aufmerksamkeitssteuerung.

Als zweiten wichtigen Aspekt fordert Merrill Aufgabenstellungen, die vorhandenes Wissen nutzen, um Probleme des Alltags zu lösen. Wissen, das lediglich abgespeichert ist, aber nicht zum Lösen von Problemen verwendet wird, bezeichnet man als „träges Wissen" (Renkl 1996). Als Beispiel soll hier der Logarithmus genannt werden. Mit Hilfe dieser wichtigen mathematischen Grundrechenart können viele komplizierte Berechnungen, Darstellungen und Wachstumsabschätzungen bei natur- und wirtschaftwissenschaftlichen Fragestellungen einfach durchgeführt werden. Viele Schüler scheitern jedoch an Aufgaben, bei denen auf dem Lösungsweg der Logarithmus verwendet werden muss (z.B. bei komplexeren Aufgaben zur Zinsrechnung); ein positiver Transfer der Logarithmusfunktion auf Probleme des Alltags gelingt oftmals nicht.

Für die Gestaltung von Übungseinheiten bedeutet das: Neue Inhalte sollten demzufolge problem- oder phänomenbasiert eingeführt werden. Dabei ist es wichtig, dass dieses Problem aus der Lebensumwelt der Schülerinnen und Schüler kommt. Das bedeutet nicht, dass nach Problemen gesucht werden muss, die die Lernenden aktuell – mehr oder minder zufällig – selbst haben. Wichtiger ist es, Probleme zu finden, bei denen die Ausgangsbedingungen und die Umstände bekannt sind und keiner weiteren Erläuterung bedürfen. Das Problem sollte sich lediglich aus der Kombination bekannter Eigenschaften und Phänomene der verwendeten Objekte definieren, so dass möglichst wenig kognitive Kapazität auf das Verstehen der Begleitumstände verwendet werden muss. Dies gilt auch für Übungsaufgaben, insbesondere wenn es das Ziel der Aufgabe ist, eigenständiges Arbeiten zu fördern. Im Sinne der *Erfolgssicherung durch Übung* bieten die Prinzipien von David Merrill eine gute Möglichkeit, die eigenen Aufgabenstellungen zu überprüfen.

7.3.2 Motivation

Motivierte Lernende investieren mehr Anstrengung und lernen dadurch mehr (Wild 2000). Aus der Motivationstheorie ergeben sich Hinweise für die Gestaltung von Übungseinheiten. Für den Lernerfolg ist in erster Linie das Interesse an einem Lerngegenstand als besondere Beziehung einer Person zu den Inhalten von Bedeutung (Krapp 1992). Schiefele und Schreyer (1994) stellen dabei das inhaltliche Interesse des Lernenden vor die allgemeine Leistungsmotivation. Gegenstandsbezogenes Interesse kann dazu beitragen, den Problemdruck (vgl. Weiß i.d.Bd.) positiv zu beeinflussen.

Man kann als Lehrender allerdings nicht davon ausgehen, dass alle Lernenden zu allen Themen immer intrinsisch motiviert sind. Dadurch obliegt dem Gestalter der Lernumgebung bei neuen Themengebieten die wichtige Aufgabe, die Aufmerksamkeit des Lernenden auf den Unterrichtsgegenstand zu lenken und so das Interesse zu fördern (vgl. Kiel i.d.Bd.). Dies unterstützt am besten die Konstituierung multipler Bedeutungen des Übungsgegenstandes für den Lernenden (Keller 1983). Eine über die individuelle Relevanz angestoßene integrierte Handlungsregulation benötigt, ähnlich der intrinsischen Motivation, kaum externe Verhaltenskontrollen, da die Ziele und Werte des Handelns fest im Selbstkonzept des Individuums verankert sind (Deci & Ryan 1993; vgl. Braune i.d.Bd.). Der Schüler ist damit nicht am Thema interessiert, weiß aber genau, wie und warum dieser Gegenstandsbereich für die Erreichung persönlicher Ziele notwendig ist.

Für die Gestaltung von Übungseinheiten bedeutet das: Der Wunsch, die Herausforderung zu bewältigen, muss dabei nicht notwendigerweise intrinsisch motiviert sein. Eine integrierte Handlungsregulation ist in ihrer Wirkung auf den individuellen Antrieb nicht wesentlich schlechter als das gegenstandsbezogene Interesse. Diese integrierte Regulation wird nicht vom Interesse des Lernenden an den Inhalten, sondern von der Bedeutung der Sache für den eigenen Lebensplan angestoßen. Das bedeutet, dass Übungsaufgaben auch die individuelle Relevanz für die Gegenwart und die Zukunft des Lernenden fokussieren müssen (Klafki 2007). Im Sinne der *Erfolgssicherung durch Übung* sollte eine Aufgabe, welche zur wohldurchdachten Auseinandersetzung führt, immer auch die Frage beantworten, zu welchem Zweck die dafür notwendige Kompetenz im weiteren Verlauf der schulischen oder beruflichen Laufbahn genutzt werden kann.

7.3.3 Differenzierung

Wichtige motivationale Aspekte sind zudem die Autonomie und die soziale Integration der Lernenden. Diese kann in Übungsphasen am besten durch Herausforderungen verwirklicht werden, welche die gemeinsame Beteiligung der Lernenden ansprechen. Dies können Methoden der Differenzierung leisten. Differenzierung im Kontext des wohldurchdachten Übens heißt allerdings nicht, nach den individuellen Fähigkeiten der Lernenden unterschiedliche Aufgaben zu generieren, da dies im Extremfall zu Stigmatisierungseffekten führen kann, sondern meint, die Aufgabenstellungen so zu gestalten, dass die Lernenden ihre individuellen Stärken ausspielen können, alle zum Gelingen der Aufgabe beitragen müssen und dadurch das Erlebnis der Zufriedenheit mit der eigenen Leistung erhalten.

Für die Gestaltung von Übungseinheiten können an dieser Stelle die Erkenntnisse der Kooperationsforschung genutzt werden. Slavin (1993) wie Cohen (1994) betonen, dass kooperatives Lernen und Arbeiten dann am besten gelingt, wenn die Aufgabenstellung, die Anreizsysteme und die Rahmenbedingungen der Zusammenarbeit so gestaltet werden, dass wechselseitige Abhängigkeit innerhalb der Gruppe gegeben ist, dass also das Gelingen der Aufgabe von allen Gruppenmitgliedern abhängt. Dies leisten vor allem die so genannten *natürlichen Gruppenaufgaben* nach Cohen (ebd.). Darunter versteht man Aufgaben, welche

- keine eindeutige oder standardisierbare Lösung haben (das Ergebnis der Aufgabenbearbeitung ist idealerweise ein Resultat eines gruppeninternen Aushandlungsprozesses),
- so gestaltet sind, dass möglichst viele Gruppenmitglieder ihre individuellen Stärken einbringen können (die Aufgabe sollte möglichst viele Fähigkeiten wie z.B. Rechnen, Schreiben, Gestalten, Vortragen etc. ansprechen) und
- keine extrinsische Belohnung mit der schnellen/erfolgreichen Lösung der Aufgabe verknüpft ist (Belohnung kann sich bei vorhandener intrinsischer Motivation ungünstig auf den Lernverlauf auswirken).

Allerdings muss in diesem Zusammenhang auf die Notwendigkeit der sukzessiven Etablierung kooperativer Lernsettings hingewiesen werden. Sind die Lernenden nicht hinreichend auf kooperative Übungsphasen vorbereitet oder betrachten Gruppenarbeit als unerwünschte Unterrichtsform, kann es sein, dass die Kooperation auf einem suboptimalen Niveau stattfindet. Dies tritt beispielsweise dann ein, wenn die Lernenden nicht die Kompetenz oder den Wunsch haben, im Team zu lernen und zu arbeiten. In solchen Situationen tendieren die Lernenden dazu, den Lernaufwand zu minimieren und dabei auf möglichst niedrigem Niveau zu interagieren (Cohen ebd.; Renkl & Mandl 1995). Lehrende sollten daher darauf achten, kooperative Lern- und Arbeitsphasen geeignet einzuführen und zu bewerten. Im Sinne der *Erfolgssicherung durch Übung* können damit natürliche Gruppenaufgaben als – zu etablierende – Möglichkeit zur Sicherung der sozialen Integration genutzt werden.

7.3.4 Veranschaulichung
Oft wird beim Thema „Veranschaulichung" die Idee transportiert, dass ein Lernen mit allen Sinnen ein höherwertigeres oder besseres Lernen darstellt. Dieser pädagogische Ratschlag ist aber ohne kritische Differenzierung ein Mythos. Hin-

zu kommt das oft zu beobachtende Phänomen, dass manche Medien (z.B. Unterrichtsfilme) sowohl von Lehrenden wie von Lernenden als eingängig und weniger herausfordernd als andere Medien (z.B. Lerntexte) wahrgenommen werden, dass also multimedial aufbereitete Inhalte das Lernen zu erleichtern scheinen. Salomon konnte bereits 1984 in einer viel beachteten Studie zeigen, dass die aufgebrachte Anstrengung der Lernenden in der Auseinandersetzung mit den Inhalten umso geringer ist, je niedriger die Anforderungen sind, die das Medium an die Lernenden stellt (Salomon & Leigh 1984). Dies zeigt sich zum Beispiel beim Einsatz von Videos, die eher zu einer passiven Wahrnehmung des Gezeigten statt zu einer aktiven Auseinandersetzung mit den Inhalten führen (Kerres 1999).

Für die Gestaltung von Übungseinheiten bedeutet das: Die wahren Vorteile der Veranschaulichung liegen vielmehr darin, Gesprächsanlässe zu finden. Wie bereits im Kapitel Veranschaulichung dargestellt (vgl. Weiß i.d.Bd., S. 99ff.), besagt die Theorie der dualen Kodierung im Kern, dass neben dem Aufbau der internen text- und bildbasierten Repräsentationsnetzwerke vor allem die Vernetzung zwischen dem verbalen und dem ikonischen System in den Fokus des Unterrichts zu setzen ist: Je stärker das text- und das bildbasierte System miteinander vernetzt sind, desto reichhaltiger sind die Reaktionsmöglichkeiten des Lernenden im Hinblick auf neue Aufgabenstellungen. In der unterrichtlichen Umsetzung bedeutet dies eine Fokussierung der textbasierten Arbeit mit bildbasierten Medien. Im Sinne der *Erfolgssicherung durch Übung* kann dies durch das Schaffen von Gesprächs- und Schreibanlässen über die bildbasierten Informationen ermöglicht werden. Veranschaulichung transportiert also idealerweise Informationen zur Aufgabe, indem beispielsweise Fallinformationen oder wichtige Aspekte der Problemstellung gezeigt werden. Ein gutes Beispiel dafür sind die in Punkt 7.6 vorgestellten Jasper Series der Cognition and Technology Group at Vanderbilt.

7.3.5 Kreativitätsförderung

Dieses Unterrichtsprinzip setzt, neben den individuellen Voraussetzungen und den Rahmenbedingungen, vor allem das kreative Problem in den Vordergrund und liefert wichtige Hinweise darüber, wie eine Aufgabe gestaltet sein muss. Vieles davon kann bereits aus den beschriebenen Aspekten hergeleitet werden; mit den Worten der Kreativitätsförderung gesprochen muss das gestellte Problem einen Problemdruck aufweisen, also für die Lernenden bedeutsam oder interessant sein, sowie uneindeutig, also komplex sein und verschiedene optimierbare Lösungswege aufweisen (vgl. Weiß i.d.Bd., S. 128f.).

Für die Gestaltung von Übungseinheiten bedeutet das: Aus der Problemtheorie ist bekannt, dass jedes Problem einen Ausgangspunkt, ein Ziel und Wege zum Ziel enthält. Ein gutes Problem zeichnet dabei aus, das zwei dieser drei Aspekte bekannt oder im Problemkontext analysierbar sind. In der Praxis sind meist Ausgangspunkt und Ziel bekannt, wobei der Weg zur Lösung gesucht werden muss. Ein komplexes Problem erkennt man daran, dass der Lösungsweg mehrere Lösungsschritte enthält, zum anderen eröffnet es mehrere Wege, die zum Ziel führen. Aufgabe der Lernenden ist es dabei, den besten, schnellsten, elegantesten Weg zum Ziel zu finden (Optimierungsproblem). Im Sinne der *Erfolgssicherung durch Übung* bedeutet dies, die Gestaltung der Übungseinheiten um komplexe und nicht-standardisierte Aufgabenstellungen herum zu konzipieren.

7.4 Weitere Aspekte der Unterstützung von Übung

Neben den Unterrichtsprinzipien gibt es weitere wichtige Aspekte, die die grundsätzliche Bereitschaft des Lernenden zur intensiven Auseinandersetzung mit Problemstellungen positiv unterstützen können.

7.4.1 Individuelle Voraussetzungen

Neben der Motivation und dem Vorwissen wird der Lernprozess auch von den individuellen Einstellungen des Lernenden determiniert. Darunter fallen zum einen die so genannten epistemologischen Überzeugungen, zum anderen die Selbsteinschätzung und Selbstwahrnehmung.

Sowohl bei der Bewertung neuer Informationen und Inhalte als auch bei Akkommodationsprozessen beeinflussen subjektive Einstellungen zur Objektivität und Wertigkeit von Wissen die Informationsverarbeitung und die Lernmotivation (Gruber, Harteis, Hasanbegovic & Lehner, 2007). Eine intensive und wohldurchdachte Auseinandersetzung mit den Lerninhalten kann durch wenig elaborierte epistemologische Überzeugungen negativ beeinflusst werden (Schommer 1993, 1998), zum Beispiel:

• Der Glaube daran, dass der Lernprozess beschleunigt oder vereinfacht werden kann,
• der Glaube daran, dass es eine feststehende Wahrheit und Wissensautoritäten gibt,
• der Glaube daran, dass es geborene Lerner/Begabung für ein Fach gibt,
• die Tendenz dazu, einfache Antworten für komplexe Probleme zu finden.

Dem gegenüber gibt es Überzeugungen, welche wohldurchdachte Lernprozesse fördern:

• Die Überzeugung, dass der Erwerb von Kompetenz ein langwieriger und intensiver Prozess ist,
• die Überzeugung, dass es nur wenig bis keine Wahrheiten gibt, sondern dass Wissen vor allem Ergebnis von Einigungsprozessen ist, welche sich im Laufe der Zeit ändern,
• der Glaube an den Erfolg von Anstrengung und Fleiß,

- die Akzeptanz der Tatsache, dass viele komplexe Probleme keine eindeutige und einfache Lösung haben.

Die Änderung epistemologischer Überzeugungen ist für alle Beteiligten eine große Herausforderung. Es handelt sich schließlich um individuelle Konzepte, die – nimmt man das Beispiel Lernen in der Schule – bereits seit vielen Jahren, subjektiv betrachtet, erfolgreich funktionieren. Die offizielle Zielsetzung der meisten Lehrpläne trägt ebenfalls nicht den Anreiz in sich, die bislang gezeigten Lernprozesse zu verändern oder Wissen als fluid wahrzunehmen: Schließlich steht am Ende der Schule das Examen, in dem vor einer als Autorität wahrgenommenen Person Wissen und Können gezeigt werden müssen, die im Kontext der Schule zu erwerben sind.

Ein *conceptual change* in diesem Bereich wird allgemein für wichtig gehalten. Auf Seiten der Lehrenden zeigt der aktuelle Stand der Forschung, dass diese Einstellungen sowohl die Konzeption der Lernumgebung als auch die Gestaltung der Instruktionen beeinflussen können. Veränderungen in diesem Bereich erfordern laut Sinatra und Mason (2008) eine umfassende Bestimmung der Barrieren für einen Perspektivenwechsel, eine Thematisierung der Neugestaltung von Lernprozessen sowie intensive Interaktionsprozesse und aktives Experimentieren mit neuen Vorgehensweisen beim Wissens- und Kompetenzerwerb. Dies führt zu der eingangs gestellten Forderung der Auseinandersetzung der Lehrenden und Lernenden mit den eigenen epistemologischen Überzeugungen, oder konkret: Die Anstrengung beim Lernen muss im Unterricht kommunikativ thematisiert werden.

Als einen weiteren Aspekt der für die Aufgabenbearbeitung wichtigen individuellen Voraussetzungen beschreibt Dweck (1999) die Selbstüberzeugung. Wer der Meinung ist, dass der eigene Erfolg vor allem ein Resultat der eigenen Begabung ist, wird sich weniger anstrengen, als jemand, der überzeugt ist, dass vor allem die eigene kognitive oder physische Anstrengung ausschlaggebend für ein gutes Ergebnis ist. Eine gute Aufgabenstellung transportiert daher auch die Notwendigkeit der Anstrengung für den Lösungserfolg. Zudem sollte der Lehrende bei seinem Feedback zur Aufgabenbearbeitung die Anstrengung der Schüler vorrangig berücksichtigen.

Allerdings ist eine intelligenzdeterminierte Überzeugung von Lernerfolg in der Praxis noch sehr häufig anzutreffen und steht der erfolgreichen Förderung von Lernprozess und Lernerfolg oft im Weg (Dweck 1999): Wer glaubt, er sei nicht begabt und intelligent genug, strengt sich weniger an. Solche Konzepte werden vom Individuum meist aus (kommunikativen) Alltagserfahrungen konstruiert und erweisen sich als veränderungsstabil. Sinatra und Mason (2008) nennen die Erfolgsziele, die epistemologischen Überzeugungen und die Selbstwirksamkeitserwartung als maßgebliche Voraussetzung für den Perspektivenwechsel hinsichtlich der Lernprozesse.

Für die Gestaltung von Übungseinheiten bedeutet das: Die Idee des Erfolgs durch wohldurchdachtes, eigenständiges und intensives Üben sollte von allen Beteiligten des Mesosystems „Schule" gelebt und vertreten werden. Im Mikrosystem der Klasse trägt vor allem die Person des Lehrenden die Herausforderung, Prozesse des Lernens und Übens mit den Schülerinnen und Schülern im kommunikativen Prozess zu thematisieren und dabei Hürden für die Umsetzung selbstgesteuerter Übungseinheiten zu erkennen und diese abzubauen. Im Sinne der *Erfolgssicherung durch Übung* heißt dies beispielsweise die Erarbeitung von Regeln für einen respektvollen Umgang miteinander, Diskussionen über leistungsbezogene Werte und die dezidierte Thematisierung von Eigenständigkeit in Lernprozessen.

7.4.2 Soziale Präsenz des Lehrenden

Unter der sozialen Präsenz versteht man das Gefühl, mit einem Interaktionspartner nicht nur Informationen auszutauschen, sondern auch eine gewisse Vertrautheit zu verspüren. Für die Zusammenarbeit wichtige Aspekte wie Verlässlichkeit und Offenheit ergeben sich erst durch die subjektive Erlebnisqualität der interaktiven Prozesse bei der Unterstützung der eigenen Entwicklung (Heeter 1992). Dies begründet sich in erster Linie aus der Handlungstheorie. Am bekanntesten sind sicherlich die Theorie des geplanten Verhaltens von Ajzen (1991), bzw. das Modell des begründeten Handelns (Fishbein 2008), welche zwischen Handlungsintention und der eigentliche Performanz unterscheiden. Dabei wird die Handlungsintention von drei wesentlichen Faktoren moderiert:

- Wahrgenommene Handlungskontrolle: Hier wird angesprochen, ob der Lernende der Meinung ist, er könnte die Handlung eigenständig und kompetent durchführen (Selbsteinschätzung und Zuversicht).
- Normative Kontrolle: Der Lernende stellt sich die Frage, ob die Durchführung der Handlung im sozialen Kontext erwünscht ist, sofern diese soziale Wertschätzung für einen selbst bedeutsam ist (Subjektive und soziale Normen).
- Einstellungen: Hiermit sind die individuelle Bedeutung des Handlungsergebnisses und die Einschätzung der Erfolgswahrscheinlichkeit des Handlungsversuchs angesprochen (Kompetenz- und Erfolgsüberzeugung).

Eagly & Chaiken erweiterten 1993 das Modell durch Variablen, die vor allem die individuellen Voraussetzungen der Handelnden ansprechen: persönliche Ziele und Wertvorstellungen, Einstellungen gegenüber Personen und Institutionen sowie epistemologische Überzeugungen. Fishbein (2008) nennt zudem die Erfahrung, die Kultur und die Eigenschaften der Umgebung als wesentliche Variablen für die Beeinflussung der Einstellungen, der Selbstwahrnehmung und der Etablierung von Handlungsnormen.

Für die Gestaltung von Übungseinheiten bedeutet das: Der Lehrende ist Vertreter der sozialen Normen (und deren Wertschätzung) im Unterrichtskontext. Zudem

gestaltet und bewertet er die zu erreichenden Ziele, unterstützt die Selbstwahrnehmung der Lernenden und hebt die Bedeutung der Inhalte heraus. Je höher die soziale Präsenz der Lehrenden ist, desto eher sind Schülerinnen und Schüler bereit, sich die – anfangs fremdbestimmten – Maßstäbe und Ziele zu Eigen zu machen und danach zu handeln. Im Sinne der *Erfolgssicherung durch Übung* empfiehlt es sich für Lehrende, eine vertrauensvolle und angstfreie Arbeitsatmosphäre zu schaffen, in der

- Rahmenbedingungen für die Zusammenarbeit etabliert werden,
- gegenseitiger Respekt und Wertschätzung gelebt wird,
- die Unterstützung von Lernprozessen und handlungsorientierte Erfolgsrückmeldung wesentlicher Bestandteil des Unterrichts sind sowie
- eine angemessene Gesprächs- und – falls notwendig – Streitkultur entsteht.

Das pädagogische Leitbild kann dabei an von Hentig angelehnt werden: Den Autoritäten berechtigt vertrauen können, spüren, dass einem etwas zugetraut und zugemutet wird, Gelegenheiten bekommen, über sich hinaus zu wachsen (Börger 2011). Dabei muss der Lehrer – analog zu Schneewinds Erziehungstheorie „Freiheit in Grenzen" (2005) – mit seinen eigenen Überzeugungen nicht zurück stehen. Als Betreuer und kompetenter Experte für die Unterrichtsgestaltung kommt ihm vielmehr die Aufgabe zu, bei der Aushandlung der Eckpunkte der Zusammenarbeit auch in letzter Instanz nicht-verhandelbare Grenzen zu setzen. Daraus ergibt sich im Umkehrschluss auch die Verpflichtung für Lehrende, adäquate Überzeugungen zu eigenständigen und wohldurchdachten Lernprozessen zu haben und diese zu vertreten.

7.5 Umsetzung im Unterricht

Aus den bis hierhin vorgestellten Erkenntnissen der Lehr-Lern-Forschung werden nun im Folgenden handlungsorientierte Empfehlungen für den unterrichtlichen Alltag abgeleitet. Der Fokus liegt dabei auf der Gestaltung der Aufgabenstellungen, die, wie gezeigt wurde, wesentlich zur Erfolgssicherung durch Übung beitragen. Solche Aufgaben zu (er)finden ist nicht leicht. Zu oft ergeben sich aus den Überlegungen über die Lebenswirklichkeit der Kinder, dem Versuch, Interesse anzustoßen oder Gruppenarbeit umzusetzen, Aufgaben wie: „Erstelle eine Collage über unser Sommerfest mit Ausschnitten aus den lokalen Zeitungen" oder „Du bist auf einem Parkplatz mit 10 Bussen (6 Räder), 12 Autos (4 Räder) und 3 Motorrollern (2 Räder). Wie viele Räder sind das insgesamt?"
Die Kriterien für eine Aufgabenstellung, welche den vorgenannten Aspekten folgt, werden in fünf Punkten zusammengefasst. Dabei definiert die Überschrift jeweils die wünschenswerten Leitgedanken der Lernenden.

7.5.1 Ich möchte unbedingt wissen, wie es funktioniert!

Diese Aussage spricht den Problemdruck an, welcher über das inhaltliche Interesse an der Aufgabenstellung, dem Lösungsweg oder dem Ergebnis angestoßen wird. Dies kann beispielsweise durch die Konstruktion von Problemen erreicht werden, die Konflikte aufwerfen oder paradox sind.

Folgende Grundsätze können dabei helfen, eigene Aufgabenstellungen auf ihre Fähigkeit zu überprüfen, das gegenstandsbezogene Interesse zu wecken:

- Die Herausforderung muss so gestaltet sein, dass für möglichst viele Schülerinnen und Schüler echter Problemdruck entsteht.
- Der Gegenstand der Übung sollte aus dem Kontext der Schüler stammen und für sie subjektiv bedeutsam sein.
- Wenn möglich, sollte die Aufgabe das gegenstandsbezogene Interesse möglichst vieler Schülerinnen und Schüler ansprechen.
- Die Schüler sollten am Zusammenstellen und Entwickeln von Übungen aktiv beteiligt werden.

7.5.2 Ja, das könnte ich auch brauchen!

Neben dem klassischen Bezug auf spätere Kompetenzen und der Wichtigkeitseinschätzung des Wissens für das persönliche Leben – also der Bedeutungszumessung des Übungsgegenstands – verspricht eine stärkere Einbindung der individuellen Voraussetzungen und Präferenzen der Schüler in die Methodik einen geeigneten Weg der Förderung wohldurchdachten Übens. Für die Gestaltung von Aufgaben bedeutet dies:

- Die Problemstellung bzw. die transportierten Inhalte müssen für die Lernenden eine Bedeutung aufweisen (in der Gegenwart und/oder Zukunft).
- Es müssen Bezüge zu Aufgaben und Anforderungen des Schul- oder Berufsalltags sichtbar gemacht werden.
- Die Frage nach dem Sinn der für die Aufgabenlösung notwendigen Kompetenzen muss über die Aufgabenstellung leicht zu beantworten sein.
- Die Aufgabe sollte so gestellt sein, dass sie zu der Zeit im Unterricht eingesetzt werden kann, die der Lehrplan erforderlich macht. Projektwochen zum Schluss des Schuljahrs reduzieren die Menge an Gegenwartsbedeutungen auf den zentralen oder zuletzt durchgenommenen Schulstoff.

7.5.3 Das kann doch nicht so schwer sein!

Dieser Satz adressiert die Zuversicht bzw. die Selbsteinschätzung der Lernenden beim Bearbeiten der Aufgaben. Hiermit steht und fällt die Qualität der initialen Aufgabenbearbeitung. Die Einschätzung der eigenen Fähigkeiten im Vergleich zur Aufgabenschwierigkeit sollte geeignet sein, zumindest einen oder

mehrere Einstiegsmöglichkeiten zur Aufgabenbearbeitung zu eröffnen. Neben dem Wunsch, das Ergebnis zu erreichen sollte jede Herausforderung auch die Zuversicht ansprechen, die Lösung eigenständig oder in der Gruppe erlangen zu können. Hierzu eignen sich beispielsweise komplexe Fallaufgaben, welche die Problemstellung und die Herausforderung gut thematisieren und bereits erste Wege oder Handlungsmöglichkeiten ansprechen. Folgende Kriterien können dabei helfen, die eigenen Aufgabenstellungen zu überprüfen:

- Die Aufgaben benötigen einen angemessenen Schwierigkeitsgrad, dürfen also möglichst wenig Lernende über- oder unterfordern.
- Die Aufgabenstellungen müssen möglichst breit an das Vorwissen der Lernenden anknüpfen.
- Die Problemdefinition muss erste Handlungsoptionen sichtbar machen.
- Das Ziel muss klar definiert sein, damit der Fortschritt der Aufgabenbearbeitung an einen Maßstab angelegt werden kann.
- Dennoch sollte die Aufgabe so komplex sein, dass der Weg zum Ziel zu Beginn der Aufgabenbearbeitung noch nicht klar ist.
- Im Idealfall führen bei einer solchen Aufgabe mehrere Wege zum Ziel.
- Übungen sollten so organisiert werden, dass die Ergebnisse der eigenen Arbeit für die Schüler sichtbar werden und der eigene Fortschritt erkannt werden kann.
- Den Schülern sollte Gelegenheit zur Entdeckung der eigenen Stärken und Schwächen gegeben werden und sie sollten im Umgang damit beraten werden.

7.5.4 Wie geht das am elegantesten?

Für das Lösen von Problemen dürfen nicht nur bekannte Routinen herangezogen werden, vielmehr sollte nach einem neuen oder optimalen Lösungsweg gesucht werden. Die Komplexität liegt also nicht in der Aufgabenstellung oder einem unklaren Ziel, sondern in den zunächst unbekannten Möglichkeiten, das Ziel zu erreichen.

Dabei geht es nicht in erster Linie um formale Kriterien wie z.B. das Finden und Anwenden der korrekten Verfahrensweise. Probleme des Alltags sind vor allem Optimierungsprobleme, das bedeutet, dass es nicht nur eine richtige Lösung geben darf, sondern unterschiedliche Wege zum Ziel. Die Lösung besteht also im Idealfall im Finden des Weges, welcher das gegebene Ziel möglichst schnell, präzise, Kosten sparend oder elegant erreicht. In eher axiomatisch oder an deduktiven Theorien ausgerichteten Fächern wie Mathematik oder die Naturwissenschaften können formale Gütemaßstäbe die Qualität der Lösung bewerten, in anderen Fächern wird die Bewertung des Lösungsweges meist in Form einer Bewertung eines Tutors vorgenommen. Für beide Fälle ist es möglich, das Ziel bzw. die Kriterien der Zielerreichung konkret zu definieren, beispielsweise durch eine möglichst genaue Erstellung von Anforderungen und Fragestellungen, die mit dem jeweiligen Lösungsansatz erreicht oder beantwortet werden müssen. Daneben kann auch die Präsentation einer Expertenlösung zur Präzisierung des Ziels geeignet sein, wenn diese den optimalen Lösungsweg nicht nahe legt. Dies ist z.B. in der Informatik oder in der Mediengestaltung eine geeignete Methode: Die Funktionsweise eines Programms wird anschaulich vorgeführt, die Aufgabenstellung liegt nun darin, die gezeigten Funktionen mit Hilfe einer möglichst eleganten Codierung zu erreichen. Allgemein sollte man bei der Aufgabenerstellung folgende Punkte beachten:

- Die Aufgabenstellung sollte mehrere Lösungswege eröffnen.
- Einer oder mehrere dieser Lösungswege beschreiben eine optimale Zielerreichung.
- Es gibt nicht nur einen richtigen Weg (Standardlösung), sondern mehrere richtige Vorgehensweisen.
- Das Kriterium für eine qualitativ hochwertige Lösung muss dabei im Vorfeld der Aufgabenbearbeitung bekannt sein.

7.5.5 Üben? Gerne, da lerne ich etwas!

Der letzte Aspekt adressiert die Rahmenbedingungen erfolgreichen Übens, die bereits in Punkt „Soziale Präsenz des Lernenden" thematisiert wurden. Konkrete Handlungsanleitungen hierfür aufzustellen fällt an dieser Stelle schwer, dafür sind die Möglichkeitsräume, bedingt durch die unterschiedlichen Zusammensetzungen von Klassen, zu heterogen. Einzelne Aspekte können jedoch eine Grobplanung des unterrichtlichen Handelns hinsichtlich der Betonung von Übungsprozessen im Klassenkontext unterstützen:

- In den Schülern muss das Verständnis für den Sinn und die Notwendigkeit des Übens geweckt werden.
- Angst, übertriebener Wettbewerb und hoher Notendruck sollen vermieden werden.
- Angst vor Blamage behindert den Lernprozess und kann zu Lernblockaden führen. Daher sollte ein entspanntes Miteinander im Klassenrahmen vorherrschen.
- Das Feedback durch den Lehrer sollte auf die Handlungen der Schüler zeigen, nicht auf deren Persönlichkeit. Eine optimale Rückmeldung thematisiert den Lernprozess und dessen Verbesserung und vermeidet Stigmatisierungen.
- Die Übungsreihen müssen dem Alter, dem Lernstatus und dem Entwicklungsstand der Kinder und Jugendlichen entsprechen.

- Der Zusammenhang zwischen Anstrengung und Lernerfolg muss thematisiert werden.
- Überlastung oder Unterforderung sollten vermieden werden.
- Der Einsatz verschiedener Sozialformen muss mit bedacht werden.
- Die Schüler sollten die Möglichkeit haben, den eigenen Rhythmus zu finden. Daher muss genügend Zeit eingeplant werden.
- Die Lehrer-Schüler- wie die Schüler-Schüler-Beziehungen sollten positiv gestimmt sein.

Die nachfolgende Abbildung fasst die Empfehlungen für eine problemorientierte Übungsaufgabe zusammen.

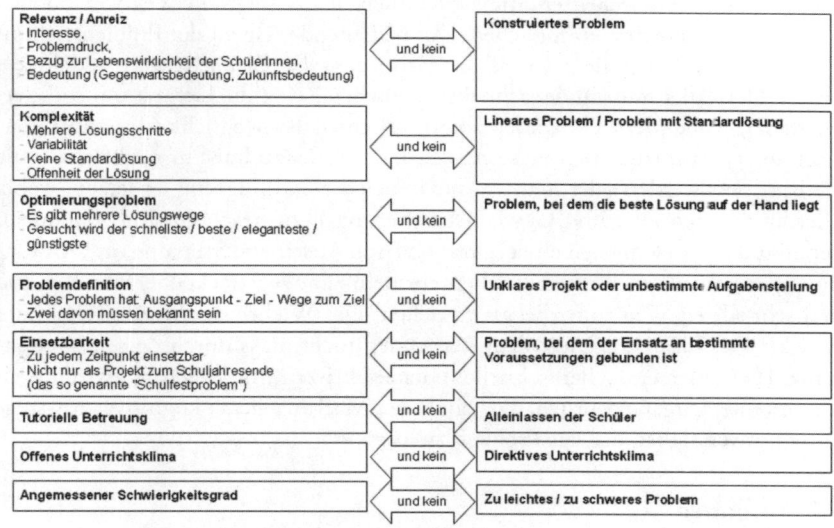

Abb. 2: Aspekte einer problemorientierten Übungsaufgabe

7.6 Ein gelungenes Beispiel

Ein gutes Beispiel für eine gelungene Übungsaufgabe sind die von der Cognition and Technology Group at Vanderbilt (CTGV, 1991) entwickelten Jasper Series. Die jeweiligen Problemstellungen, Ziele und Möglichkeitsräume werden über verfilmte Geschichten vermittelt, die alle notwendigen Informationen bereitstellen, jedoch eine hohe Wissenskommunikation notwendig machen. Gedacht sind diese 16 Filme als Übungseinheiten für die sechste Klasse weiterführender Schulen in den Fächern Mathematik und Wirtschaftslehre.

Im Film „Rescue at Boone's Meadow" wird beispielsweise gezeigt, wie der Hauptprotagonist in einer sehr abgelegenen Gegend einen angeschossenen Adler findet. Über Funk nimmt er Kontakt mit einer Bekannten auf, die ihrerseits den örtlichen Tierarzt um Hilfe bittet. Dieser definiert die eigentliche Problemstellung: „The sooner we treat the eagle, the better chance we have to save him." Die Aufgabe des Lernenden besteht darin, mit Hilfe der ebenfalls im Film vorgestellten Transportmittel (Leichtmetallflugzeug, Auto, Fußweg) einen möglichst schnellen Transport des Adlers von Boone's Meadow zum Tierarzt zu konzipieren und zu analysieren. Konkretisiert wird der Möglichkeitsraum durch verschiedene Gegebenheiten (etwa Entfernung, Straßenführung, Gewichtslimitierung, Benzinverbrauch, Geschwindigkeiten und Wegstrecken) die nur eine bestimmte Menge an Optionen offen lassen. Die optimale Lösung besteht aus einer Kombination von vierzehn Einzelschritten, die letztendlich den schnellsten Weg von Boone's Meadow zum Tierarzt ermöglichen. Der bedeutende Aspekt der Problemstellungen der Jasper Series liegt vor allem darin, dass das Ziel sehr präzise definiert wird ("Der Adler muss in der schnellstmöglichen Zeit zum Tierarzt transportiert werden"), wobei dem Lernenden sofort verschiedene Möglichkeiten zur Zielerreichung gewahr sind (Beispielsweise kann der Adler zu Fuß zur nächsten Straße transportiert werden oder man kann das Leichtmetallflugzeug einsetzen, wobei allerdings Reichweite und Gewichtslimitierungen zu beachten sind). Dennoch verlangt das Problem nach einer sehr intensiven Auseinandersetzung und Anwendung der bekannten mathematischen Formeln zur Wegstreckenberechnung, um den schnellsten Weg zum Ziel zu erreichen. Das Wichtigste dabei ist folgender Aspekt: Der Film suggeriert dem Lernenden nicht, dass durch dessen Verwendung das Lernen einfacher, schneller oder effektiver funktioniert. Es wird durch die gestellte Aufgabe deutlich, dass ein hohes Maß an eigener kognitiver Anstrengung notwendig ist, um das Problem zu lösen.

7.7 Aufgaben

7.7.1 Filmgeleitete Aufgaben
Sehen Sie sich folgende Filmausschnitte an:
- Deutsch als Fremdsprache *Grammatik: Passiv* (Hauptschule 8./9. Jahrgangsstufe)
- Deutsch als Zweitsprache (im Informatikraum) *Wortschatz* (Grundschule Sprachlernklasse)
- Englisch 1. Lernjahr *Entwicklung von Sprachbewusstsein am Beispiel ‚Colours'* (Grundschule 3. Jahrgangsstufe)
- Sport Inline-Skating *Fallen Üben* (Grundschule 2. Jahrgangsstufe)

Aufgabenbeschreibung

Erarbeiten Sie sich nun die Umsetzung im Unterricht anhand der Filmsequenzen und des Modells, das Sie unter Punkt 7.5 vorfinden. Folgende Aufgaben sind zu bearbeiten:

a) Notieren Sie die Maßnahmen der Lehrkraft, durch die in den verschiedenen Unterrichtsstunden geübt wird.

b) Ordnen Sie diese Maßnahmen in das vorliegende Modell zur Übung ein.

c) Sehen Sie sich die Filmausschnitte nochmals an. Suchen Sie nach weiteren beschriebenen Umsetzungsvorschlägen, die Ihnen bei der ersten Durchsicht entgangen sind und die Ihnen durch die Lektüre nun klar geworden sind. Schreiben Sie diese auf.

d) Welche sinnvollen Alternativen aus den Umsetzungsvorschlägen hätte der Lehrer noch ins Auge fassen können?

e) Welche weiteren Prinzipien können Sie in der Filmsequenz entdecken? Notieren Sie.

f) Bewerten Sie nun, ob die gezeigten Übungsmaßnahmen im Unterrichtsausschnitt gelungen oder misslungen sind. Begründen Sie Ihre Aussagen.

Aufgabenerläuterung

Sie werden in diesen Filmausschnitten nicht alle Umsetzungsvorschläge gefunden haben, da dies schlicht nicht möglich und sinnvoll ist. Zum anderen hat jede Lehrkraft ihren eigenen Stil und eine andere Gewichtung der Übung. Diese Aufgabe soll folglich Ihren Blick für wesentliche Grundsätze von Übung schärfen.

Aufgabenbegründung

Übung ist ein grundlegendes (aber leider häufig vernachlässigtes) Element jeglichen Lernens, da das Gelernte effektiv abgespeichert und für zukünftige Situationen wieder abrufbereit sein soll.

Die Berücksichtigung der beschriebenen Umsetzungsvorschläge für den Unterricht kann dazu beitragen, Ihre Übungspraxis von vornherein abwechslungsreicher und erfolgreicher zu gestalten. Außerdem wird durch die einzelnen Teilaufgaben zur Analyse der Filmsequenz und der Erarbeitung der Theorien das Prinzip der Übung kleinschrittig und vielschichtig erarbeitet.

7.7.2 Theoriegeleitete Aufgabe

Aufgabenbeschreibung

Setzen Sie das Prinzip der Erfolgssicherung durch Übung zu dem Prinzip der Differenzierung in Bezug und bearbeiten Sie folgende Aufgaben:

a) Suchen Sie aus beiden Texten die Kriterien heraus, die für eine Verbindung von Übung und Differenzierung sprechen.

b) Überlegen Sie sich eine konkrete Unterrichtsstunde, aus der deutlich hervorgeht, wie beide Prinzipien zusammenwirken.

Aufgabenerläuterung
Bei der Lektüre beider Texte werden Sie auf etliche Überschneidungen der beiden Unterrichtsprinzipien stoßen. Diese können Sie in der Planung Ihrer Unterrichtsstunde konkret anwenden.

Aufgabenbegründung
Unterrichtsprinzipien sind immer im Verbund zu sehen und nicht voneinander zu trennen. So bedingen sich die Prinzipien der Erfolgssicherung durch Übung und der Differenzierung gegenseitig.

7.7.3 Zur Vertiefung: Gestaltung einer Problemstellung

Aufgabenbeschreibung
Eine wesentliche Herausforderung erfolgreicher Unterstützung selbstgesteuerten Lernens liegt in der Gestaltung einer Problemstellung, die die Lernenden anregt, sich selbstgesteuert, wohldurchdacht und intensiv mit einem Phänomen zu beschäftigen. Vielerorts wirken die genannten Problemstellungen sehr konstruiert, gehen nicht auf die individuellen Vorlieben und die Bedeutung des Themas ein und sind vor allem zu abstrakt gestellt, um anregend zu wirken. Machen Sie es besser: Wählen Sie ein beliebiges Thema für ein beliebiges Fach und erarbeiten Sie eine anregende Aufgabenstellung, welche die im Text aufgestellten Aspekte umsetzt.

Aufgabenerläuterung
Halten Sie sich bei der Erstellung der Unterrichtsplanung an ein beliebiges Schema. Wichtig ist, dass ein Außenstehender erkennt, worauf Sie hinauswollen und wie Sie Ihren Schülerinnen und Schülern deutlich machen, welche Handlungen von ihnen gefordert sind.

Aufgabenbegründung
Die Umsetzung der Aspekte zur Unterstützung wohldurchdachten Übens ist eine sehr schwere Aufgabe, die die Kreativität des Lehrenden fordert. Dies sollte bereits in der theoretischen Ausbildungsphase geübt werden.

7.7.4 Zur Vertiefung: Übung zur Vereinfachten Ausgangsschrift[1]

Aufgabenbeschreibung
a) Lesen Sie sich die Buchstaben in der Vereinfachten Ausgangsschrift durch.

---

1 Wir danken Frau Dr. Angelika Sehr-Gerrens herzlich für die Formulierung dieser Aufgabe.

A B C D E F G H I J K L
M N O P Q R S T U V W
X Y Z Ä Ö Ü
a b c d e f g h i j k l m
n o p q r s t u v w x y z
ä ö ü ß ß
Qu qu St st tz sch

b) Spuren Sie die Buchstaben nach.
c) Üben Sie die Buchstaben so lange, bis Sie Ihren Vor- und Nachnamen in Vereinfachter Ausgangsschrift schreiben können.

Aufgabenerläuterung
Sie sollen eigene Erfahrungen mit der Übung als grundlegendes Element des Lernens machen. Wie lange brauchen Sie, um die gestellte Aufgabe zu lösen, ist es Ihnen schwer oder leicht gefallen?
Das Ziel der Übung ist, das Gelernte durch Wiederholung zu festigen.

Aufgabenbegründung
Die Vereinfachte Ausgangsschrift wird in der Grundschule in Bayern bis zur 4. Klasse gelehrt. Das bedeutet auch für Sie als Lehrkraft, dass Sie diese Schrift beherrschen müssen.

7.7.5 Zur Vertiefung: Kontextualisiertes Üben zum Argumentieren

Aufgabenbeschreibung
Kontext: Schüler müssen zum Ende ihrer Schullaufbahn in vielen Schultypen ein Berufspraktikum ableisten. Dieser Kontext bildet den Rahmen der Übung:
a) Bilden Sie drei Gruppen gemäß Ihrer Berufssspartenpräferenz (Wirtschaft, Handwerk, Sozialer Bereich).
b) Erstellen Sie in Ihrer Gruppe eine Präsentation mit dem Titel: Ich möchte mein Praktikum aus dem Bereich [Gruppe 1: Wirtschaft / Gruppe 2: Hand-

werk / Gruppe 3: Soziales] ableisten weil… und nicht aus dem Bereich [Gruppe 1: Handwerk / Gruppe 2: Soziales / Gruppe 3: Wirtschaft], weil…
c) Stellen Sie Ihre Argumente im Plenum vor.
d) Gehen Sie zurück in Ihre Arbeitsgruppen und antworten Sie auf die Gegenargumente zu Ihrer Berufssparte, die von der anderen Gruppe genannt wurden. Gestalten Sie Ihre Antworten nach den folgenden Mustern:
  • […] ist nicht richtig, weil […]
  • […] gehört zu den Aspekten meines Praktikums, die mir gefallen
  • […] gehört zu den Aspekten meines Praktikums, die mir nicht gefallen, aber […]

Aufgabenerläuterung
Sie sollen lernen, mit Antworten und Argumenten konstruktiv umzugehen und Aussagen, die nicht Ihren Ansichten entsprechen, produktiv zur eigenen Meinungsbildung nutzen.
Das Ziel dieser Übung ist, Argumentieren und Diskutieren zu üben.

Aufgabenbegründung
Das Erziehungsziel der Mündigkeit umfasst auch die Kompetenz zur Diskussion und zur konstruktiven Meinungsbildung durch alternative Ansichten und konträre Aspekte.

7.8 Literatur

Ajzen, I. (1991). The theory of planned behavior. *Organizational Behavior and Human Decision Processes, 50* (2), 179-211.

Arnold, K.H. & Schreiner, S. (2006). Üben. In K.H. Arnold, H. Sandfuchs & J. Wiechmann (Hrsg.), *Handbuch Unterricht* (S. 326-331). Bad Heilbrunn.

Arnold, P. & Putz, P. (2000). Communities of Practice als Orientierungsrahmen für die Gestaltung virtueller Lernumgebungen. In F. Scheuermann (Hrsg.), *Campus 2000 – Lernen in neuen Organisationsformen* (S. 97-110). Münster.

Börger, R. (2011). *Große Pädagogen: Hartmut von Hentig. Manuskript.* München. Bayerischer Rundfunk.

Cognition and Technology Group at Vanderbilt (CTGV) (1991). The Jasper Series as an Example of Anchored Instruction: Theory, Program Description, and Assessment Data. *Educational Psychologist, 27,* 291-315.

Cohen, E. G. (1994). *Designing groupwork: Strategies for the Heterogeneous Classroom.* New York.

Collins, A., Brown, J. S. & Newman, S. E. (1989). Cognitive apprenticeship: Teaching the craft of reading, writing and matematics. In L. B. Resnick (Ed.), *Knowing, learning and instruction: Essays in honor of Robert Glaser* (pp. 453-494). Hillsdale, NJ.

Deci, E. L. & Ryan, R. M. (1993). Die Selbstbestimmungs-Theorie der Motivation und ihre Bedeutung für die Pädagogik. *Zeitschrift für Pädagogik, 39* (2), 223-238.

Dweck, C.S. (1999). *Self-Theories: Their role in motivation, personality and development.* Philadelphia.

Eagly and Chaiken, (1993). *The Psychology of Attitudes*, Fort Worth, TX.

Ericsson, K. A. & Lehmann, A. C. (1996). Expert and Exceptional Performance: Evidence of Maximal Adaption to Task Constraints. *Annual Review of Psychology*, *47*, 273-305.

Ericsson, K. A., Krampe, R. T. & Tesch-Römer, C. (1993). The Role of Deliberate Practice in the Acquisition of Expert Performance. *Psychological Review*, *100* (3), 363-406.

Festinger, L. (1957). A Theory of Cognitive Dissonance. Stanford, CA.

Fishbein, M. (2008). A Reasoned Action Approach to Health Promotion. *Medical Decision Making*, *28* (6), 834-844.

Foppa, K. & Groner, M (1991). Wahrnehmen, Erinnern, Lernen: Überlegungen zu einer erweiterten Konzeption des Lernprozesses. In D. Frey (Hrsg.), *Bericht über den 37. Kongreß der Deutschen Gesellschaft für Psychologie in Kiel 1990* (S. 188-193). Göttingen: Hogrefe.

Glasersfeld, E. von ([18]2006). Einführung in den radikalen Konstruktivismus. In P. Watzlawick (Hrsg.), *Die erfundene Wirklichkeit* (S. 16-38). München.

Gruber, H. & Stöger, H. (2011). Experten-Novizen-Paradigma. In E. Kiel & K. Zierer (Hrsg.), *Basiswissen Unterrichtsgestaltung. Unterrichtsgestaltung als Gegenstand der Wissenschaft*, Bd. 2 (S. 247-264). Baltmannsweiler.

Gruber, H., Harteis, C., Hasanbegovic, J. & Lehner, F. (2007). Über die Rolle epistemischer Überzeugungen für die Gestaltung von E-Learning – Eine empirische Studie bei Hochschul-Lehrenden. In M. H. Breitner, B. Bruns & F. Lehner (Hrsg.), *Neue Trends im E-Learning. Aspekte der Betriebswirtschaftslehre und Informatik* (S. 123-132). Heidelberg.

Heckhausen, H. & Rheinberg, F. (1980). Lernmotivation im Unterricht neu betrachtet. *Unterrichtswissenschaft*, *8*, 7-47.

Heeter, C. (1992). Beeing there. The subjective experience of presence. *Presence*, *1* (2), 262-271.

Herbart, J. F. (1982). Allgemeine Pädagogik aus dem Zweck der Erziehung abgeleitet (1806). In W. Asmus (Hrsg.), *Johann Friedrich Herbart. Pädagogische Schriften*. Bd. 2 (S. 9-155). Stuttgart.

Hofer, M. Pekrun, R. & Zielinski, W ([3]1994). Die Psychologie des Lernens. In B. Weidenmann & A. Krapp (Hrsg.), *Pädagogische Psychologie* (S. 221-275). Weinheim.

Keller, J.M. (1983). Motivational Design of Instruction. In C.M. Reigeluth (ed.), *Instructional Design Theories and models: An Overview of their Current Status* (pp. 282-429). Hillsdale, London.

Kerres, M (1999). Potenziale des Lernens im Internet: Fiktion oder Wirklichkeit. In H. Hoffmann (Hrsg.), *Deutsch global? Neue Medien, eine Herausforderung für die deutsche Sprache* (S. 170-195). Köln.

Klafki, W. ([6]2007). *Neue Studien zur Bildungstheorie und Didaktik: Zeitgemäße Allgemeinbildung und kritisch-konstruktive Didaktik*. Weinheim.

Krapp, A. (1992). Das Interessenkonstrukt. In A. Krapp & M. Prenzel (Hrsg.). *Interesse, Lernen, Leistung. Neuere Ansätze der pädagogischpsychologischen Forschung* (S. 297-329). Münster.

Lehmann, A. C. & Gruber, H. (2006). Music. In K. A. Ericsson, N. Charness, P. J. Feltovich & R. R. Hoffman (Eds.), *Handbook on expertise and expert performance* (pp. 457-470). Cambridge.

Lesgold, A. (1997). Wandel in der Arbeitswelt und beim Lernen. In H. Gruber & A. Renkl (Hrsg.), *Wege zum Können* (S. 156-177). Bern.

Piaget, J. (1972). *Die Entwicklung des Erkennens (Bd. 1. Das mathematische Denken)*. Stuttgart.

Piaget, J. ([2]1981). *Einführung in die genetische Erkenntnistheorie*. Frankfurt: suhrkamp.

Preiser, S. & Buchholz, N. (2004). *Kreativität. Ein Trainingsprogramm für Alltag und Beruf.* Heidelberg.

Renkl, A. & Mandl, H. (1995). Kooperatives Lernen: Die Frage nach dem Notwendigen und dem Ersetzbaren. *Unterrichtswissenschaft*, *23*, 292-300.

Renkl, A. (1996). Vorwissen und Schulleistung. In J. Möller & O. Köller (Hrsg.), *Emotionen, Kognitionen und Schulleistung* (S. 175-190). Weinheim.

Resnick, L. B. (1987). Learning in school and out. *Educational Researcher*, *16* (9), 13-20.

Roth, H. (1969). *Pädagogische Psychologie des Lehrens und Lernens*. Hannover.

Salomon, G. & Leigh, T. (1984). Predispositions about learning from print and television. *Journal of Communication, 34* (2), 119-135.

Schiefele, U. & Schreyer, I. (1994). Intrinsische Lernmotivation und Lernen: Ein Überblick zu Ergebnissen der Forschung. *Zeitschrift für Pädagogische Psychologie, 8,* 1-13.

Schneewind, K. A. (2005). *Freiheit in Grenzen. Eine interaktive CD-ROM/DVD zur Stärkung von Beziehungs- und Erziehungskompetenzen für Eltern mit Jugendlichen.* München.

Schommer, M. (1993). Epistemological development and academic performance among secondary students. *Journal of Educational Psychology, 85,* 406-411.

Schommer, M. (1998). The role of adults' beliefs about knowledge and learning in school, work, and everyday life. In M. C. Smith & T. Pourchot (Eds.), *Adult learning and development: Perspectives from educational psychology* (pp. 127-143). Hillsdale.

Sinatra, G. M. & Mason, L. (2008). Beyond knowledge: Learner characteristics influencing conceptual change. In S. Vosniadou (Ed.). *International Handbook of Research on Conceptual Change* (pp. 560-582). New York.

Slavin, R.E. (1993). Kooperatives Lernen und Leistung: Eine empirisch fundierte Theorie. In G.L. Huber (Hrsg.), *Neue Perspektiven der Kooperation. Ausgewählte Beiträge der Internationalen Konferenz 1992 über Kooperatives Lernen (Grundlagen der Schulpädagogik, Bd.6).* S. 151-170. Baltmannsweiler.

Watson, B. und Kopnicek, R. (1990). Teaching for Conceptual Change: Confronting Children's Experience. *Phi Delta Kappan, May 1990,* 680 - 684.

Weidenmann, B. (2002). Multicodierung und Multimedia im Lernprozess. In L. J. Issing & P. Klimsa (Hrsg.), *Information und Lernen mit Multimedia* (S. 45-61). Weinheim.

Weiss, G. & Lerche, T. (2008). Übung. In E. Kiel (Hrsg.), *Unterricht sehen, analysieren, gestalten* (S. 143-169). Bad Heilbrunn.

Wild, K.P. (2000). *Lernstrategien im Studium*. Münster.

Willmann, O. (1904). Über die Vorbereitung des Lehrers für die Unterrichtsstunden. In O. Willmann (Hrsg.), *Aus Hörsaal und Schulstube. Gesammelte kleinere Schriften zur Erziehungs- und Unterrichtslehre* (S. 136-140). Freiburg.

Autorenverzeichnis

Ewald Kiel

Prof. Dr. Ewald Kiel studierte Deutsch, Geschichte und Pädagogik an der Georg-August Universität in Göttingen und *Applied Linguistics* an der University of California in Los Angeles. Nach der Promotion 1990, dem zweiten Staatsexamen für das Lehramt an Gymnasien und dem Referendariat habilitierte er sich 1997 mit dem Schwerpunkt in *Allgemeiner und interkultureller Didaktik*. Nach dreijähriger Tätigkeit als Gymnasiallehrer wurde er an die PH Heidelberg für das Fach Schulpädagogik berufen und arbeitete parallel intensiv als Gutachter für den Europarat bei der Beurteilung osteuropäischer Erziehungssysteme. Seit April 2004 leitet er die *Abteilung für Schul- und Unterrichtsforschung* und den *Lehrstuhl für Schulpädagogik* an der Ludwig-Maximilians-Universität München.

Agnes Braune

Agnes Braune M.A., geb. 1964, arbeitete zunächst als staatlich anerkannte Altenpflegerin und dann als Gutachterin beim Medizinischen Dienst der Krankenkassen. Über den zweiten Bildungsweg erlangte Sie die Hochschulreife und studierte von 1999 bis 2005 Pädagogik, Psychologie und Neuere Deutsche Literatur an der Ludwig-Maximilians-Universität München. Seit 2006 arbeitet sie als wissenschaftliche Mitarbeiterin am Lehrstuhl für Schulpädagogik an der LMU im Projekt *Wirksamkeit von Lehrerbildung*. Ihre Schwerpunkte liegen in der Erwachsenen- und Weiterbildung, Kompetenzentwicklung und Lehrerprofessionalität.

Thomas Lerche

Dr. phil. Thomas Lerche studierte Pädagogik, Psychologie und Statistik an der Ludwig-Maximilians-Universität München. 2005 promovierte er über das Thema *E-Teaching bei Lernenden mit geringem domänenspezifischen Vorwissen* an der Universität Regensburg. Nach zweijähriger Tätigkeit an der Pädagogischen Hochschule Weingarten kehrte er 2007 an die Universität München zurück. Seine Forschungsschwerpunkte am Lehrstuhl für Schulpädagogik sind netzwerkbasierte Lernumgebungen sowie die Förderung der Anstrengungsbereitschaft von Lernenden.

Wolf-Thorsten Saalfrank

Dr. paed. Wolf-Thorsten Saalfrank, Mag. rer. publ., geb 1969 in Heidelberg, studierte Deutsch und evangelische Theologie für Lehramt an Grund- und Hauptschulen in Heidelberg sowie Pädagogik und Erwachsenenbildung in Landau und Verwaltungswissenschaften in Speyer. Nach mehrjähriger Tätigkeit als Lehrer im schulischen und außerschulischen Bereich sowie als Referent für Jugendmedienschutz bei einer Landesmedienanstalt promovierte er 2004 an der Pädagogischen Hochschule in Heidelberg im Fach Schulpädagogik. Seit 2005 ist er wissenschaftlicher Mitarbeiter am Lehrstuhl für Schulpädagogik der Ludwig-Maximilians-Universität München. Schwerpunkte sind Schulentwicklung, Bildungspolitik und -verwaltung, Heterogenität sowie Martin Buber.

Sabine Weiß

Dr. phil. Sabine Weiß, geb. 1979 in München, studierte Pädagogik (M.A.) an der Ludwig-Maximilians Universität München und promovierte 2006 zum Thema der Trauer von Kindern und Jugendlichen. Sie ist Systemische Individual-, Paar- und Familientherapeutin (DGSF). Von 2007 bis 2010 arbeitete sie als wissenschaftliche Assistentin, seit 2011 als Akademische Rätin aZ am Lehrstuhl für Schulpädagogik an der Ludwig-Maximilians Universität München. Publikationen und Kongressbeiträge zur Studien- und Berufswahlmotivation von Lehramtsstudierenden sowie zu den Anforderungen und Belastungen des Lehrberufs. Forschungsprojekte und Arbeitsschwerpunkte: Lehrergesundheit (Projekt *Legu-Pan – Lehrergesundheit: Prävention an Schulen*), Lehrerbiografie, Berufswahl und Eignung sowie Kompetenzentwicklung im Lehrberuf.